高等院校本科市场营销专业教材新系

新概念教材：换代型系列

中国高等院校市场学研究会组编

CORPORATE IMAGE PLANNING

The Introduction of CIS

6th edition

企业形象策划

CIS导入

第六版

叶敏 朱苗 叶万春 万后芬 编著

东北财经大学出版社
Dongbei University of Finance & Economics Press

大连

图书在版编目（CIP）数据

企业形象策划：CIS导入 / 叶敏等编著. —6版. —大连：东北财经大学出版社，2022.7

（高等院校本科市场营销专业教材新系）

ISBN 978-7-5654-4533-0

Ⅰ．企… Ⅱ．叶… Ⅲ．企业形象-设计-高等学校-教材 Ⅳ．F272-05

中国版本图书馆CIP数据核字（2022）第088344号

东北财经大学出版社出版

（大连市黑石礁尖山街217号 邮政编码 116025）

网 址：http://www.dufep.cn

读者信箱：dufep@dufe.edu.cn

大连日升彩色印刷有限公司印刷 东北财经大学出版社发行

幅面尺寸：185mm×260mm 字数：358千字 印张：16.5 插页：1

2022年7月第6版 2022年7月第1次印刷

责任编辑：许景行 石真珍 张爱华 责任校对：包丽华

封面设计：冀贵收 版式设计：原 皓

定价：42.00元

"高等院校本科市场营销专业教材新系"

指导与编写委员会

总　序

东兔西乌，岁月如流。呈现在读者面前的这套"高等院校本科市场营销专业教材新系"，从发轫到今天形成较成熟、完整的新体系，已整整走过了40多个春秋。在这近半个世纪的岁月中，我国社会经济在改革开放浪潮的席卷下，发生了极其深刻的变化，业已嬗变成社会主义市场经济。与这一进程基本同步的市场营销学及其系列课程的重新引进和建设，也从不完善到逐步完善，取得了有目共睹的骄人成绩。溯流徂源，这些成就的获得，与我国市场营销学界的勇于探索及创新是分不开的。

早在党的十一届三中全会前夕，我国市场营销学界一些原来从事部门经济教学的同道，就从当时我国传统计划经济体制的"紧箍"有所松动、改革开放的红日即将喷薄而出等迹象，见微知著，预期商品和市场的培育问题必将成为我国经济工作的主线，有必要改弦更张，重新引进适应我国商品、市场发展要求的市场营销学及其相关课程。1978年秋，南方的个别高校在制订新的教学计划时，遂将市场营销学、消费心理学、广告学首先列入商学专业的教学计划，并于1979年在校内外先后开设这些课程，受到在校学生及业务部门培训人员的广泛欢迎。

改革开放初期，企业开始自主经营、自负盈亏，市场问题日渐凸显，市场营销学已开始派上用场，受到广大工商企业经营管理人员的欢迎，各地开设市场营销学的院校也越来越多，业务部门开办的市场营销学培训班更如雨后春笋。这种喜人形势的出现，与广大市场营销学者的潜心探索和艰辛努力分不开。此时我们的市场营销学界从无到有，从不成熟到较成熟，很快编写出一批各有特色、繁简不一的市场营销学及某些相关课程的教材，为市场营销学在我国的启蒙和推广做出了初始的贡献。1984年全国高等财经院校市场学教学研究会（此为中国高等院校市场学研究会的前身）的成立及1991年中国市场学会的成立，更有组织地推动了市场营销学教学、科研工作的迅猛发展。20世纪90年代初，各地编写的市场营销学专著及教材达200余种，此时市场营销学在我国已基本普及。

随着改革开放的进一步深入，其攻坚战的拉开及商品、市场的大发展，如何与此相适应，使市场营销学在普及的基础上进一步提高，是我国广大营销学者面临的新课题。这包括两方面的具体任务：一是要从着重引进国外教材的"拿来"阶段上升到引进与总结相结合的新阶段，着重探讨和创建更贴近我国国情、对我国企业市场营销活动更具直接指导意义的市场营销学体系；二是要从以市场营销学单科教材或配以少数相关教材为主的"短腿"教材建设，推进到以市场营销学这一主导课程为基础，将各主要市场营销组合因素细化为探讨更深入、内容更专一而又相互紧密联系的系列课程教材建设。经过日益壮大的市场营销学界近10年的共同奋战，这两项任务在20世纪千年纪元结束之际已基本完成，不仅全国出版的市场营销学主教材已累计达300余种，各种新增的分支专业市场营销学教材大量涌现，而且质量和水平都大大提高。

然而，客观形势总是向前发展的，市场营销学的学科建设也永无止境。在新世纪，市场营销学的学科建设也给自身提出了新的要求和任务。21世纪是高新技术的时代，世界经济将经历空前深刻的变化。为迎接这种新的挑战，重要任务之一是要建设一支能适应新世纪科学技术和社会经济大发展环境的未来型企业家队伍。企业家必须重点掌握的市场营销学，在培养未来型企业家的系统工程中，具有举足轻重、攻关大局的地位。因此，如何在原教材建设日锻月炼的基础上，以只争朝夕的精神，尽快编写出一套体系更完整、内容更先进、更适合培养未来型企业家的新教材，便成为我国市场营销学界的当务之急。

无独有偶，我国财经类出版社中最具实力和影响力之一的东北财经大学出版社（以下简称东财大出版社）也匠心独运，主动提出要与中国高等院校市场学研究会（以下简称研究会）联合组织编写出版"高等院校本科市场营销专业教材新系"（以下简称"新系"）的设想。这真是一拍即合。在东财大出版社的大力倡导、策划和支持下，研究会从全国各地组织了几十位市场营销学专家，对"新系"的种类构成，教材建设的任务、原则与途径进行了认真、深入和细致的研讨，确定编写相关主干课程的教材。

目前业已推出的这批"新系"教材的主要特点如下：

1.首创"换代型"：在内容与形式上都有重大更新，符合全国教育工作会议和教育部关于高等院校教学改革与教材建设的最新精神。其内容更新不仅在于完全摆脱了过去部门经济学的"政策学"窠臼，还在于扬弃了改革开放后第一代市场营销学教材中残留的计划经济旧内容，总结和探讨了在当今市场经济与全球化大潮席卷下企业应树立的新营销观念和策略思想，以及应掌握的最新营销理论和技术。其形式更新主要围绕贯彻知识、能力、技术三位一体的教育原则，重塑教材的赋型机制。各门课程教材在结构、栏目、体例和写作风格上均有所突破，大量运用图表、案例、专栏等形式，强化了对学生的素质、知识、操作与创新能力的训练。

2.中西合璧：结合我国市场营销的国情，大力借鉴发达国家最具代表性、最新版教材之所长。过去我国在引进和建设市场营销学系列课程中，曾有过两种做法或主张，即或者原原本本地"拿来"，或者完完全全地"中国化"。这两者都各有其特定的历史背景和局限性。20世纪70年代末到80年代初，由于我国各级学府久违市场营销学已达30余年，很多人对市场营销学尤其是现代市场营销学为何物知之甚少，并且我国鲜有市场营销工作的实践和经验，因此强调先原原本本把外国教材引进来，再逐渐消化、融会贯通，可谓顺理成章。不过，这里有个引进版教材不完全适合中国国情的问题。到了90年代，市场营销学及其系列课程已在我国普及，广大工商企业已有大量的市场营销实践和不少成功经验，此时有的同道提出教材建设要搞本国化也是水到渠成。然而，这里同样有个本国化如何与市场营销学的普遍原理相结合的问题。与上述两种做法或主张不同，"新系"一方面十分重视总结我国丰富的市场营销实践和经验，将其提升到理论高度；另一方面充分借鉴了发达国家一些最具代表性和普遍适用性的市场营销学新理论、新技术，力求做到既博采中外所长，又独树一帜。

3.作者阵容强大：众多资深营销学家联袂组成编委会，十余所著名高校管理院系的知名专家、教授领衔编撰。"新系"整个编撰队伍由来自我国各地不同高等学府的数十位知名专家、学者组成，他们中的大多数是我国一级学术社团——中国高等院校市场学研究会——的核心会员，此外包括其他学术社团及国内部分高校的著名跨世纪学科带头人。"新系"中的各门课程教材，除各由不同学校及不同学术专长的多位学者共同承担编写任务外，其主要体系、内容、结构还经编写指导委员会及全体编写人员集体讨论，互提意见和建议，从而很好地发挥了集思广益、增强互补性的作用，使教材质量更上一层楼。

高尔基说过："科学的大胆的活动是没有止境的，也不应有止境。"巴甫洛夫也曾有类似的警世名言："科学需要一个人贡献出毕生的精力""科学要求每个人有极紧张的工作状态和伟大的热情"。"新系"的建设应该说也是一种科学的大胆的活动，同样不应有止境。我们现在奉献给读者的这套教材，其成就犹如我国著名作家姚雪垠所指出的那样，"都是整个过程里面一个段落的小结，它既是一次小结，也是新的开始"。我想，我们全体"新系"的作者都会汲取这些至理名言，以极大热情，通过不断修订，使"新系"的更新与国内外市场营销学的学科新发展及实践新探索保持同步，为培养新世纪高素质市场营销专业人才而贡献力量！

何永祺

第六版前言

本书是2001年出版的《企业形象策划：CIS导入》的第五次修订版。

《企业形象策划：CIS导入》是一本有关如何塑造企业美好形象的教材。企业形象又称CI，是企业的视觉形象（VI）、理念形象（MI）、行为形象（BI）的统称。随着市场竞争的日趋激烈，企业间的对垒已由产品力、促销力等的较量发展到形象力的短兵相接，在这种情况下，企业形象既是企业安身立命之本，也是企业克敌制胜的法宝。塑造上佳的企业形象必然成为企业的必要举措和迫切要求。

企业形象的塑造不能盲目操作，而要科学地、理智地按照事物的发展规律进行。《企业形象策划：CIS导入》正是向广大读者为企业塑造上佳形象而提供理论依据和实践范例的指导教材。

本书认真地总结了自IBM首次全面导入和推行CIS以来的企业形象策划的经验，尤其是大量收集了我国企业自20世纪80年代后期至今逐步导入CIS、实践CIS而积累的成功案例，系统地阐述了企业形象策划的兴起与导入、企业形象策划的创意、企业形象策划的全程操作系统、企业理念识别系统的策划、企业视觉识别系统基本要素的设计、企业其他视觉形象系统的策划、企业内部管理行为策划、企业市场拓展行为策划、企业公共关系行为策划、企业广告行为策划以及企业形象策划与企业经营业绩等。本书没有停留在对CIS的简单介绍上，而是对CIS的产生背景、理论体系、推广动因等进行了结合实际的阐述。本书有如下特点：

第一，源于市场营销而又有所延伸。CI策划是对市场营销的丰富、延伸和发展，是市场营销系列教材中新绽放的一朵广泛吸收工艺设计学、语言美学、社会行为学等多学科基因的鲜花。它是市场营销学的发展和创新。

第二，具有不可替代的应用价值。本书既有完善的理论体系，又致力于强化对实际操作的指导性。通过对本书内容的学习，读者能自如地掌握CI策划的创意及操作程序。本书具有工商管理类其他学科教材不可替代的地位和作用。

第三，图文并茂，富有可读性。本书大量采用图、表、案例，内容丰富多彩、生动活泼，富有可读性和吸引力，使人读来不感乏味且能受到睿智的启迪。

第四，为方便教学，本书配有电子课件，使用本教材的任课教师可登录东北财经大学出版社网站（www.dufep.cn）查询或下载。

本次修订在保持全书主体框架和主要内容不变的基础上，秉持与时俱进和理论与实践相结合的原则，对理论内容进行适度增删，注重教材思政、课程思政，融入思政元素，对引例、实例、案例分析、综合案例进行适度更新，在每章章末新增延伸阅读资料（二维码），使全书内容更富有时代特色，有助于学生提高实践能力，力争在知识传授中实现价值引领。

本书由叶敏副教授、叶万春教授总体设计。各章撰稿分工如下：

叶敏——第1、2、3章（不包括案例），综合案例一；

朱苗——第6、7、8、10、11章（不包括案例）；

李秀梅——第4、5章（不包括案例）；

袁微——第9、12章（不包括案例）；

陈康怡——第1、6章的案例；

李玉琳——第2、3章的案例；

蔡嘉清、王任军——第4、5章的案例；

万后芬、叶岚——第9、12章的案例；

叶万春、王红、容庆、刘军华、胡艳萍、李晓东——第7、8、10、11章的案例，综合案例二，综合实践。

本书自第一版出版后受到社会各界的欢迎，全国高等院校有关专业积极采用，使我们深受感动和鼓舞。为了使本书不断地与时俱进而日臻完善，我们依据变化的形势，在广泛听取读者意见的基础上适时、适当地进行修订、补充，以不负读者厚望。经修订后如仍有不妥之处，请读者不吝赐教，以便以后再做修改。最后，谨向东北财经大学出版社的编辑同志致谢。

编著者

2022年5月

目 录

第 1 章

导论

学习目标 ◉

通过本章的学习，明确企业形象策划的学科性质和研究对象以及企业形象策划与市场营销的关系、企业形象策划与加强企业文化建设的关系，从而对企业形象策划的边缘性和实践性的定位建立清晰的概念，提高对企业形象策划重要性的认识。

引例 @ **东航入选"2020 中国企业海外形象 20 强"**

2020 年 11 月 3 日，由中共中央宣传部、国务院国有资产监督管理委员会、中华全国工商业联合会指导，中国外文出版发行事业局主办的"2020·中国企业海外形象高峰论坛"在北京举行。论坛上，中国东方航空集团有限公司（以下简称东航）以海外形象指数 100.06 分第三次入选"中国企业海外形象 20 强"，是唯一上榜的交通运输服务类企业；东航"两翼齐飞 四海抗疫"国际传播案例，以排名第一入选"2020 中国企业海外形象建设十大优秀案例"，成为唯一同时获得上述两项重量级殊荣的中央企业。该案例同时位列"海外抗疫类专项优秀案例"首位。

《中国企业海外形象调查报告 2020·"一带一路"版》由中国报道杂志社联合当代中国与世界研究院、凯度集团共同完成。此次调查在 12 个"一带一路"沿线国家展开，涵盖了亚洲、欧洲、非洲、南美洲等不同区域的公民。通过考察企业在责任、公平、可信、成功 4 个维度的表现，并结合多维度因子计算，建立中国企业海外形象指数模型。海外形象指数超过 100 表示企业海外形象较好。

近年来，东航持续发力全球品牌传播和跨文化融合，积极打造"空中丝绸之路"，国际战略合作、首家投运北京大兴国际机场、环保扶贫等行动的海外传播引发强烈反响，在国际指数公司 MSCI（明晟）ESG 评级中，东航与达美航空、新加坡航空等并列全球第一。特别是新冠肺炎疫情发生以来，东航动态传播执行 2.4 万余班防疫运输航班、运送 2.3 万名医护人员和 7 万多吨防疫物资飞往全国各地以及支持 20 多个国家的抗疫行动，推出首架"进博号"彩绘飞机全球飞等活动，获上千家海外主流媒体的关注和报道，受到多国政要和国际组织的赞誉。东航抗疫科普、中华文化、员工故事等内容产品在海外社交平台传播覆盖近 3 亿人次，获评"百篇网络正能量文字作品"、"'一带一路'百国印记短视频大赛"最高海外人气等多个奖项。

资料来源　张晓鸣．东航获评"2020中国企业海外形象20强"［EB/OL］．［2022-02-28］．https://wenhui.whb.cn/third/baidu/202011/04/377997.html.

在犹如森林般聚集的企业群中，企业间的竞争恰如树木竞争一样，挺拔强劲者扶摇直上，萎蔫柔弱者被掩映、淹没在树丛之中。因而，企业强身健体、造血革面是求生存之地、占竞争之先的需要。"企业形象策划——CIS导入"是一门讲授如何塑造企业上佳形象、使企业形成光芒四射的魅力的课程，是一门色彩斑斓、极富特色的课程。它是市场营销系列课程中新绽放的一朵广泛吸收语言美学、工艺设计学、社会行为学等多种学科基因的鲜花，是形的魅力与心的沟通，是抽象美与具象美的结合。

1.1 企业形象策划与市场营销

1.1.1　市场营销需要企业形象策划

随着新经济时代的来临，以营销创新为主的新营销革命风暴席卷着国内外，互联网对市场营销的冲击，使得企业在市场营销中更需要进行企业形象策划。

市场营销导向颠覆了传统的生产导向，企业采用了逆向思维方式，由外向内，即以研究市场和购买者为主，并根据市场需求来决定企业的生产及管理活动。市场营销确实给企业决策者提供了新的、较为正确的思路。

随着市场营销理论的普及，几乎所有的企业都领会到了市场营销的真谛，即以市场需求来规划企业的营销行为。这就产生了新的问题，即所有企业行为都以市场营销为特征，市场营销成为各种企业行为的共性，所有企业都知道通过分析预测市场需求、进行市场营销组合来满足市场需要，使用的都是产品、价格、渠道、促销等手段。当企业的认知水平不一致、有先有后时，差异产生，竞争结果明朗化；当企业的认知水平接近，甚至趋同时，所使用的竞争手段及其力度就很接近，竞争将呈胶着状态，这时企业之间的差异性就会起巨大作用。这一事实给我们提出了这样的问题：市场营销还欠缺什么？企业的销售活动只考虑市场够不够？

从上述分析可知，市场营销从传统的以生产和产品为中心转向现代型的以市场为中心，再转向以客户价值为中心，无疑是历史的进步。但新经济时代的竞争形势需要企业思考的是：只考虑外部市场是不够的，企业还要结合环境对自身进行规范和整合。市场营销创新是要提出对企业内部规范与整合的思想理论和方法策略。鉴于市场竞争的深入发展已从产品力、促销力竞争向形象力竞争拓展，加强企业形象力的塑造成为当务之急。企业形象策划就是为适应这一需要而产生的。

企业形象策划是着眼于企业自身的一种行为。企业竞争优势的形成往往首先得靠企业形象的影响力，就像在密集的森林中，优质树木能抢占阳光雨露而蓬勃向上，劣质树木被弃置一旁而日渐枯萎一样。企业形象策划过程是对企业的视觉、理念、行为各子系统的规范与整合的过程。企业形象策划与市场营销是从两个不同的角度研究企业，只有把二者结合起来，企业才会更具竞争活力和发展实力。

这里的企业形象具有丰富的内涵。企业形象是指社会公众和企业员工对企业的整体印象和评价。公众印象是公众对企业的初步认识，印象与形象可能一致，也可能不一致。形象有实态形象与虚态形象之分。实态形象又可以称为客观形象，指企业实际的观念、行为和物质形态，是不以人的意志为转移的客观存在。诸如企业生产经营规模、产品和服务质量、市场占有情况、产值和利润等，都属于企业的实态形象。虚态形象则是用户、供应商、合作伙伴、内部员工等企业利益相关者对企业整体的主观印象，是实态形象通过传播媒体等渠道产生的映象，就好像我们从镜子中去观察一个物体，得到的是虚像。实态形象与虚态形象之间构成如下三种关系：

（1）实态形象=虚态形象，说明公众印象与企业形象叠合；

（2）实态形象>虚态形象，说明公众对企业的了解流于浮浅；

（3）实态形象<虚态形象，说明公众对企业估计过高。

公众评价是通过公众态度和公众舆论体现的。公众态度是人们的内在意向，是倾向性意向，较为稳定，比起印象加深了一步。舆论则是通过语言交流对企业形成的看法，是人们意向的表面化。公众印象、公众态度、公众舆论是三个不同层次的概念。企业形象就是通过这三个层次在公众中逐步明朗化、稳定化而确立的。

现代市场营销所面临的挑战是：消费者对企业及其产品的个性化要求越来越强烈，这反映了消费者对企业及其产品评价的主观性所占比例越来越大。市场营销只重视企业和产品的客观性不够，还要关注消费者的主观意识。就是说，企业单方面地提高产品质量、扩大促销力度等只解决了市场营销中的一个方面的问题，另一个方面即消费者的个性需求还有待解决。企业形象正是具备了客观性和主观性相统一的特点。其客观性是通过企业的客观物质如厂房、设备、员工等表现出来的；其主观性则是社会公众对企业各种要素综合认识的结果，是与社会公众对企业的评价标准紧密结合在一起的。社会公众的评价标准来源于一定消费者群的价值观和利益观。企业形象策划就是根据对消费者主观性的分析做出适应目标群众需求的决策，以获取社会公众好的评价，树立良好的企业形象，弥补单纯市场营销之不足。

良好的企业形象是吸引顾客、扩大市场份额的保证。塑造和美化企业形象不是为了自我欣赏，而是"为悦己者容"，即为目标顾客而美容。为目标顾客美容，也不仅是给他们看，使他们产生好感，而是吸引他们产生购买决策和行动。企业只有不断地吸引顾客，才能扩大市场份额。从这个意义上讲，企业形象也是企业进行市场营销的工具。市场营销不能没有这个工具。

良好的企业形象是吸引人才、进行社会公关活动的条件。良好的企业形象不仅可以使原有员工形成凝聚力，而且可以吸引外界优秀人才；不仅使人产生荣誉感、优越感，还使人产生使命感、责任感。有了优秀人才，再加上成功的管理，企业的市场营销事业就必然蒸蒸日上。同时，企业良好的形象带来的市场营销业绩卓越的局面，使社会各界包括金融、投资、各级政府等都会对企业产生信任感，企业开展市场营销可以排除许多阻力，增加许多机会。

良好的企业形象可以形成无形资产，有利于企业用来进行资本运营，发展市场营销事业。企业形象是商誉的表现。企业的商誉及商标、专利、特许权、版权、特有经营技术等都是无形资产的组成部分。企业无形资产的增值是企业总资产增值的重要途径，是企业成长的标志，是企业进一步扩大新的事业领域的基础和动力。

1.1.2 企业形象策划的边缘性与实践性

正像市场营销是吸收哲学、经济学、行为学、心理学、管理学、社会学等学科的精华而铸就的一门边缘学科一样，企业形象策划也是在现代经济发展和企业成长过程中为了适应新的需要而形成的综合性的学科。这是一门集市场营销学、工艺设计学、语言美学、逻辑学、社会行为学与经济学等的精粹而形成的新型学科。

企业形象策划极富艺术创意性。市场的变化和竞争的加剧，迫使企业突破常规发展而呈现千姿百态。企业的差异化战略要求对企业形象策划的构思富于奇思妙想。没有别出心裁的策划，就没有令人耳目一新的企业形象，就没有别树一帜的企业差异化战略。

企业形象策划要充分体现审美价值。企业形象策划就是给企业施美容术，塑造美、装饰美、显示美是企业形象策划的目的。策划者要树立审美观念，也要体现企业形象的审美价值。无论是传统美还是现代美，无论是朴素美还是华丽美，都要通过企业形象来体现。企业形象的审美个性，既是企业特色的体现，也是策划者个人欣赏风格的流露。

企业形象策划要借助语言美学。企业形象的体现，一靠视觉，即色彩、造型、构图等，二靠语言表达。企业的经营理念，包括企业精神、企业宗旨、企业座右铭、企业标语、广告导语、品牌命名等都要求策划者有高度的语言美学修养。言不及义、词不达意、陈词滥调、言过其实等都会有损企业形象。

企业形象策划离不开逻辑学的思维规范。企业形象策划从调研到构思、从创意到表现都是严格遵循逻辑思维的过程。思维的逻辑性既是策划者获取准确信息的保证，也是策划者进行艺术创作的合理途径。逻辑混乱是导致行为失措的根源。从概念的明确界定，到企业行为的合乎发展规律的推理，再到企业做出决策性的判断，无一不体现逻辑学所涵盖的内容，逻辑水平的高低对企业形象策划形成直接的影响，带来大相径庭的社会效果。

企业形象策划是对市场营销学的延伸、拓展和丰富。从学科的本源看，企业形象策划主要是市场营销学母体的衍生。企业形象策划与市场营销学的亲缘关系从以下几方面可以看出：

第一，企业形象策划与市场营销具有互补性。市场营销主要是以产品来满足目标市场的需求，因而在操作上重点要研究产品的质量、性能、定位、定价、渠道和促销以及产品的售后服务、信息反馈等。产品是市场营销的着力点。企业形象策划则以企业本身为目标，对企业进行整容、美容、整顿、规范、梳理、整合等。这样，相互弥补了对方的偏缺，而形成互补的态势。

第二，企业形象策划与市场营销具有互融性。二者在目标和侧重点上虽有不同，但在涉及的内容上有交叉，彼此互融。例如，企业形象策划要突出企业经营理念，市场营销也必须首先确定营销理念；企业形象策划要对企业的内外管理制度和条例进行规范，市场营销也需要以管理为导向，对企业行为加强理性整合；企业形象策划非常重视视觉识别系统的设计，市场营销也要对品牌、包装、广告、设施等方面的因素加以美化。可见，二者彼此渗透，互有涉入。

第三，企业形象策划与市场营销具有一致性。二者的一致性表现在如下方面：都为了增强核心竞争力；都为了扩大企业的市场份额；都为了赢得社会的青睐。

但是，市场营销不等同于企业形象策划，二者负有不同的使命。市场营销是以消费者为研究目标和研究对象，企业形象策划则是以对企业的视觉、理念和行为的整合与美化为研究对象。

企业形象策划具有边缘性，它的内容涉及众多学科，但既不能算作纯粹的行为学、管理学，也不能算作设计学、工艺学等，它介于若干学科的边缘，熔各种学科于一炉而又集各种学科的优点于一身，这种跨学科的综合性的特点是适应现代社会企业发展需要和各种学科交叉的现状而形成的。

企业形象策划以市场营销学与社会行为学理论为支撑，语言美学、逻辑学、工艺设计学等学科原理被合理地融入，从而形成了一门新兴学科。本书前3章是用来构建理论框架的；第4章至第11章是实务部分，具体地指导企业形象策划的总体及3个主要组成部分（视觉、理念、行为）所涉及的方方面面；第12章是总结和深化，把企业形象策划与企业营销业绩结合在一起分析。

从上述结构可以看出，本书从第4章至第11章用8章篇幅具体阐述了如何进行企业形象策划的实践问题。这充分体现了企业形象策划不同于一般理论学科的地方，它具有鲜明的实践性。

企业形象策划的实践是手脑并用的实践。它要求策划既要深入企业实际研究企业发展战略、经营业绩、经营理念、企业文化等脑力问题，也要亲自动手规划企业的视觉识别系统和理念、行为识别系统。为了完成这项任务，策划者要进行长期的多学科知识的积累和素质的培养，要努力使自己成为跨学科的复合型人才。

企业形象策划的实践性要通过企业对策划案的贯彻实施来体现。策划案要有可操作性，便于企业采用，企业按此案操作后能收到明显的效果。

【小思考1-1】
1. 企业形象策划的实践性如何体现？
2. 为什么说企业形象是企业的无形资产？

1.2 企业形象策划与企业文化建设

1.2.1 企业形象与企业文化

企业形象与企业文化是两个不同的概念，但又是相互关联、相互交叉的概念。前面已对企业形象丰富的内涵做了概括，下面重点描述一下企业文化，从而比较二者的异同。

广义的企业文化是企业精神文明与物质文明的总称。狭义的企业文化则是企业及其员工共同持有的思想观念、价值取向和行为准则的综合。我们所涉及的仅限于狭义范畴。

关于企业文化的内涵有种种表述，其中有代表性的有以下几种：

（1）传统风气说。加利福尼亚州立大学美籍日裔教授威廉·大内在1981年出版的《Z理论》一书中把企业文化概述为：一个公司的文化由其传统和风气所构成。这种公司文化包括一整套象征、仪式和神话。它们把公司的价值观和信念传输给雇员们。这些仪式给那些原本就稀少而抽象的概念添上血肉，赋予它们生命。

（2）价值观与神话说。美国哈佛大学教授泰伦斯·狄尔和麦肯锡咨询公司顾问爱伦·肯尼迪于1981年出版的《企业文化》一书，通过对80多家企业的调查得出的结论是：杰出而成功的公司大都有强有力的企业文化。"企业文化是由价值观、神话、英雄和象征凝聚而成的，这些价值观、神话、英雄和象征对公司的员工具有重大的意义。"

（3）信念原则说。美国管理专家托马斯·彼得斯与罗伯特·沃特曼对43家优秀企业研究后认为，企业文化"包含为数不多的几个基本原则，这些原则是算数的，必须严肃对待，它们代表了企业存在的意义"，"一个伟大的组织能够长久生存下来，最主要的条件并非结构形式或管理技能，而是我们称之为信念的那种精神力量，以及这种信念对于组织的成员所具有的感召力"。

（4）三层面说。美国哈佛商学院的约翰·科特与詹姆斯·赫斯克特所著的《企业文化与经营业绩》一书把企业文化分为表现文化、制度文化和观念文化三个层面，其中观念文化是核心，三个层面相互作用和影响，形成了企业文化多姿多彩的形式和无穷的魅力。

我们对企业文化的内涵的界定可以概括为结构说，即企业文化是由企业观念文化、企业管理文化、企业营销艺术三部分构成的。

企业观念文化包括确立新的营销观念和规范营销道德两个方面。

企业管理文化包括正确的价值取向、执着的开拓追求、坚定的团体观念和完善的激励机制等内容。

企业营销艺术包括企业营销环境的美化和企业营销活动的多样化与技巧化。

综上所述，企业文化具有以下丰富的内涵：

（1）企业文化是企业活动的产物；

（2）企业文化具有丰富的多样性；

（3）企业文化具有强烈的时代色彩；

（4）企业文化具有明显的群体差异；

（5）企业文化具有显而易见的区域差异；

（6）企业文化具有沉淀性和延缓性；

（7）企业文化具有优劣之别；

（8）企业文化具有可控性等。

企业形象与企业文化有许多交叉的地方，这些内容是：

（1）有关企业的理念部分，既是企业形象的灵魂，也是企业文化的核心；

（2）有关企业的制度部分，既是企业形象要着力建立、调整的内容，也是企业文化不可缺少的组成部分；

（3）有关企业的外观面貌，既是企业形象要着力设计和塑造的，也是企业文化中易为外界所感受的外层表现。

经这样一比较，似乎企业形象与企业文化没有区别。事实上人们在运用这两个概念时，常常有以下几种情况：

（1）视企业形象为企业文化。自20世纪70年代企业形象传入东方后，东方习惯于把企业形象与东方传统文化结合在一起，使企业形象的内涵与企业文化的内涵近于重叠。

（2）视企业形象为表、企业文化为里。这种理解是把企业形象的内涵局限于企业视觉识别系统这种狭义的层面，那么企业文化所囊括的应该就是企业的理念、行为等子系统的有关内涵。

（3）视企业形象为系统、企业文化为其子系统。把企业形象与企业文化当作一大一小两个概念，且前者包容后者。

（4）视企业形象和企业文化为两个既有联系又有区别的概念。本书认同的是这种观点。

企业形象与企业文化是两个不同的范畴，尽管二者在其内涵上有许多交叉之处，但二者所涉及的使用范围和侧重点都是不同的。不同之处主要表现在：

（1）着眼点不同。企业形象着眼于企业在社会公众中产生的印象和影响，企业文化则着眼于企业内蕴力量的聚集；企业形象可进行理性策划、强力推行，企业文化则是在潜移默化中逐步形成的。

（2）形成历史不同。企业形象通过关键时机的重大调整和重新设计，就可以推出新的形象；企业文化则是企业行为长期沉淀的结果，一个企业的文化不可能一朝一夕造就，它具有历史的长期性。企业形象面向未来，企业文化关联着传统。

（3）认知顺序不同。企业形象引起社会公众的注意往往是由表及里、由具象到抽象的过程；企业文化的辐射则是从里向外的过程。

（4）评价层面不同。企业形象的评价多从企业的社会反映层面来考核，企业文化则要从企业的深层管理及经营业绩来进行评价。前者的评价依据易流于表层，后者的评价依据则要深入里层。

企业形象同企业文化虽是两个不同的概念，在使用的时候要依据不同的情况选用，但企业进行企业形象设计和塑造与加强企业文化建设是一致的，或者说，企业形象策划就是企业文化建设中的一个环节。

1.2.2 企业形象策划与企业文化建设的关系

企业形象策划与企业文化建设具有同一性，其指向是完全一致的。

企业形象策划是为了增强企业的凝聚力、向心力、感召力、吸引力等；企业文化建设也是为了提升企业的导向功能、激励功能、凝聚功能和约束功能等。企业形象策划和企业文化建设都是围绕全面提高员工的素质、调动员工的积极性、改善社会公众与企业的关系进行的。企业形象策划和企业文化建设都是为了保证实现企业的整体目标，是为了企业的生存和发展而采取的战略措施。

企业文化建设有因袭和创新两条途径。因袭传统，必须继承其优秀文化，剔除其糟粕文化。历史发展是连续的，人无时无刻不生活在传统中。历史传统有巨大的影响力，其中优秀的传统文化经受了历史的考验和锤炼，有其难以泯灭的光辉。继承传统文化的关键是对传统文化的科学分析。分析可依据以下标准：

（1）能否促进企业的成长和经济的发展；

（2）能否促进企业员工的素质提高和人格健康；

（3）能否增强企业对内的凝聚力和对外的亲和力。

企业文化的创新是适应社会和企业本身的发展需要而创造新的企业文化的行为。企业文化创新的过程，一是吸收创造的过程，二是对旧文化的否定、摒弃的过程。

企业文化的创新要充分体现时代的特色，体现时代的共性，体现社会主义市场经济条件下企业的共性。同时，要充分考虑企业所处的社会环境、市场环境、行业特点、历史传统、员工素质等，在此基础上从观念、道德、精神、追求、情谊、审美、技巧等诸多方面进行新的设计和策划。

企业文化建设是一个过程，企业文化的形成则是这个过程的结果。同样，企业形象策划也是一个过程，企业形象的确立也是企业形象策划的结果。不过，企业形象策划是位于企业源头的过程，企业文化建设则是贯穿企业始终的过程。企业文化建设是企业自身的行为，企业形象策划既可以是企业自身的行为，也可以是借助外脑运作的行为。

一般而言，如果已经形成成熟的、具有巨大影响力的企业文化，用不着再去重塑企业形象，优秀的企业文化足以说明企业形象的良好状态。而需要进行企业形象策划的企业，往往其企业文化已显陈旧或企业文化残缺，需要通过企业形象策划来强化企业文化建设。企业形象策划对企业文化建设具有巨大的促进作用，具体表现在以下方面：

1）通过企业形象策划，培育企业精神

企业精神是指企业在其营销活动中所形成的，是全体员工所具有的共同内心态度、思想境界和理想追求。企业精神是企业文化的灵魂，是企业经营管理的指导思想。企业精神一般具有鲜明个性、激励鞭策性、持久传承性。企业精神的塑造和培育，是企业的理性行为。因此，通过企业形象策划，有利于形成企业精神。

【实例1-1】
国内知名企业的企业精神举例

联想的企业精神：

（1）把个人追求放在企业之中；

（2）"谁栽树，谁乘凉"；

（3）提倡奉献精神；

（4）敢拼才会赢；

（5）诚信是资本；

（6）要居安思危；

（7）质量是联想的生命；

（8）"八讲"——讲融入，讲竞争，讲奉献，讲拼搏，讲信誉，讲创新，讲服务，讲质量。

红星美凯龙的企业精神：

大爱有形，仁者无疆；仁爱，不在能知，乃在能行。

东风汽车的企业精神：

不怕牺牲、敢于胜利；坚韧不拔、艰苦创业；自主创新、勇攀高峰。

大庆油田的企业精神：

为国争光、为民族争气的爱国主义精神；

独立自主、自力更生的艰苦创业精神；

讲究科学、"三老四严"的求实精神；

胸怀全局、为国分忧的奉献精神。

阿里巴巴的企业精神：

客户第一、团队合作、拥抱、诚信、激情、敬业。

腾讯的企业精神：

（1）正直：坚守底线，以德为先，坦诚公正不唯上；

（2）进取：无功便是过，勇于突破有担当；

（3）协作：开放协同，持续进化；

（4）创造：超越创新，探索未来。

中铁置业的企业精神：

诚信为本，追求卓越。

中南集团的企业精神：

以行动实现自我，用奉献创造价值，把不可能变为现实。

2）通过企业形象策划，增强员工团体意识

企业形象策划要对企业的营销理念进行梳理、更新、明确，要对企业的内部管理制度进行调整、规范。这些活动都是围绕人本思想进行的。企业形象导入的过程，就是确立以人为本、上下同心的过程。企业员工通过亲自参与CIS导入的活动，自然而然地把自己当作企业的主人，从而更加热爱本企业、关心本企业，自觉地接受、认同与执行企业理念和制度。员工的团体意识增强了，企业的凝聚力和向心力也就显现出来了。

企业的团体意识既是企业各种组织目标的黏合剂，也是企业各种职能运行的润滑剂，又是员工发挥创造力的兴奋剂。它激励员工积极向上，执着追求，维护企业荣誉，不懈地努力承担社会使命。

3）通过企业形象策划，推动企业谋求长远的发展空间和自己恰当的市场位置

企业形象策划绝不是单纯的工艺设计。企业形象策划是对企业成长战略和市场发展空间的全局性的、长期的谋划。其中，企业的经营范围、所处的空间环境、竞争对手状况、所面临的机会与威胁等是企业谋划战略的外部依据；企业的优势与劣势、资源状况、历史传统、人员素质、已有文化等是企业谋划战略的内部依据。企业要依据内外部的客观条件来确定自身的发展。

企业在求生存、求发展进而决定是采取专业化发展还是采取多元化发展的过程中，相应地形成了自己的价值取向、审美观念、道德信条、行为规范等一系列意识形态，这些意识形态经过漫长的岁月沉淀下来成为文字或企业员工约定俗成的共识，就铸造了企业的文化。因而，企业形象策划是其因，企业文化是其果；企业形象策划是源头，企业文化是湍流；企业形象策划是未来的描绘，企业文化是从历史流向现实的华章。

企业形象策划对企业文化建设所起的作用还可从其他方面进行分析，但仅就这几方面看，企业形象策划就是企业文化建设不可缺少的重要组成部分，因此重视企业形象策划就是重视企业文化建设。

没有文化的军队是愚蠢的军队，同样，没有文化的企业是没有灵魂的企业。没有哪一个有成就的企业不是富有企业文化内蕴的；反过来，凡是没有企业文化的企业都难以成长壮大，难以成就一番大事业。企业不能忽视企业文化建设，企业文化建设不能忽视对企业形象的理性策划。企业形象策划是建立优秀企业文化的开端。

【实例1-2】

TikTok——中国互联网的国际化

在众多走上国际化道路的中国互联网应用中，短视频平台应用"TikTok"（抖音国际版App的名字）以其国内版本"抖音"为样本，依靠其母公司字节跳动强大的资本和技术实力，完成多项国际收购，再加上管理人员的国际化和内容运营的本土化，初步实现了国际化目标，成为中国互联网应用国际化的典范。这款现象级国民应用——抖音，成长为中国目前最成功的国际化App产品。2020年6月30日，抖音位列"2020年BrandZ最具价值全球品牌100强"排行榜第79位。

TikTok的愿景是"激发创造、带来愉悦"。

字节跳动强化科技创新，履行平台治理、内容建设和信息服务3个方面的社会责任。

在中国取得成功之后，抖音开启了国际化征程。在全球化过程中，为了避免管辖权冲突，TikTok和抖音的用户数据分别存储在不同的服务器上。抖音国际版TikTok做了彻底的本土化独立运营，与国内抖音完全切割，每到一国就入乡随俗，规避风险。除此之外，抖音在2017年11月，以"今日头条"10亿美元强势收购了长期占据北美App排行榜首位的竞争对手音乐短视频社交平台Musical.ly，直接打开了市场和知名度。

　　TikTok侧重发展东南亚和日韩市场，在日本、韩国、泰国、越南、印度尼西亚等国家都获得了不错的成绩。而 Musical.ly 在欧美积累了市场优势，运行"DOU"计划取得了巨大成功。"今日头条"提供的信息显示，"DOU"计划即是向全球招募合作伙伴，展示"衣食住行"美好故事。通过这一计划，TikTok 的全球用户量在短短4年内就超过了10亿个，并聘请了来自迪士尼的高管凯文·梅耶尔（Kevin Mayer）担任 TikTok 的首席执行官（CEO）。在美国和日本金融巨头的资本加持下，字节跳动的估值高达750亿美元，是全球最有价值的创业公司之一。

　　资料来源　[1] STEINBOCK D.美国学者："科技冷战"暴露美国脆弱性［EB/OL］.［2022-02-28］. http：//cn.chinadaily.com.cn/a/202008/17/WS5f3a21aaa310a859d09de3e0.html.节选.［2］江旋.抖音国际化放大招［J］.中国中小企业，2018（4）：76-77.节选.

【小思考1-2】

　　1.企业形象策划在市场营销中的作用是什么？

　　2.企业形象策划对企业文化建设有何作用？

延伸阅读　康博嘉荣获"2021杰出品牌形象奖"

本章小结

　　企业形象策划是市场营销系列的组成部分。企业形象策划具有很强的边缘性和实践性。企业形象策划对企业文化建设具有促进作用，是企业文化建设的开端。企业通过培育企业精神来促进企业文化建设，从而树立良好的企业形象。企业形象策划是企业差别化战略的重要组成部分，是推动企业成长的有效手段。

主要概念和观念

□ **主要概念**

　　企业形象　企业文化　企业精神

□ **主要观念**

　　市场营销观念　人本观念

基本训练

□ **知识题**

　　1.1　企业形象策划这门学科涉及哪些学科内容？

1.2　企业形象策划产生的背景是什么？

1.3　企业形象与企业文化的区别有哪些？

1.4　企业文化建设的途径有哪些？

□ 技能题

1.1　简述企业形象策划的实践性及其与市场营销学的关系。

1.2　企业形象与企业文化有何不同？

1.3　海尔："真诚到永远。"华联："天天平价，样样称心。"

以上是不是企业精神？为什么？

1.4　企业形象策划对企业文化建设的促进作用主要表现为_____。

1）增强员工团体意识　　　　2）为企业谋求长远发展

3）培育企业精神　　　　　　4）吸引人才加盟

1.5　树立良好的企业形象有何重大意义？

□ 能力题

1.1　案例分析

红旗轿车推出了新的logo和新品牌战略

红旗轿车从诞生的那一刻起，就被注入了独特的历史使命。六十年前，红旗轿车带着使命和荣耀驶过人民大会堂。六十年后，中国一汽红旗品牌战略发布会又从人民大会堂传向全世界。

2018年1月8号，红旗轿车召开了品牌发布会。发布会通过三个方面诠释了红旗轿车的发展规划，其中包括品牌战略规划、产品设计理念、品牌设计理念。

一个标志的好与坏不仅停留在视觉层面，更多表现在是否能够诠释一个品牌的核心理念。红旗轿车不仅是一辆车，更是中国汽车的名片。

对于设计师来说，每个作品都是自己的名片，拿起鼠标开始创作时候，多了解一些品牌背后的故事有助于创作出来一个好的作品。

品牌设计理念：

在格栅、贯通式旗标、前大灯、腰身、轮标、汉字"红旗"尾标等方面体现的统一设计语言——全新红旗徽标，采用金色与红色的搭配，形成对开的红旗形状。该全新红旗徽标将作为辅助标志使用，主标志继续使用书法红旗标志（如图1-1所示）。全新红旗徽标将呈现于红旗车型的方向盘和轮毂上（如图1-2所示）。车头仍将使用中轴线红旗标，车尾使用毛体"红旗"标。

图1-1　全新红旗徽标和书法红旗标志联合使用

图1-2　全新红旗徽标将呈现于红旗车型的方向盘和轮毂上

　　一个全新的标志不仅要具有视觉冲击力，还要满足品牌战略规划的要求。全新红旗徽标的设计理念来源于迎风飘扬的红旗，象征奋进向上的红旗精神（如图1-3和图1-4所示）。徽标采用金色与红色的搭配，体现中国特色和精致（如图1-5所示）；对开的红旗寓意红旗品牌旗开得胜（如图1-6所示），并以经纬线条展现万物互联的新时代（如图1-7所示）。

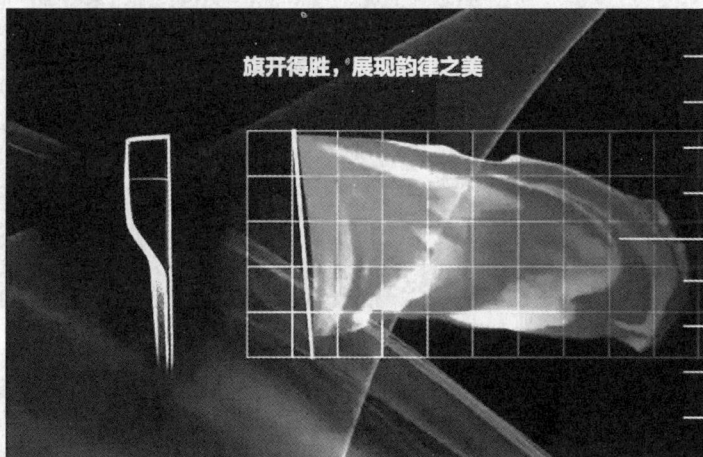

图1-3　全新红旗徽标的设计理念来源于迎风飘扬的红旗

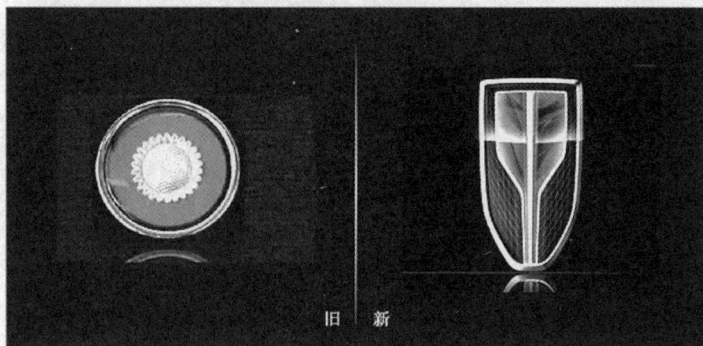

图1-4　新旧徽标对比

图1-5　徽标采用金色与红色的搭配，体现中国特色和精致

图1-6　对开的红旗像两扇门，寓意"旗开得胜"

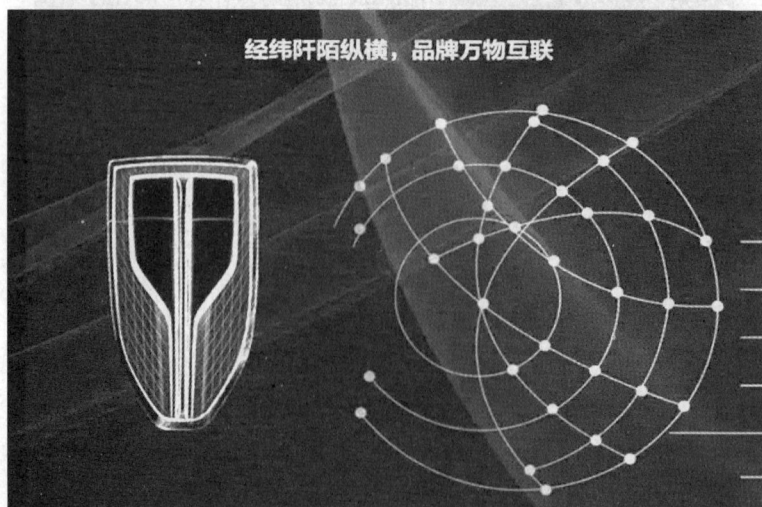

图1-7　经纬线条展现万物互联的新时代

品牌发展战略：新时代、新红旗、新梦想、新理念。

新红旗的品牌理念：中国式新高尚精致主义。

新红旗的目标客户：中国式新高尚情怀人士（如图1-8所示）。

图1-8 新红旗，让梦想成真

新红旗还将通过红旗"心服务"为用户提供极致服务，以"智慧城市、智慧居住、智能交通、智能汽车、智享出行、智享生态"为主线构建"智能出行生态圈"，打造"新红旗绿色智能小镇"等一系列举措，为消费者提供极致的用车体验、高品质出行体验和美好的生活体验。未来，新红旗家族将包括L、S、H、Q四大系列产品。其中：L系列，为新高尚红旗至尊车；S系列，为新高尚红旗轿跑车；H系列，为新高尚红旗主流车；Q系列，为新高尚红旗商务出行车。

六十年沧海桑田，红旗汽车在时代洪流里沉浮起落，在扛着民族工业大旗的同时，红旗将肩负起引领市场的重托。六十年，红旗不忘初心依然坚持着对工匠精神的传承，这是红旗品牌的魂，正因为这一份的坚持才让红旗在中国老百姓心目中的位置屹立不倒，也让红旗成为中国人民心目中令人骄傲的中国汽车品牌。

红旗轿车，"不仅是一辆车，更是中国汽车的名片"。

资料来源 根据中国一汽红旗官网相关资料编写.

问题：

试分析，在"互联网+"时代，红旗轿车是如何塑造其企业形象的？

1.2 网上调查

请在网上搜集国内知名企业努力塑造企业形象的案例。

第 ② 章

企业形象策划的兴起与导入

通过本章的学习，明确企业形象策划兴起的社会背景，东西方企业形象内涵的异同，以及中国实施企业形象策划的原则、时机和模式，从而对企业形象识别系统（CIS）及其策划形成总的认识，掌握企业导入CIS的不同途径，提高对中国导入CIS的必要性的认识能力。

引例 @ 　　　　　　　中国石化的企业精神

一个企业的精神气质来源于企业自身的历史积淀，来源于企业已有的文化传统。提起"大庆精神""铁人精神"，每个人都会想到中国石化，那"为国争光、为民争气"的爱国主义精神和"自力更生，奋发图强"的革命精神，至今仍是中国石油石化行业最宝贵的财富。从1983年成立至今，中国石化正是靠着丰厚悠久的文化精神积淀，靠着文化精神引领下的革故鼎新，才朝气蓬勃、迎难而上地发展成为世界500强排名第三的企业。

1983年7月，中国石化总公司成立。中国石化人在总结石油石化战线长期形成的光荣传统的基础上，叫响了"爱我中华、振兴石化"的口号，激励了一代又一代石化人把爱国之情和报国之志，倾注于祖国的石油石化事业，创造了辉煌业绩。

中国石化以"为美好生活加油"作为企业使命，核心是坚持把人类对美好生活的向往当作企业发展方向，坚持走绿色低碳的可持续发展道路，坚持合作共赢的发展理念，为各利益相关方带来福祉。

中国石化以"建设成为人民满意、世界一流能源化工公司"为企业愿景，核心是以人民满意为标准，坚持绿色高效发展道路，努力成为具有一流的规模、质量和效益，具有一流的企业管理和社会形象，具有一流的国际市场竞争能力的国际能源化工公司。

中国石化以"人本、责任、诚信、精细、创新、共赢"为企业核心价值观。这一核心价值观要求中国石化在发展过程中，其所有发展战略和经营行为都要坚持以人为本，坚持报国为民，坚持重信守诺，坚持精细严谨，坚持创新引领，坚持合作互利、共同发展。

资料来源　佚名. 从"大庆精神"到"为美好生活加油"［EB/OL］.［2022-02-28］. http：//www.ce.cn/cysc/ztpd/14zt/qyjsxlbd/yl/index.shtml.

企业形象识别系统,英文是 corporate identity system,简称 CIS,可意译为企业形象设计。企业形象识别系统是一个企业区别于其他企业的标志和特征构成的系统。一个企业的形象识别系统为这个企业在社会公众的心目中树立独特的企业形象,使公众在市场环境中对某一个特定的企业有一个标准化、差别化的印象和认识,以便更好地识别并留下良好的印象。

自 20 世纪 50 年代以来,市场营销活动中的竞争逐渐由产品力、促销力的竞争发展到形象力的竞争,发达国家的企业纷纷通过塑造全新的企业形象来增加竞争的砝码,到了 70 年代世界从西方到东方卷起了导入 CIS 的世纪潮,我国企业也于 90 年代由南至北开始了导入 CIS 的行动,企业形象策划也应运而生,并伴随着 CIS 潮在世界传播。

2.1 企业形象策划与营销策划

2.1.1 企业形象策划的界定

策划作为一种行为在我国古亦有之,在古汉语中有"策画""擘画""策划"的记载。策划实质上就是计划、打算、安排的意思,是对未来的筹谋、谋划,是制定计谋和办法的过程。但是,策划作为一种专职业务,并作为专门用于企业形象和营销活动的专业业务,则是 20 世纪 50 年代之后的事,专业性的策划也有了特定的内涵。现代企业的策划是对企业某一项活动或行动的方向、目标、内容、程序等进行全面和周详的预先安排和设定。

日本称策划为企划。日本企划家和田创将其定义为:企划是通过实践活动获取更佳成果的智慧,或智慧的创造行为,如图 2-1 所示。

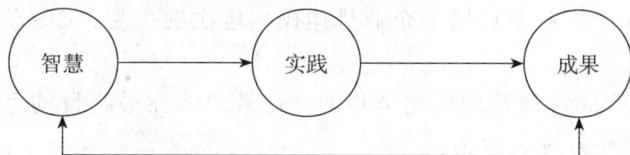

图2-1 策划的内涵

"策划"有名词性的用法,也有动词性的用法。如"有什么好的策划",这里的"策划"用作名词,指智慧、创意;又如"从现在起必须策划",这里的"策划"用作动词,指创意或创造智慧的行为。图 2-1 表明,策划是通过智慧的实践去追求更佳的成果的活动。

企业形象策划简称 CIS 策划,是指通过现代设计理论结合企业管理系统理论的整体运作,把企业经营管理和企业精神文化传达给社会公众,从而塑造企业个性,显示企业精神,使社会公众对企业产生认同感,在市场竞争中谋取有利空间的整合系统的行为。

企业形象策划过程是企业实现自我统一性和人格统一性的过程。自我统一性即企业管理者和广大员工充分认识企业、认知自我与企业的关系,使自己完全融入企业整体之中。企业的行为准则成为自我的自觉行动规范,同时企业通过提高广大员工的素质来形成企业的整体形象。人格统一性即将企业这个实体拟人化，以管理者的营销理念作为企业的营销理念，并借助于视觉形象、企业行动形成整合的个性化人格，通过媒体传递给社会受众，折射出企业整体的人格形象并为社会公众接受和认知。

CIS策划是企业的整体策划。CIS包括VIS（visual identity system，视觉识别系统）、MIS（mind identity system，理念识别系统）、BIS（behavior identity system，行为识别系统）三个组成部分。商号、商标、产品的造型和色彩的规划是企业形象中直接冲击社会受众的视觉部分，是最外层、最直观的部分；企业的对内对外管理在借助产品营销活动让人感知其价值观、社会使命感等方面是赢得社会认同、信赖和赞誉的重要内容；而企业营销理念及内核企业精神、企业文化是企业形象的灵魂。

企业形象策划的实质是帮助企业实施差别化发展战略。企业导入CIS的动机无疑是从战略高度运用差别化、特色化的系统，因而CIS实践，无论是VIS、BIS或是MIS都必须而且始终贯彻"独辟蹊径，别树一帜""别具一格，独具匠心"的差异化、特色化原则。差异化是CIS的核心，也是CIS策划的核心思想，没有差异化就没有CIS的存在和发展。

CIS脱胎于工业设计，与工业设计有某些交叉点，如注重外观视觉设计、造型设计等，但CIS不只停留在视觉设计上，它与工业设计有如下区别：

（1）对象不同。工业设计的对象是产品，是对产品的材料、结构、外观、色彩和包装的设计；CIS设计的对象是企业，是对企业的全方位系统设计。

（2）目标不同。工业设计的目标是提高产品的市场竞争力，CIS设计的目标是强化企业的整体形象。

（3）层次不同。工业设计属于企业具体操作层次的行为，CIS设计则是企业整体战略行为。

CIS策划与企业的常规管理不完全相同。尽管二者在最终目的上殊途同归，但仍有一定的差异，这些差异表现为：

（1）目标有别。企业管理以提高员工的积极性和工作效率为目标，CIS策划则以提高企业整体竞争实力为目标。

（2）重点不同。企业管理侧重协调企业内部各要素之间的关系，CIS策划侧重协调企业与外部环境的关系。

（3）职能有异。企业管理的职能是计划、组织、控制、激励和决策，CIS策划的职能是识别和整合。

总之，CIS策划是不能由工业设计或企业管理所取代的行为；反过来，CIS策划也不能代替工业设计或企业管理。CIS策划是现代企业适应新经济时代发展的重大举措。

2.1.2 企业形象策划与营销策划的异同

企业形象策划与营销策划就其行为方式和目标指向而言是一致的，但二者在许多方面存在差异。

营销策划（marketing planning）是指在对企业内外部环境予以准确分析，并有效地运用经营资源的基础上，对一定时间内的企业营销活动的方针、目标、战略以及实施方案与具体措施进行设计和计划。

企业营销活动范围包括确定目标市场和占领目标市场两个大的方面，营销策划中的整体策划即围绕这两个方面进行策划；营销策划中的局部策划则是围绕其中的某一方面甚至是这一方面的某一小部分进行策划。

整体营销策划时限在 1 年以上，有的长达 3 ~ 5 年，它是与企业的发展战略和中长期营销活动相结合的策划。

局部营销策划的内容不涉及营销的全过程，而只涉及其局部，既可对确定目标市场进行策划，也可对占领目标市场进行策划，其时限往往在 1 年以内，具体可以进行市场危机诊断策划、市场定位或重新定位策划、广告策划等。局部营销策划必须符合整体营销策划中所制定的营销战略和营销目标。

营销策划与企业形象策划在操作上有相似之处，主要体现在以下几个方面：

（1）都要通过市场调研搜集资料并加以分析；

（2）都要在策划之初开展造势宣传，举办各类活动；

（3）都要本着"有的放矢、切实可行、不落俗套、别具一格"的原则对策划目标和方案进行设计；

（4）都要匡算费用，计算成本；

（5）都要进行方案调整；

（6）都要对实施方案的活动进行评估、鉴定等反馈控制。

可见，企业形象策划与营销策划的操作程序基本上是相似的。

但是，二者并不能相互取代，各有其重点和具体要求。

企业形象策划是个系统工程，是整体行为。这是由 CIS 本身就是一个整体系统决定的。CIS 的三个子系统有机结合在一起（如图 2-2 所示），相互作用，共同塑造具有特点的企业形象。

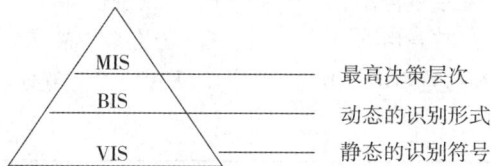

图2-2　企业识别系统结构图

MIS 包括的内容如图 2-3 所示。

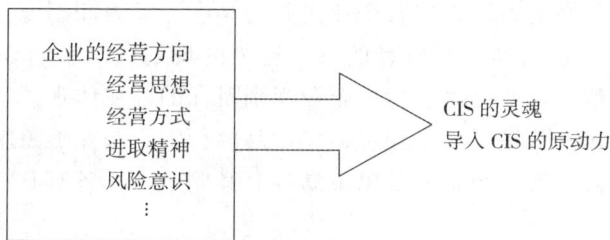

图2-3　理念识别系统的内涵

BIS包括的内容如图2-4所示。

对内行为	对外行为
完善的组织制度	市场调查
管理规范	产品开发
员工教育	公共关系
作业精神	促销活动
生活福利	流通对策
工作环境	代理商对策
内部营销	股市对策
生产设备	金融业对策
行为规范	公益性活动
发展研究	文化性活动
⋮	⋮

图2-4　行为识别系统的内涵

VIS包括基本要素系统和应用要素系统，如图2-5所示。

基本要素	应用要素
企业名称、徽标	建筑外观、橱窗、陈列
企业造型、象征图案	展示
企业品牌标志	招牌、旗帜、标志牌
企业品牌标准字体	事务用品
企业专用印刷字体	办公用品
企业标准色	员工制服
企业宣传标语	交通工具
广告用语	包装用品
市场营销说明书	广告制作、媒体
⋮	⋮

图2-5　视觉识别系统的内涵

　　MIS、BIS、VIS共同构成CIS，其中MIS是CIS的灵魂，是企业的基本精神所在，也是整个系统运作的原动力，影响着企业内部的动态、活力和制度，组织的管理和教育，并扩及对社会公益活动、消费者的参与行为的规划，即影响BIS；VIS则是传达企业的营销信息、塑造企业形象、达到企业识别目标的外在体现。

　　从上述分析可知，营销行为是侧重运作产品的行为，企业形象塑造则是侧重运作企业的行为，因而营销策划与企业形象策划各有其侧重点，各有其特有的任务，不能将二者等同。

【小思考 2-1】

1.为什么说企业形象策划过程是企业实现自我统一性和人格统一性的过程？

2.企业形象识别系统由哪几个子系统构成？

2.2 企业形象策划兴起与发展

2.2.1 企业形象策划兴起的社会经济背景

企业形象是企业的关系者对企业的整体感觉、印象和认知。企业的关系者包括消费者、客户、竞争者、股东、投资者、企业员工、希望就职者、金融机构、原材料供应者、大众媒体、政府、公共团体等。企业形象策划是一种美化企业形象，注入新鲜感，使企业更能引起外界注意，进而提升企业的知名度、信赖度和美誉度的经营技法。日本策划人把对企业形象的策划通俗地概括为"使企业改头换面，给企业换血强身"，是企业心的一致与形的一致的统一。

企业形象策划通过设计企业识别系统的三个子系统，强调企业形象的个性特征，强调企业的最终目标和直接目标，以提升企业的传播性。正因为企业形象策划具有其他行为所不能取代的功能，所以人们早就利用它为推动企业的成长和经济的发展服务了。

CIS 的导入和策划最早兴起于第一次世界大战期间。当时德国的 AEG 公司首次在其生产的系列电气产品上使用统一商标，此为 CIS 的发端。第二次世界大战期间英国工业设计协会会长佛兰克·毕克负责规划伦敦地铁，将统一字体应用于车票、站牌等处，取得好的反响，CIS 开始引人注目。经过几十年的发展，到 20 世纪 50 年代，企业形象策划才成为自觉的完善的行为。1956 年 IBM 公司总裁小托马斯·沃森聘请诺伊斯设计一套完整的视觉识别系统，以"通过一切设计来传达 IBM 的优点和特色，并使公司的设计应用标志统一化"（如图 2-6 所示）。

图 2-6 IBM 视觉识别图

这套视觉形象系统以"IBM"（公司全称 International Business Machines 的首字母缩写）为核心，创造出富有美感的造型，选用蓝色为标准色，象征着"科技·前卫·智慧"，并围绕这一构思设计了统一的标准字体及其他应用系统。这一设计容易使人联想到蓝天和海洋，使人产生崇高、深远、透明、沉静的感觉，它象征着幸福和希望，是现代科学以及知识和力量的表现，同时体现出一家高科技公司雄厚的技术背景和经济实力，为 IBM 赢得了"蓝色巨人"的美誉。

20 世纪 60 年代以后，欧美进入了导入 CIS 的全盛时期。如德国的 Braun 家电产品公司，美国的 CBS、RCA、3M、Eastern、Mobil 等公司，意大利的 Olivetti、Fiat 等公司，英国的 Blue Circle 水泥公司、Lucas 汽车公司、航空机械公司等，纷纷导入 CIS，形成全球性的企业形象策划潮。

世界出现企业形象策划潮是形势发展使然，具体可从以下几方面探求其缘由：

1）产业发展的社会化趋势导致企业所属行业界限不清，企业形象的个性化便于识别和认知

产业发展的社会化推动企业的成长。当企业处于幼稚阶段经营乏力时，多采用专业化经营战略，企业所属行业是清晰的、分明的；随着企业进入成长期，企业的扩张成为必然，于是企业往往采取多元化经营战略。多元化经营战略是一种跨地区、跨行业、跨领域的战略，发达国家 20 世纪 50 年代即进入这样的状况，60—80 年代多元化经营得到发展。多元化经营的结果使得行业之间相互渗透，界限逐渐淡化，原来企业所属的行业显得模糊不清，而且各类企业经营日渐趋同，为了突出企业的个性特征和视觉冲击力，需要企业导入 CIS 进行形象塑造，以适应消费者认牌选购商品、认准商号记住企业的需要。

2）企业间竞争的深刻性导致企业的拓展需要借助于对企业形象力的开发

企业的市场营销活动仰赖于企业的三轴力，即产品力、促销力和形象力，相应地，企业竞争也由产品力的竞争、促销力的竞争发展到形象力的竞争。产品力的竞争是以产品的质量、价格为特征的较量；促销力的竞争是以促销手段、经营方式的对垒为表现形式；形象力的竞争则是树形象、拼实力的白热化的竞争。世界上许多营销有方又有力的企业，都经历了从树立"质量意识""名牌创业"到强化企业管理，扩大对外宣传力度，最后导入 CIS、塑造企业形象的过程。建立良好的企业形象可以收到相应的社会效果：

（1）信任效果。获得社会公众的认同、好感、信赖。

（2）缓和效果。在企业处于不利时易得到人们谅解，转危为安。

（3）领先效果。在市场上独树一帜，先人一步，竞争取胜，发展领先。

3）企业形象的导入是推动企业转换经营机制、强化企业管理的动力

企业通过 CIS 导入的契机，全面进行市场调研，调整企业经营机制适应市场需要的转换，同时通过内部管理制度的调整，强化管理方式和手段；通过视觉形象的塑造，产生视觉冲击力，扩大知名度，为提高信赖度、美誉度打好基础。CIS 方案一经实施，还可以给企业带来一系列的好处：

（1）使企业基础长期稳固，增强内部的向心力和凝聚力，有利于统一管理、协调发展；

（2）能激励员工，形成良好的企业风尚和和谐向上的氛围；

（3）能增强股东的好感和信任，增强广告效果，增强对社会公众的号召力和吸引力；

（4）有利于企业提高营业额、募集资金、推动股票价格上扬等。

国际设计协会曾估计过，企业在形象设计中每投入 1 美元，可以获得 227 美元的收益。发达国家的形象往往是与知名大企业的形象联系在一起的，像万宝路、苹果代表美国，奔驰、宝马代表德国，丰田、佳能代表日本，路易·威登、香奈儿代表法国等。

形象力不仅可以提高企业声誉，促进销售，而且本身就具有无形价值。形象力的

无形价值往往通过商标体现出来，世界著名商标的价值甚至高出该公司年营业额数倍（见表2-1、表2-2）。

表2-1 **2021年BrandZ全球最具价值十大品牌**

排名	品牌英文名	品牌中文名	品牌价值（百万美元）	品牌价值年度变化	排名变化	国家
1	Amazon	亚马逊	683 852	+64%	0	美国
2	Apple	苹果	611 997	+74%	0	美国
3	Google	谷歌	457 998	+42%	1	美国
4	Microsoft	微软	410 271	+26%	-1	美国
5	Tencent	腾讯	240 931	+60%	2	中国
6	Facebook	脸书	226 744	+54%	2	美国
7	Alibaba	阿里巴巴	196 912	+29%	-1	中国
8	Visa	维萨国际组织	191 285	+2%	-3	美国
9	McDonald's	麦当劳	154 921	+20%	0	美国
10	Mastercard	万事达国际组织	112 876	+4%	0	美国

资料来源 凯度. 2021年凯度BrandZ全球最具价值品牌百强排行榜发布（附完整榜单）[EB/OL].[2022-02-23]. https：//baijiahao.baidu.com/s？id=1703174062617644205&wfr=spider&for=pc.节选.

表2-2 **2021年BrandZ中国最具价值品牌十强**

排名	品牌	类别	品牌价值（百万美元）	较2020年品牌价值变化
1	腾讯	媒体和娱乐	279 618	+85%
2	阿里巴巴	零售	201 863	+32%
3	茅台	酒类	110 579	+106%
4	美团	生活方式平台	52 878	+121%
5	华为	消费科技	46 568	+25%
6	平安	保险	44 359	n/a*
7	京东	零售	41 066	+66%
8	抖音	媒体和娱乐	38 920	+131%
9	中国工商银行	银行	38 591	+1%
10	快手	媒体和娱乐	32 642	+282%

*由于研究行业和公司财务披露的优化，平安的品牌价值现已包括平安健康和平安普惠。

资料来源 美通社. 2021年凯度BrandZ（TM）最具价值中国品牌100强排行榜发布 [EB/OL].[2022-02-28]. https：//baijiahao.baidu.com/s？id=1713998474690946694&wfr=spider&for=pc.节选.

2.2.2　东西方导入CIS的比较分析

企业形象的塑造及策划发轫于西方。IBM作为首创者的代表，其初衷就是通过视觉冲击力来体现公司的开拓精神、创造精神和鲜明个性。虽然IBM自1914年由老沃森创立到1956年由小沃森接任总裁，已成为美国国内计算机工业的权威，但小沃森认为，企业不能满足于现状，必须进入世界性大公司的行列。他对公司的顾问、著名设计师艾略特·诺伊斯说："如果（公司）不被大众了解，就等于什么也没有做。"于是在小沃森的倡导下，IBM成为CIS导入的先驱者。这一重大举措也把IBM推向国际计算机工业的头牌大公司的显赫地位，使IBM拥有40万名员工，2017年营业收入为791亿美元，净利润为57.53亿美元。不仅如此，8条纹的IBM标志以及由此体现的品质感、时代感和"IBM就是服务"的广告导语让人久久不忘。

IBM的成功影响了一批欧美企业，欧美许多公司纷纷效法IBM，通过塑造企业形象提升经营业绩。有"美国国民共有的财产"之称的可口可乐公司，在1970年以崭新的企业标志为核心，展开了CIS的全面行动，红色衬底上的白色Coca-Cola字样带来强烈的视觉形象冲击，令人耳目一新，使该公司的市场占有率得以迅速扩大，并在公众心目中确立了美好的企业形象。苹果公司"咬了一口的苹果"标志，麦当劳的黄色M标志，耐克公司的小钩子标志等都牢牢地镌刻在人们的心目中。

如果说CIS的潮头起于西方世界，那么东方则是CIS得以进一步完善并进入全盛时期的所在。20世纪70年代日本在总结了西方企业市场营销的成功经验之后，开始导入CIS。日本在导入CIS的过程中大量融进了东方文化的内涵，包括东方民族所注重的精神理念、人文思想、士气意识、情感倾注、价值取向等意识形态，从而丰富和深化了CIS。1971年，日本两家著名的大银行——第一银行和劝业银行——实行合并，合并后设计出的新标志是一个"心"的图案，令人感到非常清晰、亲切，时至今日仍令日本企业界和设计界赞叹不已。接着马自达汽车公司、大荣百货公司、松屋百货公司、富士胶片公司、美津浓体育用品公司、华歌尔内衣公司等通过导入CIS名震全球。

中国导入CIS虽稍晚一点，但其势可观。先是中国台湾的台塑集团、味全集团、大同公司、声宝公司、霖园企业集团纷纷塑造了多姿多彩的新形象，随后中国大陆地区由南向北流动着导入CIS的激情，如太阳神、第一投资公司、健力宝等先人一步，燕舞集团、北新集团、中国电影城、深圳华源、武威酒厂等大中型企业也纷纷导入CIS，呈现出百花齐放的态势。

东西方企业在进行企业形象策划时，从总体上看是一致的，但在切入点和侧重点上有所区别，因而学术界有欧美型CIS和东方型CIS之说。

欧美型CIS可说是以视觉为中心，强调视觉对社会公众的冲击力，或称作外塑型，注重利用各种传媒向社会公众传达企业的鲜明特色。在CIS的策划过程中，欧美型往往按VIS—BIS—MIS的顺序进行操作，即把视觉形象作为CIS导入的切入点和重点，并以此为中心规划其他两个组成部分。这是与欧美的审美观和价值观分不开的。欧美在评判文艺作品包括电影、电视、美术、雕塑、舞蹈等时，其首要的标准是视觉上的动感和美感及其所带来的冲击力，而对其内蕴则置于第二位。欧美型 CIS 的代表作有 IBM、Coca-Cola 等，不能否认它们在视觉上所产生的巨大魅力。

东方型 CIS 则是文化型或内塑型的。东方企业进行 CIS 策划不只是将其视为一般的操作行为，而是把它当作经营战略看待。日本的第一家 CIS 设计公司即 PAOS 公司称 CIS 导入为"企业设计综合经营战略"（design coordination as a management strategy）。东方型 CIS 十分强调 CIS 与企业文化的结合，并通过 CIS 传达企业的文化内蕴。企业文化是包含观念、道德、精神、共识、追求、情感、审美、价值观等内容的概念，东方型 CIS 强调要通过 CIS 体现上述文化内容，这样就把 CIS 由表层引向里层，由一般技术引向哲学高度，引向企业经营战略的高度。有学者将东方型 CIS 策划概括为"从文化资源找题材，以人文精神作规则"。因而，东方型 CIS 的操作顺序是 MIS—BIS—VIS，把理念的确定作为 CIS 导入的切入点和重点，然后围绕 MIS 谋划企业行为和视觉表达。

【实例 2-1】

统一企业集团是怎样塑造企业形象的

台湾的统一企业集团是在强调"开创健康快乐的明天，秉承三好一公道（品质好、信用好、服务好、价格公道）的经营理念"时开始塑造企业形象的。与此相配合推出统一超市，震荡了台湾杂货、日用品业。它吸纳各地的加盟店，提供 24 小时服务，在母亲节等节日开展慰问、赠品活动，采取表达对社会的反哺、回馈的实际行动。在 VIS 部分，统一企业的标志系由英文单词"PRESIDENT"之字首"P"演变而来。如图 2-7 所示，翅膀三条斜线与延续向左上扬的身躯，代表"三好一公道"的品牌精神，也象征以爱心、诚心、信心为基础，为消费者提供商品及服务，以及创新突破的寓意；底座平切的翅膀，则是稳定、正派、诚实的表征。整个造型象征超越、翱翔、和平，以及带向健康快乐的未来。标志的三种色彩有以下意义：红色代表热诚的服务、坚定的信心、赤诚的关注；橘色代表勇于创新、长于突破，及与食品相联系的满足感、丰盛感；黄色富有温馨、明快、愉悦的感情，代表该品牌的期望。

图2-7　统一企业的VIS设计

【实例 2-2】

蔚来汽车的品牌形象设计实践

2016 年 11 月 21 日，电动车行业的中国企业——蔚来，在伦敦萨奇艺术馆正式发

布英文品牌 "NIO"，在推出全新标志（如图2-8所示）的同时，发布了旗下首款产品——号称当时 "全球最快" 的纯电动超跑EP9。蔚来英文品牌 "NIO" 取意 "A New Day"（新的一天）。"NIO蔚来" 表达了蔚来汽车追求美好明天和蔚蓝天空、为用户创造愉悦生活方式的愿景。

图2-8　蔚来全新标志

新标志分为上下两个部分，分别象征公司愿景和行动：上半部分代表天空，象征开放、未来与目标；下半部分代表延伸向地平线的路面，象征方向、行动与向前的动力。

2019年12月，蔚来荣登全球豪华汽车品牌创新榜第十名，位于中国企业第一名。从全球豪华汽车品牌创新榜来看，底蕴深厚的奔驰、奥迪、宝马三款BBA品牌为榜单前三，其均为德国车企，紧随其后的是来自美国的特斯拉，蔚来和长城WEY首次登上全球豪华汽车品牌创新榜TOP15。国产自主品牌蔚来和长城WEY能够进入全球豪华汽车品牌创新榜，是对国产自主品牌车核心竞争力的肯定。

蔚来非常重视品牌形象，设计在品牌端的价值能为企业带来三大优势：第一，drive choice即增强品牌形象，驱动消费决策；第二，build loyalty即建立品牌忠诚度；第三，our value即结合好的品牌感知度以及忠诚度，最终将提高企业用户、产品及企业的价值。

新能源汽车产业及品牌正在崛起，对于蔚来来说，品牌传播的效率相当重要。蔚来需要在快速发展的情况下，更有效地保持品牌形象以及设计品质。

蔚来不仅是一家汽车品牌，通过提供高性能的智能电动汽车与用户极致体验，蔚来更致力于为用户创造愉悦的生活方式，通过全方位的企业形象塑造，打造全球范围内的 "用户品牌"。

资料来源　［1］品牌美. 蔚来汽车品牌形象设计［EB/OL］.［2022-02-28］. https：//www.sohu.com/a/329774915_100105130.节选.［2］e23汽车. 蔚来：荣登全球豪华汽车品牌创新榜第十名，中国第一［EB/OL］.［2022-02-28］. https：//baijiahao.baidu.com/s？id=1653489544286320054&wfr=spider&for=pc.节选.

【小思考2-2】

1.为什么世界各国的企业都先后导入CIS？

2.导入CIS对企业有什么好处？

2.3 中国导入CIS的实践

2.3.1　中国导入CIS的发端及进程

20世纪80年代以来，中国企业既面临国际企业的挑战，又面临转换经营机制的驱动。中国企业要迎接新竞争而进入全球营销，果断地抓住这个契机导入 CIS 既是十分迫切的，也是十分适宜的。

中国企业尤其是国有企业，过去长期囿于计划经济的圈子而不能直接面向市场，往往无须考虑自身形象。不仅企业名称陈旧、随意，易被误认、误解，与商品的形象极不相称，有碍于进入市场，而且企业本身活力下降，无创新意识，理念陈腐，与时代潮流相去甚远，已到了非重塑企业形象不可的关键时刻。

中国企业要接受国际企业的挑战，必须仰赖对良好的企业形象的维护和支撑。

一马当先，万马奔腾。20 世纪 90 年代初一批企业在太阳神成功导入 CIS 的鼓舞下，先后实施了企业形象战略并取得了同样的成功。

中国民营科技企业——四通公司，早在 20 世纪 80 年代中期就酝酿导入 CIS，通过几年筹划，1992 年正式发布了《企业标识手册总则》，将四通的企业标识系统向社会推介。随后，健力宝集团、三九集团、好来西服饰公司、娃哈哈集团、红豆集团、杉杉集团、闽江工程局等一大批企业争先恐后地导入 CIS，使 90 年代的中华大地形成一道绚丽多彩的风景线。

经过 CIS 武装的企业，在市场上依据其发展状态呈现出三种境界：

（1）新姿绰约，别具一格。这是企业成功开发 CIS 的最初境界。这样的企业偏重 VIS 设计，MIS 和 BIS 尚处于初级阶段。它们致力于对自身新形象的宣传，给社会公众带来新气象，显示了企业的发展活力，给人耳目一新的感觉。

（2）左右逢源，独擅风流。这是企业成功开发 CIS 的中级境界。在此状态下，企业完成了 VIS 的对外宣传及 BIS 的策划和实施，通过实施真心实意为社会及公众服务的重大举措，提高了知名度，赢得了社会的支持、认同和欢迎。

（3）桃李不言，下自成蹊。这是企业成功开发 CIS 的目标境界。企业的 CIS 及其三个构成部分均已定型，企业的美好形象牢牢地矗立在市场上，企业拥有大量的忠诚者。

这三种境界是循序渐进的。企业形象策划就是要促进企业从表面引入深层，从形式导向实质，从设计推向实施，从投入驱向产出，使企业不仅以崭新的面貌立足于市场，而且以骄人的业绩奉献给社会。

与企业导入 CIS 的风起云涌的行为交相辉映的是，学术界和新闻传媒也积极予以配合。20 世纪 90 年代以来，中国举办了一系列的研讨会、座谈会、报告会、讲座，为企业导入 CIS 进行造势、普及知识，大大推动了中国 CIS 潮的扩展。如 1993 年 6 月，在北京召开了"首届中国企业形象战略研讨会"；1994 年 3 月，在天津开展了"CIS 在天津"的推广交流活动；1994 年 5 月，国家自然科学基金委员会立项资助的"CIS 中国化"的研究项目正式启动；1994 年 6 月，在北京召开了"亚洲 CIS 专家谈中国导入 CIS"的座谈会，有日本、韩国、中国台湾的 CIS 专家参加；1994 年 8 月，在深圳召开了"中国企业 CIS 战略推广研讨会"；1994 年 11 月 24—28 日，在北京举办了"首届中国企业形象展示会"；1997 年，在武汉召开了"CIS 国际研讨会"；2008 年 12 月，在重庆召开了"品牌形象设计实践研讨会"；从 2013 年起到 2021 年，每年在北京召开"中国企业海外形象高峰论坛"……有声有色的各种学术活动对 CIS 的推广起了巨大的推动作用，使CIS日益深入人心。

CIS逐渐成为一些设计公司、咨询公司、文化公司的热门业务。新时期的CIS开始走向成熟，无论是国有企业还是成长壮大了的民营企业的企业家们，都抛弃了"表象化CIS"的俗见，开始追求CIS对品牌建设、企业文化培育、管理规范和形象整合的全方位效应。

在新的国际环境和时代背景下，中国企业要面对国际竞争压力和自身发展素质提升的需要，更要面向全球讲述中国知名企业故事，加强中国企业国际形象构建，进一步树立中国企业全球形象。CIS不仅是企业的专利，医院、学校、媒体、社团、城市、国家各部门等都在导入CIS，积极打造中国的各个组织的形象，以展示中国的国际形象。

2.3.2 中国企业导入CIS的模式及途径

1）导入CIS的三种模式

中国企业导入CIS一般根据企业的发展状况分别采取不同的模式，概括起来有以下三种模式：

（1）筹建期CIS导入模式。这是新建企业使用的模式。我国在改革进程中新建了不少的企业，这些企业在筹建时，对企业的未来形象及企业文化进行有目的的设计和策划，包括对企业经营思想、口号、信条、标准色、标准字、标志、吉祥物、企业形象的社会定位、战略选择、计划实施、管理办法以及应用系统的设计与策划等。随着社会的深入发展，新型企业层出不穷，由于很多企业一成立便进行了筹建期CIS的导入，所以企业完全以全新的面貌问世，形成灼人的魅力。这些新型企业通过企业形象策划后形成的魅力主要来自两个方面：一方面，通过一致的价值取向和行为规范的确立，实现规范化管理，增强员工的归属感和凝聚力，从而使全体员工心往一处想，力往一处使。另一方面，对企业的视觉要素进行标准化设计，有利于实现信息传播的高效率。企业视觉形象的规范化设计往往给公众以强烈的视觉冲击力，使得消费者一眼便能认出企业商号和产品品牌，并留下深刻的印象。

（2）扩张性CIS导入模式。扩张性CIS导入模式，是企业在成长过程中为了实现资本扩张，把企业带进新的高一级的发展阶段而导入CIS的模式。扩张性CIS的导入是对企业革新换面、脱胎换骨的改造。这时的企业形象策划应该立足于企业的原有基础而着眼于新的发展层次和境界，对企业形象进行完全创新性的策划。

扩张性CIS导入最重要的是谋划好企业的战略定位。战略定位准确、适当与否，是决定企业扩张成败的关键。准确的战略定位，一是来自对企业发展态势的正确评估，二是来自对企业的市场潜力的正确预测。

依据企业生命周期理论，企业的成长是企业发展的必然过程。企业进入成长期后必然要实行扩张，资本扩张是企业成长的具体表现。扩张后的企业形象应该给人以成熟、有实力、进取精神强、发展势头锐不可当的感觉。因此，企业形象策划应按照这种指导思想给企业锦上添花，使企业成长如虎添翼。

（3）重塑性CIS导入模式。重塑性CIS导入模式亦称拯救性、医疗性CIS导入模式。很多传统型企业，为了重塑形象、改变旧貌而重新调整经营理念、经营行为及经营者的面貌，通过 CIS 导入拯救企业，以维护企业的生存现状和发展前景。

对于我国国有企业而言，由于体制和机制的转换，其中许多企业都面临着生存危机、面貌陈旧的问题，它们既需要实现适应市场经济需要的经营机制的转换，也需要对传统的企业形象进行医疗性的改换。

重塑性 CIS 导入，既不同于筹建期 CIS 导入，也不同于扩张性 CIS 导入，其实施更为困难。重塑性 CIS 导入既要创立新的形象，又要根据原有的基础，对传统形象进行甄别、分析、摄取和扬弃，而在对旧的东西的改造中常常会碰到巨大的阻力，这种来自旧传统的阻力对新形象的树立所起的负面作用是无法估计的。因此，重塑性 CIS 导入将伴随着企业管理体制、组织机构调整等一系列的重大改革。重塑性 CIS 导入实质上就是一场深入的企业改革和企业现代化制度建立的过程。

企业一旦出现以下现象，即可导入 CIS：

① 企业名称老化，易被误认、误解，与商品形象不符；

② 企业知名度低，在同业竞争中处于不利地位；

③ 商品与商标形象出现分歧，旧的企业形象有碍于进军新市场；

④ 当前的营销战略与企业形象无法配合，或企业形象因营销活动中某种事故受损，产生负面效应；

⑤ 企业形象不好，员工士气低落，人才吸引力差；

⑥ 上市股票显示，企业经营业绩处于劣势或遭遇障碍等。

这三种模式的 CIS 导入，无须企业做选择而只是个对号入座的问题。无论采取哪种模式，其目标和操作大体是一致的。

2）CIS 导入的原则、条件和时机

（1）CIS 导入一般要把握以下原则：

① 个性化原则。CIS 导入与策划必须突出企业及其产品的个性，使消费者和社会公众的心目中形成对企业的强烈印象。"与众不同，别树一帜"是策划者要铭记于心、见之于行的指导思想。

② 统一性原则。统一性就是企业的上下、内外、前后都要保持一致，以显示企业的整体性、一致性。统一既包括视觉的统一，也包括理念和行为的统一，以形成规范化、标准化、整体化的良好形象。

③ 易识别原则。CIS 的各个子系统的设计都要符合易识别原则，标志易辨认，色调具有冲击力，理念包括企业精神、广告导语等易上口、易记忆，企业行为举措让人易接受、不费解。

④ 易认可原则。企业导入 CIS，无论采取什么方式和手段，都是为了被社会公众所接受、认可。因此，企业的 CIS 导入的创意要接近社会公众，要与社会时尚相协调，与社会公众的审美要求相适应，与社会信息传播媒体相沟通。"标新"为了"立异"，而不追求"怪诞"；独树一帜是为了获得公众认可，而不是不伦不类出格。

（2）CIS 导入要创造好条件，这些条件包括：

① 领导条件。CIS 导入必须受到企业领导层及有关主管领导的高度重视。CIS 导

入是企业全局性的工作，CIS导入的主体部分不仅需要领导者介入，而且需要领导者充当主角。没有领导的高度重视，CIS导入不可能完成。

②认识条件。导入CIS是企业重大的、创新的活动，对于广大员工和领导者来说都需要从头学习，使认识统一到CIS所要求的境界。没有统一的认识，导入CIS就会落入误区，或走过场。提高员工对CIS的认知度，是不可忽视的条件。提高认识的办法就是组织学习、加强学习，在导入CIS前要进行CIS的积极分子培训和普及性的报告宣传，使全体员工知道CIS是什么，怎么实施。

③素质条件。导入CIS是现代管理行为，它既是领导决策层的事，也是全员参与的活动。因此，领导决策层和员工作业层都要提高素质，不仅认识上要统一，而且行动上要有自觉性，严格按照CIS的规范进行作业。

（3）CIS导入要寻找好的时机，以下时机可供选择和利用：

- 新公司成立，或企业合并成集团；
- 创业周年或若干年纪念等；
- 企业扩大经营范围，朝着多元化发展；
- 新产品的开发与上市；
- 摆脱经营危机，停滞的事业得以活络；
- 消除负面影响，纠正企业失误；
- 提升品牌或品牌升格为企业商号；
- 企业改组或跨领域经营，全面创新；
- 进军海外市场，迈向国际化经营等。

3）导入CIS的3种途径

（1）从VI切入的途径。这是指企业导入CIS以VI即视觉形象为切入点。企业首先对原有形象进行改造，以推出新的视觉形象为突破口，在市场上进行宣传、推广，然后配合推出企业的新理念、新举措，从而完成全方位的CIS导入。

例如，雅戈尔就是以VI为切入点取得成功的。雅戈尔原为宁波市的青春服装厂，起家时仅有2万元资本金。从1991年到1994年，该企业曾3次更新企业品牌设计，反复在市场上试销、修改、完善。1991年推出的是圆形中加"Y"的标志，市场试用后显得单调，缺乏吸引力；1993年改为椭圆中加"Y"，仍不理想；1994年在此图案的基础上增加一个"I"，寓意争创一流，图案下边加上英语"YOUNGOR"蕴含永葆青春的祝福，终于使雅戈尔品牌在市场上既扬其名，也传其实，成为知名名牌。同时，雅戈尔在市场的发展中逐步明确了"服务社会、贡献社会、装点人生、创造人生"的经营宗旨，赋予品牌"圆满、成功、热情、朝气"的理念。在企业行为上，该企业以衬衣为龙头，业务逐步扩大到西裤、童装、针织服装领域；在企业管理上融入儒家文化，处理好人缘、地缘、血缘的人际关系。随着雅戈尔集团的发展壮大，企业的VI设计改为"狻猊"的形象。龙生九子，其性各异。东海蛟龙"狻猊"性勤敏，喜洁净，兼怀仁德之心，故命其执掌天下衣饰。狻猊受命而化为龙马，见天下众生寒服草履，心中戚然。携司丝麻布帛自东海而出，周而往复，执饰衣华冠送于市井村野，昼夜劳而未感倦息，奔走于九州方圆，唯以世人衣冠为一己之忧。后世之人以厚德载物为念，以龙马精神为事，终成大业。雅戈尔的标志设计评估指数达 97，品牌 VI 设计评估指数达 78。2021 年 9 月 25 日，雅戈尔入选 "2021 中国企业 500 强" 榜单，排名第 210 位。这说明雅戈尔由 VI 切入带动 MI 和 BI 最终全方位导入 CIS 的选择是成功的。

（2）从 MI 切入的途径。从 MI 即理念子系统切入是指企业通过充分的市场调查和理性思考，一举推出企业富有个性特色的经营理念，并在此基础上形成企业新的视觉形象和行为方式，从而完成 CIS 的导入。

例如，格力就是以 MI 为切入点取得成功的。格力的经营理念——制造最好的空调奉献给广大消费者，管理理念——创新永无止境，企业精神——忠诚、友善、勤奋、进取。格力人在成功实现 "世界冠军" 的目标后，2021 年公司提出 "打造精品企业、制造精品产品、创立精品品牌" 战略，努力实践 "弘扬工业精神，追求完美质量，提供专业服务，创造舒适环境" 的崇高使命，朝着 "缔造全球领先的空调企业，成就格力百年的世界品牌" 的愿景奋进。

（3）从 BI 切入的途径。从 BI 切入即通过企业有效的行为举措形成广泛深远的社会影响，从而达到树立新的企业形象的目的。东方通信是通过把奉献社会作为 BI 展示的重要内容取得成功的范例。东方通信 1990 年与摩托罗拉合作生产手机，1996 年成为中国最大的移动电话和系统设备的制造商、供应商。1997 年 4 月 25 日，该公司成立了 CIS 规划委员会。在此期间公司采取了几项重大举措，如 1995 年向吉林、辽宁提供 40 万元通信设备，斥资 50 万元在浙江省文成县老区建 "东方通信希望小学"，1996 年向三峡工程捐助 100 万元通信设备等。这些行动已经在社会上产生了较大影响，使社会对东方通信产生了强烈的好感。在此基础上，东方通信 CIS 规划委员会一成立即宣称其理念是 "超越自我、产业报国"。配合实际行动，东方通信的企业经营理念有效地深入人心，企业很快为市场所接受，并取得了较好的社会声誉，成功地完成了 CIS 导入。

企业导入 CIS 的行为是企业发展过程中的战略行为，具有整体性、全局性、前瞻性。如果企业对导入 CIS 的行为缺乏足够的理论准备和认知准备，往往会落入认识的误区，对 CIS 的统一性、目的性、科学性产生片面理解。在导入 CIS 时产生的误区表现为：

① 以 VIS 代替 CIS。以为完成了 VIS 设计就是完成了 CIS 策划，单独靠企业标志图案代替企业形象。

② 重设计，轻贯彻。企业在开始进行形象策划和设计时很重视，但不在意对策划方案的贯彻落实，使 CIS 导入停留在纸上。

③ 盲目模仿，人云亦云。在企业形象策划活动中，对视觉、理念、行为各个子系统的设计缺乏创意，盲目模仿他人的方案，造成形象雷同，无个性特色。

④ 脱离企业实际去迎合潮流。搞形式主义，盲目地赶潮流，不顾企业的经营范围和经营特色，随意用已有的模式去套，使企业导入 CIS 失去真正意义。

【小思考 2-3】

1. 请介绍你所知道的我国企业导入 CIS 的简况。

2.处于何种条件的企业才适合导入CIS?

延伸阅读　企业VI优秀设计欣赏

本章小结

　　企业形象策划的兴起是市场经济孕育的结果，同样企业形象策划的传播也是市场竞争的需要。企业形象策划兴起于西方，并在东方得到实质性发展。欧美型企业形象策划强调视觉识别系统的冲击力，东方型企业形象策划则十分强调CIS与企业文化的结合。20世纪80年代以来，中国企业实施企业形象战略取得较大的进展，以海尔为代表的优秀企业的企业形象在广大社会公众中产生了良好影响并为中国企业进入国际市场起到了引导作用。中国的企业形象策划专业组织也如雨后春笋般发展起来。

主要概念和观念

□ 主要概念

　　企业形象识别系统（CIS）　企业形象策划　营销策划

□ 主要观念

　　价值观念　时机观念

基本训练

□ 知识题

　　2.1　MIS包括的内容有哪些?

　　2.2　BIS包括的内容有哪些?

　　2.3　VIS包括的内容有哪些?

　　2.4　欧美型CIS策划的内容是什么?

　　2.5　东方型CIS策划的内容是什么?

　　2.6　建立良好的企业形象有哪些社会效果?

□ 技能题

　　2.1　企业形象策划的社会经济背景是什么?

　　2.2　中国企业导入CIS的模式有哪三种?

　　2.3　导入CIS要把握_____原则。

　　1）统一性　　　2）易识别　　　3）个性化

　　4）易认可　　　5）易实现

□ 能力题

2.1 案例分析

薪火相传，擦亮同仁堂健康药业的金字招牌

"炮制虽繁必不敢省人工，品味虽贵必不敢减物力。"这是在 2015 年 4 月 29 日北京市首届"政府质量管理奖"现场评审的过程中，中国北京同仁堂（集团）有限责任公司（以下简称同仁堂）党委书记、董事长梅群在发言中反复强调的一句话。

"这两个'必不敢'，既是同仁堂的古训，也是同仁堂的堂训，讲的是不论制作过程多么烦琐、工艺多么精细，为求疗效，不敢有半点懈怠；不论中药配方的成本多么高昂、药材多么稀缺，为出珍品，不敢有半点含糊。中医药关乎人命，应心存敬畏；消费者通过药品，可体味良心。"梅群如是说。

纵观同仁堂的历史，堪称一部民族企业的奋斗史、发展史，它的成功简单说就是六个字——品牌、人才、发展，并立足于此不断前进。

不管历史如何变迁，同仁堂一直坚持诚信经营，让老百姓吃药放心，代代相承才形成品牌。梅群说："同仁堂特殊的历史背景，造就了同仁堂的质量，并且是以生命为担保的质量。诚信为本，讲究质量，以义取利，义利共生，才能屹立不倒。"

企业目标：以高科技含量、高文化附加值、高市场占有率的绿色医药名牌产品为支柱，成为具有强大国际竞争力的大型医药产品集团，简称"三高一强"。

企业使命：弘扬中华医药文化，领导"绿色医药"潮流，提高人类生命与生活质量。

企业精神：同修仁德，济世养生。

服务铭：为了您的健康与幸福，尽心尽意，尽善尽美。

同仁堂历代传人都十分重视宣传自己，树立同仁堂形象。比如，以前利用朝廷会考机会，赠送"平安药"，冬办粥厂夏施署药，办"消防水会"等。如今的同仁堂不仅继承了原有的优良传统，而且为其赋予了符合新时代特征的新内容。同仁堂主要抓了以下几方面的工作：第一，利用各种媒体进行同仁堂整体形象的宣传，提高企业的知名度和美誉度；第二，以"同仁堂报"为载体进行企业内部宣传，提高企业的凝聚力和向心力；第三，发挥同仁堂文化力的作用，用同仁堂精神鼓舞教育员工，激发员工的积极性、主动性和创造性；第四，抓同仁堂企业识别系统的设计工作，树立同仁堂面向 21 世纪的新形象；第五，积极参与社会公益事业，向社会无私奉献一份爱心，提高企业的社会责任感。

近年来，同仁堂突出"同修仁德，济世养生"的理念，构筑药品生产销售各个环节外塑于形、内化于心的诚信体系，坚守诚信立业，推进诚信创建，确保百年老字号基业长青。

2003 年，同仁堂提出善待社会、善待职工、善待经营伙伴、善待投资者的"四个善待"理念。"四个善待"是对百年同仁堂立业精髓的传承和治业品质的延展。善待社会就是通过向社会提供高质量的产品与服务，善待病患者、顾客和普通大众，树立诚信企业形象，积极做好公益事业，尽好企业的社会责任，赢得良好的社会口碑。善待职工就是真诚对待员工，倡导员工与企业同心同德，为员工创造优良的工作、学

习和生活环境，保障员工福利待遇，为员工提供成长的空间和平台，赢取员工心灵的认同感和归属感，促进员工与企业的共同成长。善待经营伙伴就是善待同仁堂产业链上的供应商和经销商，坚持信义为重、互帮互助、互惠互利的原则，努力营造诚实守信的经营环境，追求多方利益的共赢和协同发展，共同塑造同仁堂品牌。善待投资者就是同仁堂以高度的责任感对投资者负责，保证资产的安全与增值，坚持成果共享、责任共担、形象共塑，用最好的经营业绩回报投资者，不仅考虑投资者的短期利益，更着眼于投资者的长期回报。

经过同仁堂人的共同努力，同仁堂既是经济实体又是文化载体的双重功能日益显现，品牌的维护和提升、文化的创新与传承等取得了丰硕成果，"同仁堂中医药文化"已于2006年列入首批国家级非物质文化遗产名录。2014年，同仁堂安宫牛黄丸制作技艺列入第四批国家级非物质文化遗产名录。2017年，同仁堂荣获"2017年亚洲区最具影响力品牌大奖"。2020年5月10日，"2020中国品牌500强"排行榜发布，同仁堂排名第359位。2021年10月，入选"2021胡润中国最具历史文化底蕴品牌榜"第1位。

从拓展产品门类到布局海外市场，从开辟电商渠道到研发大健康领域产品，350多岁的中华老字号同仁堂如今可一点儿也不显老，通过积极探索和创新，它将不断谱写新的乐章，同仁堂的明天会更好。

资料来源　[1] 李颖. 同仁堂：小心翼翼铸得百年金字招牌 [J]. 中国质量万里行，2015（6）. [2] 佚名. 薪火相传，擦亮同仁堂健康药业的金字招牌 [EB/OL]. [2022-02-28]. https：// baijiahao.baidu.com/s？id=1683860884666391332.

问题：

1）同仁堂是如何实施CIS导入的？

2）同仁堂如何抓住行业特点来扩大企业形象的影响力？这种做法对其他老字号企业的形象策划有何启示？

2.2　网上调查

请在网上搜寻近期我国企业导入CIS的资料，它们有哪些成功经验？

第 **3** 章

企业形象策划的创意

学习目标 ◎

通过本章的学习，明确创意是企业形象策划的关键，同时掌握创意在企业形象策划中的表现形式，以及如何创意、创意的技法等问题，提高在企业形象策划中创意的意识和能力。

引例 @   海澜之家，创意生命之美

海澜之家是海澜集团品牌大家族中的佼佼者，也是集团实现从做产品到做品牌创新转型的成功例证。"海澜之家，男人的衣柜。"一句广告语成就了一个"国民男装"品牌。

海澜之家自2002年创立以来，20年间一直专注于传统服装零售，以"高品质、中价位"的定位、加盟连锁的统一形象、超市自选的营销模式引爆国内男装市场，销售额逐年递增。海澜之家品牌凭借"平台+品牌"的经营模式，通过打造产业链战略联盟、构筑优质的营销网络，让消费者享受品牌的产品和服务。在2006年、2007年中国服装品牌年度大奖中，海澜之家分别获得"营销大奖""潜力大奖"。2017年1月，在中国服装网络盛典中，海澜之家荣获"2016年度十大影响力服装品牌"。2018年7月23日，海澜之家正式宣布入驻美团外卖，由美团外卖人员前往海澜之家线下门店拿货。2019年5月6日，海澜之家以品牌价值9.5亿美元入选"BrandZ 2019最具价值中国品牌100强"；2019年12月8日，海澜之家获中国扶贫基金会颁发的"特别贡献奖"。2021年1月15日，海澜之家官宣成为央视牛年春晚独家服装合作伙伴，成为首家赞助春晚的服装品牌。"中国名牌产品""国家免检产品""中国驰名商标"等称号的相继获得，为海澜之家在广大消费者的心目中立起了一块块诚信的"丰碑"。如今，"海澜之家"已成为国内服装行业的龙头企业之一。

海澜之家在持续稳定发展、强化经营管理、保障股东利益的同时，通过组织各类社会公益活动，参与多种形式的捐资、义工、便民活动等慈善公益事业主动回馈社会，积极履行社会责任。公司坚持与公益同行，参与"多一克温暖"公益项目截至2019年已是第6个年头。6年来，"多一克温暖"行动已辐射23个省，覆盖千所学校，逾10万个孩童受益，为偏远地区学校的师生送去御寒的衣物。2019年，"多一克温暖"携手公益同行人林志玲、凤凰网"护童计划"，为孩子们送去定制羽绒服，让他

们能够抵御寒冬；发起"天使的像素"摄影主题活动，定格温暖瞬间，并将作品精心制作成线上摄影展，给予孩子们精神层面的温暖。

海澜之家通过"专业精神+价值激励+亲情管理"的企业文化创新，不断凝练专业精神。海澜之家希望通过一个企业改变一个行业，颠覆一种认知，重新诠释品牌的内涵和意义。品牌不是靠高价抬起来的，不是靠身份炫耀出来的，是市场用美誉度检验出来的，是老百姓用亲近感衡量出来的。让时尚走进草根，让名牌走进寻常人家，走进大众生活，这就是海澜人心中的梦想。

资料来源 ［1］海澜之家. 海澜之家股份有限公司2019年度社会责任报告［R］. 江阴：海澜之家股份有限公司，2020.节选.［2］张正宪. 让品牌闪耀大众生活——海澜之家采访侧记［J］. 半月谈，2013（18）：33-36.节选.

企业形象策划过程是重新塑造企业形象的过程，是给企业美容的过程。企业形象的重塑和美化，贵在创新。企业形象策划的创新活动和行为需要创意。创意是企业形象策划的关键。

3.1 创意是企业形象策划的关键

3.1.1 创意的内涵与特点

"创意"一词是在一些特殊的范围内使用的概念。它适用于企业形象设计与策划、广告艺术创作、市场营销策划以及现代文化娱乐活动等。创意是人们在经济、文化活动中产生的思想、点子、主意、想象等新的思维成果，或是一种创造新事物、新形象的思维方式和行为。前一层是名词性的应用，后一层则是动词性的应用。如"有什么好的创意呀"，这是名词性的应用，表明创意是点子、思想的含义；"要塑造好这个企业形象，我们要好好进行创意"，这里的创意显然是要进行创造性的思维，以想出好的点子来，指的是思维过程、思维行为所带来的结果。创意的核心是创造性思维。

创意是人们主体的意与客体的象的结合。客体的表象是感性认识的产物，不具备理性的内容。表象可分为回忆性表象和想象性表象。当人们的表象转化为意象，即被作为意念、意绪、情感，深深地印在人们的脑海里，这个由表象向意象的转化过程完成后，进一步进行创造性思维，就可以形成创意。这种创意一旦作用于企业形象策划或其他有关领域，就可以形成别具一格的方案。

创意产生于创造性的思维。创造性思维是一种辩证思维，即认为事物是运动、变化、发展的，并要用逻辑思维去把握、驾驭整个世界的万事万物的变化，而不是以形式逻辑的静态固定概念进行推理。

创意来源于对生活的积累。它要求创意者深入观察生活、积累资料、提高知识素养，文学、美学、经济学、管理学、工艺学、结构学、伦理学等都要全面涉及，处处留心、事事思考，日积月累、厚积薄发。

创意作为一种辩证思维，具有不同于其他思维的特征，这些特征是：

（1）积极的求异性。创意思维实为求异思维。求异性贯穿于整个创意形成的过程之中，表现为对司空见惯的现象和人们已有的认识持怀疑、分析和批判的态度，并在此基础上探索符合实际的客观规律。企业形象策划活动既是一种创意活动，也是一种求异活动，只有建立在积极的求异思维基础之上，才能独树一帜，引起公众广泛的关注和支持。

（2）睿智的灵感。灵感是人们接受外界的触动而闪现的智慧之光，是人们在平时知识积累的基础上，在特殊情况下受到触动而迸发出来的创造力。灵感是随意迸发的，是不可刻意企求的，但灵感是思维的积累，有知识、材料的积累才有灵感的迸发。灵感产生于有准备的头脑。

（3）敏锐的洞察力。洞察力是以批判的眼光，准确、入木三分地观察并认知复杂多变的事物之间的相互关系的能力。敏锐的洞察力是创意者提出创意构想和成功地解决问题的方案的基础。缺乏洞察力就会遗弃和漏掉大量的创意资源。

（4）丰富的想象力。想象是表象的深化，是人们凭借感知而产生的预见、设想。想象包括联想、环想、设想、幻想，是思维的无拘束的自由驰骋，也是智慧的发散和辐射。想象应该奇妙，只有出奇，才能在"山重水复疑无路"时"柳暗花明又一村"；只有美妙的想象，才能产生诱惑力和色彩斑斓的世界。想象力是发展知识的源泉，也是推动创意发展的源泉。

创意是企业形象策划的生命。没有创意的策划是生硬的拼凑或无趣的模仿；只有蕴含创意的策划，才是富有鲜活个性和持久影响力的策划，才是真正意义上的策划。

3.1.2　创意在企业形象策划中的表现形式

企业形象的策划及确立的过程是企业与公众相互沟通的过程。公众印象、公众态度、公众舆论对企业形象起着重要的作用。创意则是左右公众印象、公众态度、公众舆论的源泉。

创意直接影响公众对企业的印象。印象是客观事物在人们头脑中的折射。印象的好坏取决于企业形象的好坏，企业形象的好坏最初是由创意塑造的。只有通过好的创意塑造出良好的企业形象，才能在公众头脑中形成良好的印象。印象是公众对企业的初步认识，印象与形象可能一致，也可能不一致。印象所反映的可能是实态形象，也可能是虚态形象。创意就是要通过视觉识别系统、理念识别系统和行为识别系统的统一化，使企业的实态形象得到准确的传达，并使之与公众的印象叠合。

创意可以影响公众的态度。态度是人们主观的内在意向，其主观性远胜于客观性。态度的倾向性较强，比起模糊的印象显得更具稳定性。态度由认知因素、情感因素和行为因素构成，其中情感因素起主导作用。创意就是要影响公众的态度。创意影响公众态度的关键就是掌握公众的情感因素，托物寄情、借物传情、以情感人、以情动人，从而强化公众对企业态度的倾向性，使公众对企业形成良好的支持态度。

创意是引导公众舆论的依据。舆论是社会大多数公众的看法和意见，是公开在社会上发表的议论。如果说印象只是嵌于人脑的初步认知，态度只是公众个人的情感表露，那么舆论则是社会公众彼此之间的交流和传递，因而更具有影响力和煽动性。创意更应面对社会公众舆论，并充当引导公众舆论的依据。

企业形象策划中好的创意必然会起到以下作用：

第一，顺应社会潮流，顺应民意动向，把公众舆论当作塑造良好企业形象的契机；

第二，防微杜渐，防患于未然，能预先避免不利的公众舆论，一介入社会即以令人信赖、令人钦佩的形象表现；

第三，具有准确的切入点和超前的先导效应，能以石破天惊之举制造新闻，能以先人一步的远见卓识引导公众舆论，并能在企业成长过程中化危机为提升企业形象的契机。

创意寓于企业形象策划之中，创意是企业形象策划的灵魂。创意在企业形象策划中的基本表现形式有如下几种：

1）理论思维

理论思维是洞察事物实质、揭示事物本质或过程的内在规律的抽象思维，即根据事物固有的内在规律进行创造性的思考或遵循辩证思维和逻辑思维的统一。理论思维具有科学性、真理性，要避开情感因素和主观愿望。在企业形象策划中，对客观环境造成的机会和威胁、企业发展的起点和可能达到的目标、企业已具备的条件和不完善的因素都要进行理论思维。

2）直观思维与逆向思维

直观思维是指在生活中人们的大脑对外界事物所产生的直接感觉。它具有具体性、生动性、直接性的特点，是触发创意的基础。直观思维取决于人的观察力、记忆力和想象力。企业形象策划中对企业的发展历史和生存现状的认识就是一种直观思维。

逆向思维是指人们的思维循着事物的结果而逆向追溯事物发生的本源的思维方式。它引导人们透过事物的现象探究其本质，然后根据事物本质发展的逻辑做出与原发展态势截然相反的判断，为创意者标新立异甚至反其道而行之开拓新的思路。

3）形象思维与抽象思维

形象思维是创意者依据现实生活中的各种现象加以选择、分析、综合，然后进行艺术塑造的思维方式。生动性、具体性、艺术性是这种方式的特点。在企业形象策划中，对企业视觉形象系统的创意，对产品品牌的确定，对企业理念、广告用语的确定等都需要形象思维。

抽象思维则是用科学的抽象概念揭示事物的本质，表达认识事物的结果。它是人们在认识过程中，借助概念、判断、推理反映现实的过程。抽象思维要把具体问题抽象化再去思维，以便突破具体问题的束缚，突破层层障碍，从多角度寻求启迪，从意想不到之处加以发掘。在企业形象策划中，对企业良好形象的树立必须依赖抽象思维创意，以突破常规的窠臼，另辟蹊径，别开洞天。

4）联系思维与倾向思维

联系思维是指运用事物存在着普遍联系的哲学观点，努力发现事物之间的联系，寻求新的发展机会的思维方式。企业形象策划中有关企业行为识别系统的创意，就要用联系思维的方法。市场的开拓、广告的策划、公共关系的运用、经营的拓展等无不需要联系思维。

倾向思维是指人们在思维活动中常常依据一定的目标和倾向而进行的思维方式。在企业形象策划中，创意人往往沿着如何提升企业形象，如何美化企业视觉识别系统，如何使企业的理念识别系统更具有号召力、吸引力，如何使企业的行为识别系统更具有影响力等思想进行思维，通过反复思考，有时会在有意或无意、正常或偶然中突然开窍，获取灵感，找到最好的创意。

在企业形象策划中，成功的创意应该收到如下积极效应：

（1）企业形象独树一帜。独树一帜是企业形象鲜明、富有特色、有魅力的表现，是企业实施差别化战略所追求的目标。成功的创意必须通过这一目标来体现。肯德基、麦当劳的创意都产生了这样的积极效应。

（2）企业形象引人注目。引人注目是企业形象创意所追求的又一社会效应。引人注目必须依靠自身的特色，并在潜移默化中让社会公众接受其形象以及相关的理念、行为举措。引人注目是企业实力的扩张，也是企业特色的张扬和企业魅力的辐射。创意就是解决如何张扬、如何宣传的问题。收到了引人注目的效应，创意就成功了。

（3）借冕播誉，名扬四海。企业形象策划还要在公共关系方面进行创意，即如何借助新闻媒介的力量宣传企业及其产品，达到提高企业声誉的目的。企业形象策划就是要依次提高企业的知名度、信赖度和美誉度。企业借新闻媒介之冕，使自身的"三度"提高了，创意也就获得了成功。

【小思考 3-1】

1. 你怎样理解"创意是企业形象策划成功与否的关键"？

2. 举出逆向思维创意的例子。

3.2 创意的基本步骤和开发途径

3.2.1 创意的基本步骤

创意既是思维创新，也是行为创新。创意本质上应该是丰富多彩、灵活多变、不受拘束的。它不应该墨守成规和固定某种模式。但为了便于初学者领会创意过程，学者们还是归纳了若干步骤。以下介绍 3 种基本步骤的划分方法：

1）日本学者江川郎把创意过程划分为 4 个阶段、15 个步骤

第一阶段（含 4 个步骤）：

（1）发展创意对象；

（2）选出创意对象；

（3）明确认识创意对象；

（4）调查掌握创意对象。

第二阶段（含 4 个步骤）：

（5）描绘创意；

（6）设立创意目标；

（7）探求创意的出发点；

（8）酝酿创意，产生构想。

第三阶段（含3个步骤）：

（9）整理创意方案；

（10）预测结果；

（11）选出创意方案。

第四阶段（含4个步骤）：

（12）准备创意提案；

（13）确定提案；

（14）付诸实行；

（15）总结。

2）中国台湾学者郭泰把创意过程划分为6个步骤

（1）界定问题：将问题弄明白，并界定清楚，使问题突出显露于众。

（2）搜集资料：从书刊、政府文件、企业档案、财务报表等中获取信息，形成创意的基础。

（3）市场调查：明确目的、对象、方法、工作程序。

（4）资料整理：将资料分析、加工、转换为情报。

（5）产生创意：在分析各种资料的基础上，触发灵感、深入思索，形成符合实际的创意。

（6）实施与检验：实施创意方案，并对创意的结果进行评价。

3）中国大陆地区学者把创意过程划分为6个步骤

（1）明确目标。创意者必须弄清委托者的本意、要求并从中提炼出主题，把有限的时间与合作者的智慧汇聚其中，避免产生歧义或南辕北辙。

（2）环境分析。企业的内外部环境是进行创意的依据，因而要对企业的内外部环境分析透彻，以引发出合乎环境的正确创意。

企业的外部环境包括政治环境、社会环境、经济环境、文化环境等。

企业的内部环境包括生产状况、经营状况、管理状况等。因市场营销学有详细的分析，此处不再赘述。

（3）开发信息。创意者要对企业提供的二手资料和亲自深入企业各方面所取得的一手资料进行认真分析，从而获取、开发信息。开发信息要借助电脑对信息的量化分析和人脑对企业实态的感性分析进行整理加工，去粗取精，去伪存真。在反复的调研、探究、切磋过程中，创意者不仅对情况把握得十分清楚，而且产生了强烈的创意冲动，这时可进入下一步骤。

（4）产生创意。创意既是创意者灵感闪现的过程，也是一种可以组织并需要组织的系统工作。引发创意一般要具备以下11个条件：

① 即刻反应的灵敏反应能力；

② 卓越的图形感觉；

③ 丰富的情报信息量；

④ 清晰的系统概念和思路；

⑤ 娴熟的战略构造和控制能力；

⑥ 高度的抽象化提炼能力；

⑦ 敏锐的关联性反应能力；

⑧ 丰富的想象力；

⑨ 广博的阅历与深入的感性体验；

⑩ 多角度思考问题的灵活性；

⑪ 同时进行多种工作的能力。

（5）制作创意文案。创意文案或称创意报告可分为以下几个部分：

① 命名。命名要简洁明了、立意新颖、蕴含深远、画龙点睛，如"虎跃计划""亮剑计划"等。

② 创意者。说明创意人的单位及主创人简况。注意适度地体现创意者的名气与信誉，使人产生信赖感。

③ 创意的目标。突出创意的创新性、适用性，目标概述用语力求准确、肯定、明朗，避免概念不清和模糊表达。

④ 创意的内容。说明创意者的创意依据、创意内容，创意者赋予的内涵及创意的表现特色。

⑤ 费用匡算。列支说明实施创意所需的各项费用及可能收到的效益，以及围绕效益进行的可行性分析。

⑥ 参考资料。列出完成创意的主要参考资料。

⑦ 备注。说明实施创意要注意的事项。

（6）总结。创意付诸实施半年或一年后要进行总结，对执行文案前后的资料进行对比分析，以总结经验、汲取教训。

3.2.2　创意的开发途径

开发创意是从事企业形象策划的关键。开发创意的途径有如下几条：

1）培养创意意识，克服惰性思维

人的创意意识有习惯性创意意识和强制性创意意识之分。习惯性创意意识是指不需要主体意识的主动、特别的干预就能有效地支配人的创意活动的意识。这种创意意识一经形成，就具有稳定、持续的特点，因此要从小培养。强制性的创意意识是指创意意识的产生必须有主体意识的强制性干预，受创意主体目的的支配，当创意活动的目的达到后，这种创意意识多归于消失。培养创意意识要从培养习惯性创意意识和强化强制性创意意识两个方面着手。

（1）习惯性创意意识的培养途径。习惯性创意意识的培养要从小抓起，注意开发右脑，注意从品格上加以磨炼。

①开发右脑。人脑有左右两个半球，一般认为，左脑主司逻辑思维，表现为语言、运动功能，右脑则主司形象思维，表现为形象识别、艺术鉴赏等。开发右脑，是

开发人的创造性思维的核心。开发右脑就是多做一些与形象思维有关的活动，即要多用右脑。开发右脑要从幼儿开始，甚至从胚胎期开始。

· 胎期开发。母亲怀胎5个月后，可多听听优美的音乐，欣赏优美的画作或去风和日丽的户外漫步等。

· 学前开发。人的脑细胞的70%是在3岁前形成的，6岁前是脑细胞发育最旺盛的时期。此时应多运动左侧器官，如左手写画、左腿跳蹦、左耳单听等。

· 常规教育。加强开发右脑形象思维的音乐、美术、绘画、体育、诗歌的教育。

· 成年开发。要有意识地增加形象思维。当你记忆某一事物时，尽量记忆它的形象；当你构思一架机器时，尽力从整体上去把握其形象及其内在关系。

②品格磨炼。创意性品格是一种稳定的心理品质，一经形成，就可以激发创意意识的持续延展。创意性品格包括：

· 尊重知识、崇尚科学、仰慕创意的品质。从小养成尊重知识、认识知识的价值进而崇敬知识的创造者的习惯，笃信"知识就是力量"，并鼓舞自己终生为之奋斗。对心中的偶像由仰慕而模仿，由模仿而产生强烈的创意欲望。

· 勤于思考、善于钻研、敏于质疑的习惯。勤于思考、善于钻研、敏于质疑是富有创造性的人的成功奥秘。这里必须摒弃惰性思维，要从小培养勤于思考的习惯，形成一天不思考新问题就有空虚感的心态。

· 勇于探索、刻意求新、独树一帜的创新精神。这是人的精神品质的磨砺，坚定而不彷徨，勇往直前而不半途而废，致力于探究根由、锐意创新，直至获取成就。

（2）强制性创意意识的培养途径。强制性创意意识的培养途径有外部强制和自我强制之分。

外部强制是指一切由外部因素激发的创意意识，如上级布置的指令性课题、领导委派的开发任务等。对于具有一定的敬业精神和责任感的人来说，外部强制也可以让其在一定时期保持旺盛的创意意识。

自我强制是由自我需要的目的性而引发的创意意识。自我需要既有经济利益的需要，如奖金、转让费等，故强制自己去创意；也有个人显示心理的需要，如要借此显示自己的才能，认为发明创造是一种享受，可以满足心理上的成就欲和成功感，故强制自己去创意；更高境界则是宏伟的抱负和崇高的理想的需要，从而激发创意意识。

如果说习惯性创意是一种自发行为，是自然流露，那么强制性创意则是一种自觉行为，是人们理智地驱使自己按照一定目标创意的行为。

2）突破思维定式，训练发散思维

思维定式是一种严重的创意障碍。思维定式总是不知不觉地把人们的思维规范到旧有的逻辑链上去，并确信这是唯一正确的选择，表现在生活中就是：循规蹈矩、墨守成规；唯书唯上、迷信权威；人云亦云，步人后尘；理性至上、囿于逻辑；谨小慎微、追求完美等。

突破思维定式的途径之一就是要训练发散思维。发散思维是指人们的思维不是沿着一个确定的方向展开，而是不受任何限制地向四面八方任意展开。发散思维也称为辐射思维，是收敛思维的对称。发散思维和收敛思维都是创意性思维的一部分。

发散思维的特点是思维的流畅性、变通性和创新性。流畅性是指从一个思路转向另一个思路的阻力很小，因而在单位时间内获得的思路很多。变通性是指思路的种类变化灵活，因而易于获得种类繁多的设想。创新性则是指新提出的想法是前人不曾有过的新颖的思路。训练发散思维的主要方式有以下几种：

（1）善于进行非逻辑思维。非逻辑思维是与逻辑思维相对应的。逻辑思维是指人们在感性认识的基础上，运用概念、判断、推理等理性思维形式对客观世界的反映过程。非逻辑思维则是指不需运用概念、判断、推理等理性思维形式，就可达到对客观世界的认识，是人们认识过程中所产生的灵感、直觉、顿悟等的总称。

非逻辑思维是一种非线性的立体思维，可以使人的思维从多角度、全方位去寻找新的逻辑链的起点，常常给人以突如其来的感觉。因而，非逻辑思维具有很强的突破性，在创意活动中是逻辑思维所不能取代的。但是，非逻辑思维的成果是朦胧的，要形成一个完整的科学理论有赖于逻辑思维的细致加工，所以非逻辑思维与逻辑思维是不可分的，二者是创意思维的两翼。要突破思维定式就要善于进行非逻辑思维。

（2）放纵模糊性思维。模糊性思维是人类思维中不可分割的一部分。正是模糊与清晰的对立统一，才推动人类思维的发展。没有模糊，也就没有清晰，创意正是从模糊到清晰的过程。创意者在保持追求清晰、明白的思维习惯的同时，要放纵模糊思维。当思维处于模糊状况时，所出现的某些歧义或自相矛盾的念头，会激发人们的想象去突破原有的狭窄的思路，而产生新的创造性思维的胚芽。"李白斗酒诗百篇"正是在放纵模糊思维的过程中产生灵感和创意的例子。

（3）解开知识链的环扣。人的思维定式往往是在被动地接受知识的过程中形成的，一切知识都是靠逻辑链串联的，突破思维定式就是要不断主动地去认识知识链的形成并主动去解开知识链的环扣，并对新知识提出大胆的假设。勇敢地进行假设是克服思维惯性和惰性的有效方法。科学就是在假设的基础上产生的。牛顿发现万有引力定律就是建立在假设的基础上的。陈景润研究 1+1=2 的过程就是不断进行假设，不断地对其中的某些条件进行肯定或否定，从而将研究工作步步引向深入的。企业形象策划的创意也要不断做出假设，用这些假设冲击原有的知识链，以求得新的发现和新的认知。

（4）独辟蹊径寻求多种答案。条条道路通罗马，任何事物发展的轨迹不可能总是局限于一种模式，而会有多种途径、多种前途，突破思维定式就是要独辟蹊径寻求多种答案。下面的实例可以给我们很多启发。

【实例 3-1】

一个问题，四个点子

一位教授收了来自中国、美国、日本和俄罗斯的 4 位学生，教授要求他们解决一个问题：一个烧杯盛有水，比水面低一点的杯壁上有一个小孔，水不断从小孔中涌出，如何迅速制止杯中水向外流？经思考后，4 位学生分别做了不同的回答。俄罗斯学生用一套焊接工具从杯壁外将小孔焊住；中国学生把一小张纸沿杯内壁贴到小孔处；日本学生则在烧杯小孔那边的底部垫了几个硬币，使杯子倾斜，小孔高出水面；美国学生则把日本学生的办法重复了一遍。教授指出这是日本学生用过的办法，美国学生则说："对！这是日本学生用过的办法，我的办法是根据自己的需要投资引进别人开发的技术，日本学生已向我转让了技术。"4种不同的答案都达到了解决问题的目的。他们破除了思维定式造成的单一性、凝固性的弊端，全方位多角度去看问题。"当你只有一个点子时，这个点子再危险不过了。"

资料来源 郝亚平. 四国学生解同一道题引用［J］. 学习之友，2008（5）：58-59.

3）寻求诱发灵感的契机，提高想象力

灵感是人类心灵深处的一种体验。人的思维有理性状态和非理性状态之分。理性状态是思维受主体意识支配的状态，是一种有控状态；非理性状态则相反，可称之为无控状态。灵感是人在非理性状态下，由于外界的触发而产生的突如其来的感觉。

当人的思维处于有控状态时，理性和逻辑占主导地位，人脑表现为清醒；相反，如果人的思维处于无控状态时，就有可能突破思维定式，产生许多颇富创新价值的创意，但这些创意会由于缺乏理性的梳理而稍纵即逝，因此把心态调整到理性与非理性共存的临界状态才有可能诱发灵感，如图3-1所示。

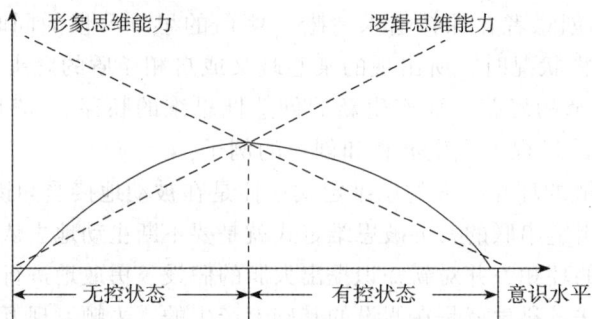

图3-1　灵感的产生

当人们的意识水平在无控状态和有控状态之间反复摆动时，产生灵感的可能性就大。人们的意识水平从紧张到松弛或从松弛到紧张总要经过临界状态，反复的次数越多，产生灵感的可能性越大。

灵感的产生，要求人们把要解决的问题常挂心上、反复多次思考，使无控状态和有控状态交替出现，从而触发灵感。

对产生的灵感不能求全责备，要机敏地予以捕捉，然后进行理性加工，形成创意。

灵感的触发是与丰富的想象力分不开的，人们要获取灵感就要提高想象力，想象力是创造性思维的核心。爱因斯坦认为"想象力比知识更重要，因为知识是有限的，而想象力概括着世界上的一切，推动着进步，并且是知识进化的真正源泉"。提高想象力的途径主要有：

（1）排除想象的阻力。想象的阻力就是指一切创意障碍，包括：外部环境障碍，如失去了创意的前提条件如资金、科研立项等；非智能障碍，如怠惰、涣散，就不去想象；智能障碍，如思维定式等。排除想象的阻力，就是要克服这些障碍。

（2）扩大想象的空间。这里说的想象空间是指人的知识结构的质和量所形成的个体认识空间。一般而言，想象空间是没有边界的，但每个人的想象空间是有差别的，知识面广的人，想象空间大；反之，则想象空间小。因此，不断丰富各类知识、改善知识结构、提高知识水平是扩大想象空间的根本途径。

（3）充实想象的源泉。想象产生于人脑，人脑是想象的载体，知识积累则是想象的源泉，为此要充实知识、积累素材，具体而言，要采取以下方式：

① 上天入地、海阔天空地漫谈，活跃思维，并以"头脑风暴法"集思广益，互相激发想象；

② 欣赏文艺、音像作品，如诗歌、绘画、电影、电视等，在众多的文艺类型中广泛涉猎，以图厚积薄发；

③ 阅读科技、科幻资料或作品，提高思维资质，开拓想象的空间；

④ 有意识地训练联想能力，以物及物，由此及彼，引发想象，或强制自己去想象，让思维自由、放松地翱翔。

【小思考 3-2】

1.说说现实生活中你在突破思维定式方面的收获。

2.你是否有突发灵感的情况？当时的思维状况怎样？

3.3 创意的技法及实践运用

3.3.1 创意的技法

创意的常用技法由易到难有以下 5 种：

1）模仿创造法

模仿创造法是指通过模拟仿制已知事物来构造未知事物的方法。模仿创造法是人类常用的创造性思维方法。当人们欲构建未知事物的原则、结构和功能而不知从何入手时，最便捷易行的方法就是对已知的类似事物进行模仿和再创造。几乎所有创意者的行为最初都是从模仿创造法入手的。

模仿创造法不是抄袭、照搬，而是因时、因地、因物、因势而异所采取的创意方法，是在借鉴的基础上做出适合未知事物的选择、再造。模仿只是入门的钥匙，紧接着必须致力于创造。齐白石老人曾说过"学我者生，似我者死"，一针见血地说明了模仿创造法不是生搬硬套、依葫芦画瓢，而要立足于创造。

模仿创造法的应用途径包括：

（1）原理性模仿创造，即按照已知事物的动作原理来构建新事物的运行机制。例如，电脑人工智能即是模仿人脑神经元素设计而成的。

（2）形态性模仿创造，即对已知事物的形状和物态进行模仿而形成新事物。深圳世界之窗、锦绣中华等微缩景观就是模拟世界许多国家的典型景观的形貌修建的；军人的迷彩服就是对大自然色彩的模仿性创造。

（3）结构性模仿创造，即从结构上模仿已知事物的特点为创造新事物所用。例如，复式住宅来自对双层公共汽车的结构模仿；决策树方法是对自然界中树干与树枝结构的模仿。

（4）功能性模仿创造，即从某一事物的某种功能要求出发模仿类似的已知事物。例如，人们受智能相机的启发，正试图研制出全智能操作的电脑、汽车。

（5）仿生性模仿创造，包括原理性仿生、技术性仿生、控制性仿生、信息性仿生等。人们以自然界生物的生存、发展的原理、形状、功能为参照物，进行仿生性模仿创造。

2）移植参合法

移植参合法是指将某一领域的原理、方法、功能或结构移植到另一领域而形成新事物的方法。它是人们思维领域的一种嫁接现象。生物领域的嫁接或杂交可以产生新的物种；科技领域的移植、嫁接可以产生新的科技成果。同样，企业形象策划可通过对不同领域、不同行业的企业形象的某些方面进行移植、嫁接，从而形成新的企业形象，蕴含新的创意。

移植参合法包括如下类型：

（1）原理性移植，即把思维原理、科学原理、技术原理、艺术原理移植到某一新领域的方法。例如，人们把反馈原理应用于电子线路中，形成了系统的控制论；把价值工程应用于市场营销实践，形成了营销价值分析法；把社会化大生产原理用于改造传统零售商业，创造了连锁经营的形式等。

（2）方法性移植，即把某一领域的方法有意识地移植到另一领域而形成新创意的方法。例如，美国数学家把经典数学统计理论的研究方法移植到对模糊现象的研究之中产生模糊数学；文艺界中各种戏剧的相互移植，如意大利歌剧《图兰朵》被移植成中国川剧《中国公主杜兰朵》等。

（3）功能性移植，即把某一种技术或艺术所具有的独特功能从某种形式移植到另一领域的方法。例如，将电视机的音像功能移植到计算机领域；戏剧表演常常采用电影的蒙太奇手法，实现舞台的时空转换；电影导演设计画面往往移植油画的凝重画风或国画的写意功能等。

（4）结构性移植，即把某一领域的独特结构移植到另一领域而形成具有新结构的事物的方法。例如，蜂窝是一种用料少但强度高的结构，把这一结构用于制砖，做成的蜂窝砖既能减轻墙体的重量，又能保暖、隔音；把诗歌体裁的韵律结构用于理念识别系统，能使"锤炼"出来的企业理念产生音韵美。

3）联想类比法

联想类比法是指通过对已知事物的认知而联想到未知事物，并从已知事物的属性去推测未知事物也有类似属性的方法。例如，A与B两个事物，A具有a、b、c三个属性，B有a、b两个属性，通过联想类比，可推断B或许也有与A类似的属性c。维纳的《控制论》之所以有副标题"关于在动物和机器中控制和通信的科学"，就是为了揭示动物和机器两类看似相去甚远的事物之间，通过联想类比而存在着的彼此联系。

联想类比法包括以下类型：

（1）直接类比，即简单地在两个事物之间直接建立联系的类比方法。例如，传说鲁班因被野草的边缘割破手指而发明了锯子；高尔基的《海燕》，以阴霾的、乌云浓重的天空，高傲飞翔的海燕，使人联想到十月革命前的俄国沙皇统治的严峻形势与无产阶级英勇奋斗的情景。

（2）拟人类比，即将问题对象同人类的活动进行类比的方法。它赋予非生命的具体的物件以人的生命、思维和想象。企业形象设计本身就是把企业拟作人进行设计和策划，赋予人的理念、人的视觉美感和行为方式，使社会公众产生美好印象。

（3）因果类比，即一种因已知事物的因果关系同未知事物的因果关系有某些相似之处而寻求未知事物的方法。例如，鸟类飞行距离是与其翼长有关的，信天翁这种鸟，翼长达4米，故可连续飞行数月，于是，人类研制出了远距离飞行的U-2型飞机；IBM之所以成为蓝色巨人，与其重视企业形象设计不无关系，其企业形象设计从美国传向世界各国，从20世纪50年代延伸到21世纪。

（4）结构类比，即由未知事物与已知事物在结构上的某些相似而推断未知事物也具有某种属性的方法。例如，把经济运行结构与城市交通运行结构进行类比，就可以由交通指示灯对车辆的管理推及国家宏观调控与市场运行的关系。

4）逆向思维法

逆向思维法是指按常规思维去解决问题而不见效时，反其道而行之以获得意想不到的效果的方法。

逆向思维法改变了人们固定的思维模式和轨迹而提供了全新的思维方式与切入点，这无疑拓宽了创意的渠道。例如，固定的8小时工作制改为非固定的弹性工作制；到商店购物改为送货上门；传统的汽车大部分采用金属材料制造，而现代有些汽车则大量采用非金属的塑料制造；电动机将电能转换成机械能，发电机则将机械能转换成电能等。

逆向思维与顺向思维往往交替进行，不断地变换解决问题的重点途径，这就要求人们灵活地、变通地思考问题并寻求最恰当的方法。

5）组合创造法

组合创造法是指将多种因素通过建立某种关系组合在一起从而形成组合优势的方法。组合创造法是现代生产经营活动中常用的方法。例如，计算机辅助设计系统是把工程绘图技术、几何造型技术、有限元计算方法及仿真技术组合在一起的结果；市场营销学是哲学、数学、经济学、管理学、社会学等众多学科元素组合形成的新型学科；市场营销行为的实施则是产品、定价、分销渠道、促销等可控因素的组合；营销意识下的产品是核心产品、形式产品和延伸产品的组合。

组合的基本前提是各组成要素必须建立某种关系而成为整体。没有规则约束即为堆砌，有了规则约束才会形成新的事物。

企业商号和产品品牌的命名是由词来体现的，词是词素的组合，两个毫无关系的词素组成的词没有意义，只有在含义、平仄等方面建立关系的词素组成的词才能表情达意且优美响亮，如长虹、海尔、方正、联想、太和、索尼、奔驰等。

组合同样可以是原理组合、结构组合、功能组合、材料组合、方法组合。不论什么组合，一是要考虑其前提条件即能否组合，二是要考虑组合的结果是否优化，是否有更佳的效果。

3.3.2 创意技法的实践运用——海底捞的创意形象设计①

海底捞的价值观：以顾客为中心，以"勤奋者"为本，相信双手可以改变命运。

海底捞的旧商标如图3-2所示。

图3-2 海底捞旧商标

海底捞旧图形商标有如下意义：

（1）标志以红色椭圆形为外观，象征企业是以火锅事业为基础发展起来的，犹如一轮太阳冉冉升起，生动形象、大气磅礴。

（2）标志取意"海底捞"的文化寓意，翻江倒海扭转乾坤，三注巨浪击节长空，一浪高过一浪，象征企业未来发展气势非凡、无可限量。

（3）标志以红色为基调，突出企业的真诚、热烈、富有感染力的文化内涵。

（4）标志中英文用行书体现吸收西方文化的欢快与活泼，中文字体用隶书体现东方文化的敦厚与博大。

海底捞旧文字商标的意义从其义形上理解，我们吃火锅时，在锅里捞东西有点像在大海里捞东西一样，菜品丰富，应有尽有。从深刻意义上说，"海"字象征海底捞人的心胸博大宽广，目标远大，将海底捞做成民族性的知名品牌；"底"代表海底捞的企业制度，所有的管理人员都要从基层做起；"捞"体现了海底捞的文化，倡导用双手改变命运的理念。

"海底捞"这个名称与中国传统文化相契合，暗含海底捞的理念，受到了人们的广泛认同。

2017年3月，海底捞启用新符号形象，如图3-3所示。

图3-3 海底捞的新符号形象

海底捞的新符号形象以"Hi"为超级符号，并以"一起嗨，海底捞"为超级广告

① 佚名. 海底捞企业文化 [EB/OL]. [2022-02-28]. https://wenku.baidu.com/view/a67766deee3a87c24028915f804d2b160b4e8684.html.

语。其有如下意义：

（1）Hi是英文中打招呼的符号，体现了和顾客互动的元素。

（2）Hi中的字母"i"由一个辣椒来巧妙代替，表现出色泽红亮、麻辣突出的川味火锅特点。

（3）Hi外面的圆形是一个对话的符号，是社交网络、聊天的符号，代表建立社会关系。

服务是海底捞最大的特色。虽然海底捞对服务员招呼顾客的环节定有规范性的标准，然而针对顾客的不同需求，服务员在注意合理性的同时要尽量满足顾客的需求，给予顾客高满意度的服务。海底捞秉持"通过精心挑选的产品和创新的服务，创造欢乐火锅时光，向世界各国美食爱好者传递健康火锅饮食文化"的公司使命，在向世界介绍中国传统火锅的同时，为全球范围内的顾客提供超越期望值的欢乐火锅时光和独特的海底捞体验。

【小思考3-3】

1. 从模仿到创新发生了怎样的变化？

2. 联想对创意有什么作用？

延伸阅读　广汽传祺：打造更加年轻有活力的品牌形象

本章小结 ✎

企业形象策划过程是对企业形象进行重塑和美化的过程，创意则是赋予企业鲜活个性和鲜亮形象的关键活动。创意通过理论思维、直观思维与逆向思维、形象思维与抽象思维、联系思维与倾向思维等方式表现出来。创意既是思维过程也是行为过程，创意需要开发。创意开发依习惯性途径和强制性途径分别进行。创意有各种技法。创意的应用效果要从经济角度和社会角度进行测定。企业形象策划的创意要力求收到良好的效果。

主要概念和观念 🗀

□ **主要概念**

创意　　外部强制　　自我强制　　模仿创造法　　移植参合法　　联想类比法
逆向思维法　　组合创造法　　创意效果

□ **主要观念**

辩证观念　　创新观念

基本训练

□ **知识题**

3.1 创意的特征有哪些？

3.2 创意在企业形象策划中有哪些表现形式？

3.3 企业的外部环境和内部环境有哪些？

3.4 开发创意的途径有哪些？

3.5 创意的常用技法有哪些？

3.6 什么是创意效果？创意效果是怎样分类的？

□ **技能题**

3.1 企业形象策划中创意成功有哪些积极的效应？

3.2 "人类失去联想，世界将会怎样？"这则创意属于_____。

1）理论思维　　　2）直观思维　　　3）逆向思维　　　4）形象思维

5）抽象思维　　　6）联系思维　　　7）倾向思维

3.3 创意效果有哪些测定方法？依据哪些原则？

3.4 "连锁经营"的创意属于哪种创意方法？为什么？

□ **能力题**

3.1 案例分析

广汽传祺企业形象创新设计

2019年12月15日，广汽传祺荣获"2019中国品牌强国盛典十大年度新锐品牌"。

广汽传祺的企业理念与广汽集团一脉相承——人为本，信为道，创为先。在集团企业理念的指导下，广汽传祺融合了传祺核心特色，总结了企业理念的四大关键元素。

① 尊重。给予尊重是修养，获取尊重是自信，在走向全球的过程中，广汽传祺提倡尊重彼此、尊重知识、尊重专业、尊重文化、尊重自然。

② 相信。因为相信，所以坚持。广汽传祺提倡坚守信念，做别人不会轻易尝试的选择。过去，我们凭着一股相信的力量，做别人不会轻易尝试的选择；未来，我们还有新高峰要攀登，新纪录要刷新，新责任要担当。心怀希望，坚守信念，才能成就属于我们的伟大。

③ 崇真至善。提倡实事求是，公平公正，坚守正道，弘扬正气。

④ 彼此成就。如果没有上下一心、合作伙伴和客户的支持、社会的认可，就没有今天的广汽传祺。怀感恩之心，广汽传祺将继续与全球的员工、合作伙伴、客户真诚以待、携手同行，以成就员工的卓越、成就客户的信赖、成就更美好的社会。

广汽传祺一直肩承产业和民族使命感，奋力推动汽车强国建设，积极向全球传递智慧和幸福。所以，广汽传祺确立整体发展目标为"世界级品牌，全球化企业"，面对全球化发展，广汽传祺将以更加开放包容的格局胸怀，以致力为消费者和公众"创造愉悦的移动生活"为使命，为更美好的世界贡献力量。

广汽传祺将以"睿智前瞻、坚毅执着、活力创新"的品牌个性，与"大时代背景下的进取新世代"同行。睿智前瞻，是以全方位洞察掌握趋势，不断实现自我新高度；坚毅执着，是以不妥协、不将就的态度，追求极致的产品体验；活力创新，是以创新精神引领改变，成就伟大志向。

广汽传祺的经营哲学如下：

Glory to all：与员工、合作伙伴、消费者一同分享梦想和荣耀。

Reject the conventional path：敢为人先，拒绝因循别人走过的路。

Embrace a higher purpose：勇于自我挑战，不仅为盈利，还为更崇高的使命而奋斗。

Adopt pragmatic planning：以务实的态度去制订、实行和评估每项计划，切忌好大喜功。

Transcend the highest standards：在技术和工艺的领域里从不妥协，不断超越当下的最高标准。

Strive for progress：永远像创业期一样拼搏，这样才可不断进步。

广汽传祺的员工行为准则：

One goal，one heart，move on together：一个目标，一条心，一起往前走。

Think big and think ahead：要有梦想，要看全局，也要有预见性。

Never stop trying new ways：永远保持不断努力尝试的心。

Precision，precision，precision for every single task：对待每一项工作，都要严谨、认真、细致。

We are young，we need to learn，and we can learn：我们还很年轻，我们需要学习，而且一定能学会。

Be grounded.Every step builds our solid future：脚踏实地，每一步都对未来至关紧要。

Problems are common，go solve it.That's why you're hired：问题不会灭绝，努力解决它！这就是你存在的意义。

Stay positive，difficulty is another beautiful scenery in life：保持乐观，困难只是弯道里的又一风景。

资料来源　佚名. 广汽传祺发布品牌精神和企业文化，步入全新十年［EB/OL］.［2022-02-28］. http://www.gd.xinhuanet.com/newscenter/2018-07/22/c_1123160345.htm.

问题：

1）广汽传祺企业形象创新设计中运用了怎样的创意？

2）广汽传祺企业形象创新设计中创意技巧属于哪种类型的技巧？

3.2　网上调查

请在网上搜集 3 个企业形象策划案中富有特点的创意实例。

第 4 章

企业形象策划的全程操作系统

学习目标 ◐

通过本章的学习，理解企业形象策划的过程，熟悉企业形象策划和设计的内容与方法，掌握企业形象策划和设计的技能，提高从事企业形象策划的能力。

引例 @　　　　　　中国移动的企业形象策划

中国移动的企业形象策划经历了一个"实践、认识、再实践、再认识"的不断进步、提升的过程。中国移动对企业成立以来的历程进行了全面回顾，深刻总结了企业发展实践中凝聚并凸显出来的文化品质和文化内涵，提炼出来中国移动追求卓越的企业文化理念体系。

一、中国移动企业文化理念体系

中国移动企业文化理念体系由核心价值观、使命、愿景三部分构成。

（一）核心价值观：正德厚生，臻于至善

"正德厚生"是中国移动的行为责任规范。中国移动的员工要以"责任"为安身立命的根本。中国移动在全集团倡导承担责任的自觉意识，鼓励承担责任的自觉行为。

"正德厚生"是中国移动的社会责任宣言。中国移动事业的发展是建立在社会总体经济发展的基础上的。中国移动将以高度的社会责任感关怀社会民生，关注民众福祉，做一个优秀企业公民，通过各种实际行动回报社会。

"臻于至善"是一种状态，是一种不断完善、不断超越的状态。中国移动"臻于至善"的进程是一个不断进取、上下求索、开拓创新、自我超越的持续提升过程，最终将引领中国移动成为其他企业学习和追赶的标杆。

"臻于至善"是一种境界，是一种按照事物内在的标准力求达到极致的境界。追求至善至美是中国移动不断提升、不断发展、从做大走向做强的内在驱动力。它宣示了中国移动在未来通信行业乃至全球产业界的自我定位，那就是要力争在全球企业中站位领先。

（二）企业使命：创无限通信世界　做信息社会栋梁

及时、充分而有效的沟通是人类实现资源共享、社会实现集约快速发展的必要条件。通信业的发展，帮助人类逐渐打破沟通的时空障碍，使人与人之间的沟通更为快捷有效。"无限通信"的世界是我们每个人的梦想乐园，在没有任何沟通限制和障碍的世界，在能够"随时""随地""随意""沟通无极限"的世界，人类能够自由共享所有知识，自由传达所有情感。中国移动凭借卓越的技术和才能，把创造和实现人类共同的梦想——"创无限通信世界"——作为自己无上的企业使命。

（三）企业愿景：成为卓越品质的创造者

这意味着中国移动要以精准的计费系统来实现尊重客户价值的承诺；

意味着中国移动要深入地理解客户需求并有针对性、高质量地予以满足；

意味着中国移动要能够提供丰富、周到的产品与服务；

意味着中国移动要不断对现有产品和服务进行价值抽象与提炼，锻造出值得客户永久信赖的经典品牌。

二、中国移动企业精神

（一）企业经营宗旨

追求客户满意服务。

（二）企业精神

改革创新，只争朝夕，艰苦创业，团队合作。

（三）企业服务理念

沟通从心开始。对客户的投诉做到事事有回声，件件有落实。

三、中国移动视觉识别

中国移动的标志是由一组回旋线条组成的平面，造型为六面体的网络结构，象征着移动通信的蜂窝网络（如图4-1所示）。线条纵横交错，首尾相连，由字母CMCC（中国移动通信集团China Mobile Communications Corporation的缩写）变形组合而来，两组线条犹如握在一起的两只手，象征着和谐、友好、沟通。中国移动一直致力于通过自己的服务，拉近人与人之间的距离。

图4-1　中国移动标志

中国移动的商业主品牌起名为"和"，品牌整体标志由草绿色的英文单词"and"、草绿色的中文字"和"，以及一个玫红色感叹号组成，绿色部分与中国移动企业标志中央线条的颜色一致（如图4-2所示）。

图4-2　中国移动商业主品牌"和"标志

品牌英文"and"既是"和"的英文直译，有连接、沟通之意，又是 a new dream（一个新的梦想）的首字母组合，寓意在你身边，帮助你实现梦想。"一个新的梦想"是对中国移动希望将全世界最先进技术带给中国消费者的最佳诠释。

"和"表达的是一种积极的态度，是平等的沟通关系和开放的沟通心态，寓意中国移动将与社会公众、与广大客户建立友好、亲密、互信、和谐的关系。

"和"也是人与人、人与世界、物与物之间无限的连接，寓意在当下和未来，中国移动都将致力于创新移动信息技术，让一切想象成为真实的可能，让一切关系更加紧密，和世界分享更精彩的移动互联生活。

"和"更是一种向前的动力，是中国移动不断进行价值创新、用实际行动推动行业发展、实现"移动改变生活"美好愿景的信念，也寓意中国移动将时刻在客户身边，助力梦想的实现，和每个人一起共创美好未来。

有了这些形象设计，中国移动的形象已经在人们的心中深深地扎根了。

资料来源　[1] 佚名. 中国移动成功的背后 [EB/OL]. [2022-02-24]. http://blog.sina.com. cn/s/blog_72f5d9420100wqch.html. [2] 中国移动. 商业主品牌"和"内涵阐释 [EB/OL]. [2022-02-24]. http://www.10086.cn/aboutus/culture/intro/index/index_detail_1449.html.

本章首先阐明企业形象策划是一个系统工程，并在此基础上介绍企业形象策划的基础作业、企业形象战略策划的主要内容和方法、企业形象设计的内容以及对企业形象战略的实施与控制措施。

4.1　企业形象策划是一个系统工程

4.1.1　企业形象识别系统是一个整体系统

1）企业形象策划是真、善、美的完美统一

（1）求真。求真即尊重事物的本质和客观规律，进而大胆探索、追求并坚持真理，正如科学哲学家劳丹所说的，"科学的事业是理性的事业"。对于企业来说，其发展需要通过对客观规律的认识和把握，从而实现效益。企业只有不断地探求和坚持真理，才能使其产品的品质得以保证。企业也只有本着科学的求真精神进行研究和生产，才能在时代进步的同时，保持其前进的张力和实事求是的头脑。

（2）向善。向善而行，向阳而生，善必从之，天必佑之。春秋名相管仲也说"善人者，人亦善之"，企业坚持向善、行善，必有好的发展。企业的价值观是人们认定事物、辨定是非的一种思维或取向，是企业多数成员一致赞同的关于企业的认知。企业除了追求自身的利益，其存在的价值和意义依赖于社会各界公众的认可与支持。因此，企业选择向善、行善的价值理念，是基于对自身导向正确认识而做出的，也是与社会文明进步取得一致的方式与手段。向善、行善是企业文化的重要内容，是企业的一种内在规定性。企业只有明白为谁服务，才能确立正确的目标定位。

（3）臻美。臻美是指达到美的境界，满足人们对美好情感的诉求。企业的发展过程也是人本质力量对象化的过程，成功的生产经营活动使人的本质力量得到现实的肯定，这也是企业带给员工以审美愉悦的本质所在。企业的美基于对经济规律的自由驾驭，当劳动者在生产中达到从必然王国到自由王国的超越时，他将获得"从心所欲不逾矩"的美好心理感受，这种感受也是一种审美意向。

企业求真、向善、臻美的生产过程带来了企业真、善、美三个维度的完美统一，而这三个方面正是社会精神文明的实质所在。企业通过生产和营销活动，将这种美好形象传播给社会和公众，推动了社会精神文明的进步与发展。

2）企业形象识别系统

企业形象识别系统（CIS）是企业有意识、有策略地将企业理念、企业特点、企业信息进行系统化、规范化、可视化的整合，并传递给社会中与企业相关的各个关系体，使接受者对企业形成一个标准的、有差别的个性化视觉形象。①企业形象识别系统是企业理念、企业行为和视觉标志三者的有机统一体。其三个子系统之间相互联系、层层递进，形成一个完整的形象识别系统。

理念识别系统（MIS）是企业经营的观念，即企业经营活动中长期形成的、并为员工所认同的价值观念和群体意识，包括经营信条、精神标语、企业风格、经营哲学和方针策略等。这些内容是 CIS 的核心和原动力，也是其他子系统建立的基础和依据。MIS 又是一个较为抽象的系统，其内涵和实质必须通过企业行为和视觉标志体现出来。

行为识别系统（BIS）是企业为塑造形象，对企业内部行为、管理方式的系统性做法。企业行为识别系统是 CIS 的动态识别形式，以 MIS 作为核心和依据。社会公众对于企业的行为规范不可能轻而易举地全面掌握，还必须通过视觉识别系统的设计与运作，来传达给社会公众。

视觉识别系统（VIS）是企业理念识别的具体视觉表现，即通过外在的、形象化的、可操作性的识别方式，向社会传达企业理念、表达企业文化和企业精神，进而让社会能够对企业的形象产生印象，并形成记忆。VIS 是 CIS 的静态识别系统，是企业精神理念和行为规范的具体反映，是最直观、最具体、最富传播力和感染力的子系统。

因此，CIS 是三个子系统的有机统一体，如果只偏重某一方面，而忽视了其他方面，必然带来策划和设计的失误。只有通过对三个子系统的策划和设计，制定系统化的 CI 战略，才能有效地塑造企业的良好形象。

4.1.2 企业形象战略的策划和实施必须内外结合

企业形象战略不是单纯的企业标志等外部表象的塑造，涉及企业高层决策者的精神理念和各部门的行为规范。因此，CI 战略内涵的系统性，必然导致 CI 战略导入和实施的复杂性、整体性。

（1）CI 战略的策划，绝不能仅仅依赖于企业外部的广告公司或企业形象策划公司，而必须以企业内部力量为主，组成 CI 策划小组，借助企业外部的专业策划公司、

① 高彬．CIS 企业形象设计［M］．北京：人民邮电出版社，2015．

咨询公司、大专院校等力量，共同搞好策划工作。

（2）CI战略的实施和落实、企业良好形象的塑造和树立，不能仅仅靠企业高层领导的意志和行为，更不能仅仅依靠企业的广告部门和公共关系部门的对外宣传活动，而必须通过全体员工的共同努力，才能取得成功。

首先，企业的经营哲学、精神文化、传统风格等，绝不是一句空洞的口号所能表现的，必须通过企业的高层领导贯彻到全体员工中去，通过全体员工的行为来加以体现。例如，IBM的"尊重个人、服务顾客、追求完美"的精神理念，海尔"真诚到永远"的广告导语等，只有成为全体员工的行为准则，才可能使公司真正达到如此的境界；不然的话，就只能成为一句华而不实、自我标榜的空话。

其次，规范化的内部管理制度，只有变为全体员工的自觉行动，才能得以合理的贯彻和落实。如果只有系统、完备的管理制度，而不能在全体员工中加以执行和实施，制度就只是一纸空文。

同时，企业良好形象的塑造，是全体员工共同努力的结果。员工的工作责任感、精神风貌、仪表态度等都会影响企业的形象。例如，由于员工工作上的失误而造成的产品质量的下降、服务质量的低劣，由于员工的懒散作风而给公众留下的不良印象，甚至由于员工的服饰不整、态度冷漠而引起的公众的不满等，都会影响企业的形象。因此，CI战略的实施，必须通过教育和训练，调动全体员工的积极性，使系统化的战略变为全体员工的整体行为。

（3）有关企业的精神理念、行为规范及企业标志等信息的传播，不仅要借助报纸、杂志、广播、电视、户外广告等大众广告宣传媒体，也可以通过企业内部的办公用品、交通工具、服饰、办公室内的设计与包装系列、企业建筑物、企业公益活动等非大众媒体进行。CI信息的传播对象，不仅包括企业的目标顾客和企业外部的供应商、经销商、新闻部门、金融部门、投资者、政府部门及其他社会公众，还包括企业的内部员工，是面向全社会来树立企业的良好形象。

4.1.3　CI战略的导入必须与企业其他活动结合起来

CI战略的导入，不是一个孤立的行为，往往是以企业的某一项重大事项或重大活动作为切入点，抓住时机集中宣传、大造声势，为CI战略的导入营造一个气势磅礴的局面。例如，可与营销观念的转换结合起来，通过CI战略的导入，改变传统的生产观念和产品观念，修正单纯的市场观念，树立现代的、标志着企业成熟化的"形象观念"，从总体上塑造良好企业形象。CI战略的导入，也可与企业的发展战略结合起来。当企业扩展经营领域实施多元化经营时，当企业走集团化道路成立新的公司时，当企业开辟新的目标市场或向国际市场推进时，当企业的新产品上市时等，企业都可抓住时机，适时地导入CI战略，塑造新的企业形象。

【小思考4-1】

1.企业形象识别系统由哪几个子系统构成？

2.怎样理解"CIS导入不是孤立的行为"？

4.2 企业形象策划的基础作业

4.2.1 成立CI策划委员会

CI策划委员会由企业内部的CI策划办公室成员和企业外部的专业策划部门人员共同组成。

企业内部的CI策划办公室，是在企业高层的领导下，由广告部门、公共关系部门以及各职能部门所抽调的人员组成的非常设的组织机构。其主要职能有：

（1）为外部专业策划部门提供企业的有关资料；

（2）与外部专业策划部门共同分析和策划；

（3）对员工进行培训；

（4）组织和控制CI战略的实施等。

企业外部的专业策划部门可通过招标方式，选择专业策划公司、广告公司或大专院校的企业咨询中心、策划中心、市场研究所等单位承担。外部策划部门的职责如下：

（1）根据企业高层领导的特性及对企业原有形象的调查，帮助企业确认或确立企业独特的精神理念；

（2）在企业精神理念指导下，确定企业的社会定位、市场定位及产品定位，并制定相应的战略和制度；

（3）设计能代表企业形象、突出企业风格的企业标志，并通过大众媒体和非大众媒体进行传播；

（4）帮助企业制订培训和导入计划；

（5）对企业内部员工进行CIS培训与教育，使全体员工达成共识，共同为塑造企业良好形象而努力。

4.2.2 企业形象策划造势

企业形象塑造是一项十分艰巨的工作，需要企业内外的配合。一方面，它必须在企业全体员工达成共识、共同努力的情况下才能实现；另一方面，它的实现必须得到企业外部社会公众的理解、支持和认可。因此，在企业形象策划过程中，造势是十分必要的。造势过程是一个宣传与培训相结合的过程。

首先，通过企业简报、有关文件、资料汇编等传播CI的有关知识，宣传导入CIS、塑造和提升企业形象的重要意义。

其次，通过领导讲话、动员报告、各部门讨论，进一步提高认识，统一思想，达成共识。

再次，开办各层次的CI知识培训班和研讨班，请专业策划部门的专家、教授负责讲授有关企业形象和CI战略方面的基本知识与导入CIS、塑造企业形象的具体操作过程；通过研讨班进一步理解企业形象策划的意义和程序，以便更好地配合企业形象策划工作的进行。

最后，利用新闻媒体进行宣传造势。发表企业领导关于企业形象方面的文章和讲话、介绍企业业绩和员工中的先进事迹、宣传企业文化和企业精神等，为导入CIS做铺垫。

4.2.3　企业形象实态调查与分析

对企业形象实态的调查分析主要由企业外部的专业策划部门承担，主要包括对企业实际形象的调查、分析、评价和诊断。

1）调查

运用问卷调查、座谈调查和个别访问等方式分别对企业各级领导、员工代表、社会公众进行调查。通过调查，了解企业的历史和现状，经营者的风格、气质和战略思路，内部员工和外部公众对企业形象的认同等。

（1）调查内容。

①企业经营环境调查。了解宏观经济形势的变化及其影响、政策法规的导向、消费需求的变化、总体市场的走势、竞争对手的地位及动向等。通过调查，掌握企业在市场中的地位及发展方向。

②企业内部情况调查，主要包括：

· 企业理念调查，包括企业使命、企业精神、企业经营宗旨与信条、企业经营方针与战略、行动纲领与行为准则等。

· 经营状况调查，包括企业的经营领域、经营组织结构状况、销售与利润状况、利益分配情况等。

· 企业沟通效果调查，包括企业对内沟通方式、对外沟通渠道以及沟通效果的调查。

· 企业风貌调查，包括企业领导的风格、作风，员工对企业的印象与感受，各层次管理者的工作效率以及号召力、凝聚力等。

③企业外部形象调查，主要包括：

· 企业的基本形象调查。了解社会公众对企业的经营理念、人才素质、经营管理、企业信誉、产品质量、经营特色、环境保护、公益活动等方面的看法。

· 企业的知名度调查。了解社会公众对企业、产品、经营状况等方面的认知程度。

· 企业的美誉度调查。了解社会公众对企业绩效的评价及赞誉程度。

（2）调查对象。

① 企业中高层管理者。通过个别访问、会议座谈、问卷调查等方式，了解企业领导对企业的形象实态、经营业绩的评价，对企业所面临的客观形势和挑战的看法，对企业发展前景的展望和战略设想，对理想中的企业形象的期望，对导入CIS的思路和要求等。

② 各类型的企业员工。通过召开各种类型的员工座谈会及问卷调查、个别访谈等，了解企业的演变历史和传统文化，员工对企业历史和现状的评价，员工对内部工作环境和福利的看法，员工的归属感、向心力和对企业的忠诚度；征集员工对企业形象策划的意见和建议。

③ 企业的公共关系对象。通过对企业的供应商、经销商、业务主管部门、市场监督管理部门、税务部门、金融部门、新闻媒体、最终用户以及其他公共关系对象的访问和问卷调查，了解其对企业的经营情况和外部形象的反映。

④ 其他社会公众。通过问卷调查，了解其他社会公众对企业的基本形象的看法以及知名度、美誉度等方面的情况。

（3）调查技术。企业形象调查一般以问卷调查与座谈调查、个别访问、实地观察相结合的方式进行。

【实例4-1】

企业中高层领导调查提要

1.企业面临的现实挑战和潜在竞争有哪些？

2.企业的创业宗旨是什么？

3.支持和推进企业发展的企业理念、企业文化、价值观念和行为规范有哪些？效果如何？请提出修改意见。

4.您信奉的哲学、格言和座右铭是什么？

5.企业最具魅力的特色和优势是什么？

6.企业最突出的问题是什么？如何解决？

7.外部社会公众对企业形象的评价如何？

8.企业在国内外同行中的地位如何？

9.企业今后5年的产品发展、市场拓展规划及国内外竞争情况。

10.您对导入CI的期望值及效果评价。

【实例4-2】

企业员工调查提要

1.对企业的经营理念、经营战略、经营业绩的看法。

2.对企业的工作环境、福利待遇、领导作风、个人发展机遇及满意度的评价。

3.在企业发展过程中，哪些事您印象最深？哪些事您最满意？哪些事您最不满意？

4.对企业和产品的特色与现有地位的评价。

5.对企业现有形象识别标志的评价及改进意见。

6.提出您理想中的企业形象的内涵、表现形式和评价指标。

7.您认为目前企业形象塑造方面的主要困难和问题有哪些？

8.您对导入CI、塑造企业形象的建议、设想和期望。

【实例4-3】

社会公众对企业形象的评价调查问卷[①]

1.企业认知度调查（单项选择）

• 我非常了解该公司所经营的商品和服务项目   □4

———————

① 问卷的设计参考了日本"日经广告研究所"企业形象调查问卷。

- 我大致了解该公司所经营的商品和服务项目 □3
- 我只知道该公司所经营的几个商品和服务项目 □2
- 我只知道该公司的名称 □1
- 我对该公司没有印象 □0

2.广告接触度调查（单项选择）

- 我常常看到该公司的广告 □3
- 我有时看到该公司的广告 □2
- 我偶尔看到该公司的广告 □1
- 我从未看到该公司的广告 □0

3.评价

（1）综合评价（单项选择）

- 一流企业 □3
- 二流企业 □2
- 三流企业 □1
- 不知道 □0

（2）信誉度（单项选择）

- 一定要买该公司的股票 □3
- 该公司的股票可买可不买 □2
- 不想买该公司的股票 □1
- 不知道 □0

（3）满意度（单项选择）

- 很想到该公司工作 □3
- 到该公司工作也行 □2
- 不想到该公司工作 □1
- 不知道 □0

（4）具体评价（多项选择）

技术优良	□	对新产品的开发很热心	□
传统性	□	令人产生亲切和蔼的感觉	□
广告宣传力很强	□	信赖度很高	□
非常具有发展潜力	□	相当具有安全性	□
合乎时代潮流	□	具有清洁的形象	□
研究开发能力强	□	具有国际竞争力	□
办事很认真	□	公司风气良好	□
具有现代感	□	拥有优秀的经营者	□
规模庞大	□	对顾客的服务很周到	□
销售网络非常完善	□	对公害的防治相当热心	□
对社会有很大贡献	□	对文化有很大贡献	□
认真考虑消费者的问题	□		

2）分析

（1）基本形象分析。在调查的基础上，分析企业原有的形象。企业基本形象包括以下内容：

① 经营者形象：是否有魄力、有干劲、有水平、懂政策、勇于开拓、关心员工等。

② 市场形象：是否重视顾客、服务周到、产品信得过、价格合理、善于宣传、网点完善、竞争力强等。

③ 社会形象：是否做到社会责任感强、积极防治公害、热心公益活动、努力为社会做贡献。

④ 内部形象：是否达到技术优良、研究开发能力强，环境优美、现代感强，员工亲和一致、具有优良传统、工作井井有条、行为规范有序。

⑤ 综合形象：是否合乎时代潮流，值得信赖，具有积极性、稳定性、发展性。

（2）企业辅助形象分析。企业辅助形象指表明企业个性的建筑物外观、公司名、有关标志、标准色、标准字及认知情况。

（3）企业经营情况分析。企业经营情况主要指企业的事业领域形象、经营理念与经营方针、经营效益、市场地位及信息沟通情况。

3）评价与诊断

在调研分析的基础上，进行企业形象的评价与诊断。

（1）评价企业形象的合理性。企业的精神理念及行为准则是否合适，基本形象是否符合企业的精神理念、经营目标和特色，有哪些突出的正面形象或负面形象等。

（2）评价企业形象的认知性。这种认知性是指企业内部员工及外部的社会公众对企业形象及品牌形象的认知程度，企业形象的传播媒体是否有助于企业形象的识别和传递，企业形象的识别系统之间是否一致等。

（3）评价企业形象的竞争性。这种评价包括：企业名称及其标志的设计是否合理；企业的营销战略是否有利于树立良好的企业形象，具有竞争性；企业现有形象对企业的损益状况、市场地位的影响等。

【小思考4-2】

1."造势"怎样才能收到好的成效？

2.请归纳一下企业调查包括哪些方面。

4.3 企业形象策划的关键程序

4.3.1 CI战略的策划

CI战略的策划是指以调研分析的结论为依据，对战略目标、企业形象定位、表现企业形象的活动计划及其实施方案等内容进行筹划。

1）确定CI战略的目标

战略目标是制定企业形象战略的依据。目标不同，具体的战略措施也不相同。在调查分析的基础上准确地选定战略目标，是合理制定CI战略的关键。CI战略的目标有以下几种：

（1）巩固现有的企业形象。对于具有良好企业形象的企业，其战略重点应放在如何在现有形象基础上发扬光大，完善和提升企业形象。良好企业形象的表现主要有：

① 经营者素质高；

② 产品信得过；

③ 价格合理；

④ 服务热情周到；

⑤ 为顾客着想；

⑥ 居行业领先地位；

⑦ 诚实、可靠、可信、效率高等。

（2）改善企业形象。对于形象较差的企业，其必须针对企业存在的问题及问题的症结，通过艰苦细致的形象塑造，从内部到外部彻底改变社会公众对企业的看法。改善消极的企业形象是CI战略目标中最困难的一种。消极企业形象的表现主要有：

① 服务质量差，不友好；

② 产品质量差，伪劣产品多；

③ 价格不合理；

④ 管理不善，没活力，脏、乱、差；

⑤ 不讲社会公德，不值得信任等。

（3）重新塑造企业形象。对于缺乏特色、形象模糊的企业，其必须通过CI策划，突出企业优势和特色，重塑新的企业形象。

2）确定企业形象定位

企业形象定位是指企业独特的精神、文化或经营风格等在公众心目中形成的独特形象和地位。它分为企业定位、市场定位和产品定位三个相互关联的部分。

企业定位是指企业欲在社会公众心目中形成的总体形象和地位。它是企业根据宏观营销环境、竞争者的定位及企业自身的实力，选择自身的经营目标、经营领域和经营风格，为自己确定的位置。如万科对自身的战略定位为城乡建设与生活服务商，碧桂园的企业定位是为社会创造幸福生活的高科技综合性企业。

市场定位是在现有业务领域内，根据消费者需求、竞争者定位及自身的实力所确定的经营对象和经营风格，如良品铺子专注的是高端休闲食品市场。

产品定位是根据目标市场消费者的需求偏好及企业自身的实力所确定的企业产品的独特形象和地位。例如，周黑鸭是专门从事生产、营销及零售休闲熟卤制品的企业，主营业务为卤鸭、鸭副产品、卤制红肉、卤制蔬菜、卤制其他家禽及水产类等产品。

三种定位各有侧重，密切相关，既可从不同层次上进行定位，形成一个层层深入的定位系统，又可将三者有机结合，融为一体，形成一个整体定位。根据企业的经营特色、社会公众对企业的某些特征的重视程度以及同行业竞争者的现有定位，选择突出自身特色、独辟蹊径的"避强定位"方式，或者与主要竞争对手进行"结对竞争"的"迎头定位"方式，或者改变自我形象的"重新定位"方式等，来确定企业在社会公众心目中的特定位置和印象。

3）选择和确定塑造企业形象的战略计划及其行动方案

根据企业定位，策划表现良好企业形象的有关战略及内、外部活动计划：

第一，根据 CI 战略的目标要求及定位，对 CI 战略的各个组成部分，特别是 BI 部分，制订长期战略和短期活动计划。

第二，制订企业形象计划的实施方案和管理办法。

第三，确定各项活动的具体方式，所需时间及日程表，所需经费，负责人及主办、协办单位等。

4.3.2　企业形象的系统设计

企业形象设计主要是根据其内容，设计包括企业 MI、BI、VI 等子系统的基本要素系统和应用要素系统，并在企业内部员工及企业外部公众中进行实验和检测，经过反复修改、调整后确定下来，并在此基础上设计 CIS 手册。

1）企业形象识别系统的设计

企业形象识别系统的设计，主要包括基本要素系统和应用要素系统的设计（见本章末的"延伸阅读"）。

基本要素系统主要包括以下四个方面：

（1）企业精神形象。

（2）企业视觉形象。

（3）企业投资赞助的选项原则及媒体选择。

（4）企业对内、对外行为规范。

应用要素系统主要包括以下六个方面：

（1）办公用品系列。

（2）广告用品系列。

（3）交通工具系列。

（4）制服系列。

（5）办公室内布置系列。

（6）包装系列。

2）CIS 手册的设计

（1）引进介绍。

① 文字部分：领导、专家、协作单位贺词，企业负责人致辞，企业发展展望，导入 CIS 的目的及动机，企业形象管理系统组织机构，CIS 手册的使用说明等。

② 图片部分：企业领导动员及工作照片、企业建筑物照片（含标志和标准字）、培训班照片、导入 CIS 活动照片（公益活动、行为规范活动）、企业业绩照片（已承担、可承担工程，证书）等。

（2）CIS主要基本要素系统。

① 企业名：原名、现名、更名说明。

② 企业标志：原标志，新设计标志、含义。

③ 企业标准字体：中文字体、英文字体，字体的意义。

④ 企业吉祥物：图案、含义。

⑤ 标志、标准字体及吉祥物组合系统。

⑥ 企业标准色系统：主色、辅色、主辅色组合，含义。

（3）CIS主要应用要素系统。

① 办公用品系列（样本图片）。

② 广告用品系列（样本图片）。

③ 交通工具系列（样本图片）。

④ 服饰系列（样本图片）。

⑤ 办公室内布置系列（样本图片）。

⑥ 包装系列（样本图片）。

CIS手册中，文字部分最好有英文译文，以便对外宣传。

【小思考4-3】

1.CI战略策划如何避免落入俗套？

2.企业定位如何体现其准确性？

4.4 CI战略的实施与控制

为了便于CI战略的实施，对原有的CI策划小组进行调整，成立CI战略管理机构，并设立"CIS发展管理部"作为实施、贯彻CI战略的常设机构。这是因为：

第一，CI战略的实施贯穿于企业日常经营活动的全过程，且需要在实施过程中不断总结和完善。

第二，在CI战略的实施过程中，必须有专门机构与各个部门进行沟通和协调。

第三，在CI战略的实施过程中，需要对战略计划进行动态管理。一方面，要对宏观环境的发展变化进行分析预测；另一方面，要对各部门的实施情况进行跟踪调查，以监督战略计划的实施。

1）进行沟通和培训

（1）对外进行沟通。

① 召开企业形象方案发布会；

② 散发CIS手册；

③ 利用新闻媒体和广告媒体进行宣传。

（2）对内进行培训。

① 举办高层管理者、部门经理的CIS研讨班；

② 有计划地对全体员工进行CIS知识培训；

③ 进行规范行为训练。

2）跟踪管理和落实 CI 战略活动计划

（1）改善公司环境；

（2）规范员工行为；

（3）落实公益性活动、公共关系活动及广告促销活动计划。

3）监督和控制 CI 战略的实施

（1）监督和管理 CI 战略计划的执行；

（2）对各项活动的实施绩效进行测定；

（3）定期检查、评估 CI 战略的实施情况及实施效果；

（4）对 CIS 进行调整和修正。

CI 战略是一个系统化的整体形象战略，在导入和实施过程中，必须从战略内容的系统性、战略实施的组织性和计划性、战略导入的整体性等方面进行把握，不断提高战略水准，促进 CI 战略的推广应用。

【小思考 4-4】

1. 企业 CI 战略实施有哪些步骤？

2. 成立 CIS 实施管理机构是否必要？

延伸阅读　CIS 的策划与设计提纲

本章小结

企业形象策划是一个系统工程：企业形象识别系统（CIS）是企业理念、企业行为和视觉标志三者的有机统一体；CI 战略的策划和实施必须内外结合；CI 战略的导入必须与企业其他活动结合起来。

企业形象策划的基础作业：成立 CI 策划委员会，CI 策划委员会由企业内部的 CI 策划办公室成员和企业外部的专业策划部门人员共同组成；企业形象策划造势，造势过程是一个宣传与培训相结合的过程；企业形象实态调查与分析，这项工作主要由企业外部的专业策划部门承担，主要包括对企业实际形象的调查、分析、评价和诊断。企业形象实态调查包括企业经营环境调查、企业内部情况调查、企业外部形象调查。调查对象包括企业中高层管理者、各类型的企业员工、企业的公共关系对象、其他社会公众。企业形象调查一般采取问卷调查与座谈调查、个别访问、实地观察相结合的方式进行。分析包括基本形象分析、企业辅助形象分析、企业经营情况分析。评价与诊断包括评价企业形象的合理性、评价企业形象的认知性、评价企业形象的竞争性。

CI战略的策划是指以调研分析的结论为依据，对战略目标、企业形象定位、表现企业形象的活动计划及其实施方案等内容进行筹划。

CI战略的实施与控制：调整和落实企业形象管理组织机构、进行沟通和培训、跟踪管理和落实CI战略活动计划、监督和控制CI战略的实施。

主要概念和观念

□ 主要概念

企业形象识别系统　理念识别系统　行为识别系统　视觉识别系统　企业形象定位　企业定位　市场定位　产品定位

□ 主要观念

系统观念　战略观念

基本训练

□ 知识题

4.1　企业形象策划的基础作业有哪些？

4.2　对企业形象进行实态调查的内容有哪些？

4.3　对企业形象进行实态调查的对象有哪些？

4.4　对企业形象进行实态调查的方式有哪些？

4.5　对企业形象进行实态分析的内容有哪些？

4.6　评价和诊断企业形象合理性的主要指标有哪些？

4.7　进行企业形象识别系统设计的基本要素有哪些？

4.8　进行企业形象识别系统设计的应用要素有哪些？

□ 技能题

4.1　如何把握CI战略的实施与控制？

4.2　为什么说企业形象策划是一个系统工程？

4.3　企业形象定位是指企业的_____、_____等在公众心目中形成的独特形象和地位。它分为_____、_____、_____三个相互关联的部分。

4.4　CIS需要怎样实施？

□ 能力题

4.1　案例分析

家居企业形象策划研究——以宜家家居为例

宜家家居在企业形象策划方面取得了较大的成功。从初创时在没有店面的情况下选择卖一些廉价的小商品到2004年10月独自拥有全球23个国家的180个商场及分布于其他14个国家的特许运营商的22家商场，宜家家居逐渐成为全球最大的家居用品零售商。宜家家居的成功与其企业理念是分不开的。CI战略是企业文化中最活跃、最有影响力的部分，而企业形象文化发展与建设又为正确实施CIS奠定了基础。因此，了解CI战略对深入学习企业形象、企业文化具有重要意义。

目前，宜家家居已经形成了较为完整的企业形象识别系统，包括视觉识别系统、行为识别系统和理念识别系统。

1.视觉识别系统（VIS）

宜家家居最明显的标志就是以瑞典的国旗颜色为基底，黄色和蓝色混搭，表明宜家家居来自瑞典，英文字母醒目明了（如图4-3所示）。黄色和蓝色也是康定斯基的"第一对重大对比色"，黄色是太阳的颜色，象征着美好和谐，而蓝色是天空、大海的颜色，象征着包容舒适。两种颜色产生了鲜明的对比和视觉的冲击，让消费者即使在很远的地方也可明显辨别出宜家的品牌标志。

图4-3 宜家家居品牌标志

宜家家居的购物工具分为黄色购物袋、小推车、平板车等。黄色购物袋一般散布在商场的各个区域，位置非常明显，比较引人注目。小推车一般放置在卖散货的区域，在出口处较明显，在卖场处较为隐蔽，顾客一般运送大件货物时会选择此类购物工具。小推车和超市的推车相似，手柄上印有宜家家居的标志。宜家家居最受顾客欢迎的购物工具是平板车。平板车一般放置在仓库自提区，这个区域是顾客前来打卡拍照、拿货取货的区域，平板车成排地摆放在货架旁，顾客一眼就可以看到此类工具。这也是宜家家居区别于其他家居店独特的购物工具，深受消费者的喜爱。

2.行为识别系统（BIS）

（1）宜家家居外部行为识别

① 宜家环保——家居之外的责任。宜家家居对于家居企业的环保职责非常看重，与世界自然基金会合作，定期开展有趣的环保活动，带领企业员工和顾客一起为环保奉献一份力量。宜家家居售卖的灯泡大多是节能灯，宜家家居除了对顾客负责外，还对环保事业负责。

② 宜家公益——编织美好未来。当顾客选择购买玩具区的毛绒玩具时，宜家家居会拿出其中的部分资金，捐赠给全球开展儿童救助等公益活动的机构和组织。截至2016年，宜家家居已经通过公益活动在全球范围内向联合国儿童基金会和救助儿童会累计捐助了8 800万欧元。宜家家居中国于2003年起每年举办毛绒玩具教育义卖活动。自2008年起，宜家家居毛绒玩具活动所筹集的资金一直用于帮助生活在中国贫困地区的学龄前儿童获得有质量的学前教育。

（2）宜家家居内部行为识别

① 员工招聘。宜家家居招聘员工时，非常重视沟通能力，以快速帮助顾客解决

问题，给顾客带来热情舒适的服务体验。宜家家居在招聘员工时，非常注重员工的三观是否与企业核心理念相契合，只有完美契合的员工，才是宜家家居的首选。宜家家居希望员工的潜能是无限的，宜家家居愿意激发员工的各种潜能，以为顾客带来更新颖、更舒适的服务体验。

②员工培训。宜家家居的培训是非常严谨的，会印发培训手册给每一个员工。培训手册包括企业的组织架构、商业日历和商场媒介管理、商品系列管理、销售库位管理、商场补货流程、商品内部流转流程、商品的出入流程、内部服务协议更新流程等。员工熟悉培训手册之后会对其进行实操考核，考核过关才能留下实习，实习期过后才能正式转正。

③管理制度。宜家家居非常重视员工平等权利的享受，这样的做法避免了任何形式的精英主义。在宜家家居我们无法判断工作人员的职位，不管是商场经理还是区域职员都无法辨别，这样平等包容的企业文化便是宜家家居的核心理念。同时，宜家家居并不鼓励员工加班，宜家家居希望自己的员工不怕犯错，勇于尝试新鲜事物，勇于提出个人想法。在宜家家居，员工的晋升是非常迅速的，只要有想法、有能力，宜家家居是很愿意给予新人机会的。员工可以在为企业和顾客创造价值的同时，实现自己的价值。

3.理念识别系统（MIS）

（1）用人理念

宜家家居非常重视人才，很愿意给坦率、诚实的员工提供成长的机会，让员工发挥自身的才能，坦诚地对待顾客和同事，营造良好的工作氛围。同时，培训机制完善，企业与员工之间签订了内部服务协议。其中，涉及各个部门职责的划分，当员工在工作中遇到问题时会提供解决方案，帮助员工更好成长，帮助新员工更快地适应工作环境等。

（2）经营理念

宜家家居的经营理念也是宜家家居企业文化的核心，其就在于为顾客创造价值，让顾客享受更美好的日常生活。通过宜家家居的功能分区，尽可能为消费者提供较多的选择，提供更多性价比高的产品，让顾客买得舒心，买得幸福。

资料来源　康健.家居企业形象策划研究——以宜家家居为例［J］.商展经济，2021（13）：88-90.

问题：

1）家居企业的形象策划应该从哪几方面开展？

2）你对家居企业的形象策划有什么新的建议？

4.2　网上调查

请在网上搜集2～3个CIS导入的案例。

4.3　单元实践

试对某企业进行导入CIS的调查和分析。

第 5 章

企业理念识别系统的策划

学习目标 ◎

通过本章的学习，明确企业理念识别系统在 CIS 中的核心地位，掌握企业理念识别系统的各个子系统的内涵，以及理念识别系统在视觉识别系统和行为识别系统中的渗透与反映，并具备进行理念识别系统设计的技能和能力。

引例 @ 　　　　　　　　　企业理念集锦

企业理念是一根线，把企业的价值观念、最高追求连为一体，为企业的发展指明了方向。各大企业在确定自己的理念时可谓煞费苦心，它们试图借理念取信大众，树立良好的企业形象，争取顾客，谋取自身的利益。由中国企业联合会、中国企业家协会发布的"2021 年中国企业 500 强"中的企业均确定了明确的企业理念，以下摘录部分企业的企业理念：

国家电网有限公司：建设具有中国特色国际领先的能源互联网企业。

中国石油天然气集团有限公司：绿色发展，奉献能源，为客户成长增动力，为人民幸福赋新能。

中国石油化工集团有限公司：打造世界领先洁净能源化工公司。

中国工商银行股份有限公司：工于至诚，行以致远。

中国农业银行股份有限公司：以市场为导向，以客户为中心，以效益为目标。

中国人寿保险（集团）公司：依法合规，创新驱动，价值优先，协同发展。

中国移动通信集团有限公司：正德厚生，臻于至善。

中国交通建设集团有限公司：矢志成为"全球知名的工程承包商、城市综合体开发运营商、特色房地产商、基础设施综合投资商、海洋重工与港口机械制造集成商"。

中国邮政集团有限公司：情系万家，信达天下；建设世界一流邮政企业；用户至上，员工为本；创新、协同、诚信、担当；人民邮政为人民。

中国南方电网有限责任公司：诚信立企、节俭养德、持续增长、全员为要。

中粮集团有限公司：立足中国的国际一流粮食企业，建立链接全球粮食主产地和主销区的粮食走廊。

华为投资控股有限公司：构建万物互联的智能世界。

腾讯控股有限公司：用户为本，科技向善；一切以用户价值为依归，将社会责任融入产品及服务之中；推动科技创新与文化传承，助力各行各业升级，促进社会的可持续发展。

京东集团股份有限公司：合规即发展。

东风汽车集团有限公司：关怀每一个人，关爱每一部车。

万科企业股份有限公司：以人民的美好生活为己任，以高质量发展领先领跑，做伟大新时代的好企业；为最广大的利益相关方创造更长远的真实价值；大道当然，合伙奋斗；创造真实价值，以客户为中心，以股东为有限，以奋斗者为本。

资料来源　编者根据各企业官方网站信息整理而成.

企业理念是企业的灵魂，是企业在长期经营活动中所形成并一贯坚持的理想和信念，是企业经营所依据的思路和观念。企业理念识别系统通常是企业所处的社会地位、经济实力的反映，也是企业发展指向、运行轨迹的前瞻性的体现。企业理念识别系统是CIS策划的核心部分，其本身也由多元子系统组成。企业的理念识别系统不是固定不变的，而是动态的，随着诸多因素的变化而变化。

5.1　企业理念识别系统是企业形象识别系统的核心

5.1.1　企业理念识别概述

1）企业理念识别与企业形象识别

企业理念是指企业在组织和谋划企业的经营管理实践活动中所依据的指导思想和行为准则，是企业的经营哲学和思维方法的体现。企业理念的设计是对企业灵魂的塑造，是将企业领导人的理念进行锤炼、抽象并形成企业管理人员和广大员工的共识，从而确定企业的经营宗旨和共同价值观的过程。

企业理念识别系统在企业形象识别系统中占有重要地位。企业形象的策划从始至终应该围绕经营理念这个核心展开。整个企业形象策划过程就是在寻找、提炼适合于该企业发展的某种价值法则、精神信条和理想追求目标。判定企业形象策划成功与否，主要看企业理念能否充分体现企业的发展活力和生机，能否振奋企业精神，推动企业进步，并产生巨大的感召力和凝聚力。在CIS导入过程中，人们把VIS的设计比作"脸"的设计，把BIS的设计比作"手"的设计，而把MIS的设计比作"心"与"脑"的设计。由此可知，企业理念识别系统是企业形象识别系统的核心。

2）企业理念设计的前期工作

理念设计首先要明确经营理念发展的阶段。从宏观上，市场营销学将经营理念划分为若干阶段，按其产生的先后顺序依次为生产理念、推销理念、市场营销理念和社会营销理念等4个阶段。经济发达而又实行市场经济较早的国家，大多数企业已完成了从旧理念（含生产理念和推销理念）向新理念的转换，市场营销理念和社会营销理念成了社会的主流。而在中国，基于经济发展现状和实行市场经济体制的时间较短的客观事实，大部分企业尚处于从旧理念向现代市场营销理念的转换之中，只有少数先进企业开始树立社会营销理念。对于中国企业的营销理念所处阶段的宏观把握，是对具体企业进行理念设计的前提。

对企业进行理念设计还要洞察决定与影响企业经营理念变化的内在和外在因素。企业的经济发展态势是企业经营理念形成的决定因素。企业经营理念的设计不能脱离企业经济发展所处的阶段。我们首先可以判断企业是处于朝阳行业还是夕阳行业，接着看企业处于经济发展的 5 个阶段（传统状态、缓慢发展阶段、快速发展阶段、迈向成熟实行多元化经营阶段、国际化发展阶段）中的哪一个阶段，从而决定企业理念设计的基础。

3）影响企业理念设计的外在因素

影响企业理念设计的外在因素是多方面的，其中影响较大的因素主要是：

（1）科技因素。科技在经济增长因素中的比重越来越大，它对企业理念的促进作用主要表现在：

① 科技提供的新材料和新能源改变了人们对开发和利用资源的看法，微电子技术、生物工程技术、海洋工程技术、光电子技术等使人们增强了利用新资源的理念；

② 新型交通工具、通信工具、计算技术的开发，为营销手段的更新提供了帮助，也为人们确立新的营销理念提供了新的途径；

③ 科技发展推动产业结构的升级，产业发展带来的福利和灾难，迫使企业建立社会营销理念；

④ 科技发展还推动人们生活方式、消费内容和消费结构的变化，这些变化直接关系企业经营行为及理念的变化。

（2）产品市场生命周期变化的影响。产品市场生命周期变化对企业理念的影响主要表现在两个方面：

① 产品市场生命周期变化的长短对理念的影响：变化期短，理念更新快；变化期长，理念更新慢。

② 产品市场生命周期的不同阶段对理念的影响：投入期，产品供不应求，技术不完备，经营方式滞后，企业可以生产理念为主，加快改进技术、提高产量；产品进入成长、成熟期时，需求从功能性转向非功能性，市场出现供大于求的态势，企业理念由旧理念向新理念演进，市场营销理念的产生有了条件。

产品的垄断性经营与竞争性经营既决定产品市场生命周期的长短，也决定企业经营理念的更替。垄断性经营，产品的市场生命周期长，企业安于传统经营理念；竞争性经营，产品的市场生命周期短，迫使企业不断更新理念，以新的理念取代旧的理念。

（3）消费者行为的影响。消费者行为在市场上随着自身消费水平的提高、消费结构的变化和消费者权益运动的开展而不断成熟。消费者行为的变化反映在以下几方面：

① 大众化→个性化；

② 单一化→多样化；

③ 低消费→高消费；

④ 被动化→主动化；

⑤ 功能化→非功能化（外观、色彩等）。

消费者行为的这些变化要求企业理念的相应变化——多级化、多层化、多样化、多侧面化。

5.1.2　企业理念策划的前提条件分析

企业进行形象策划时对企业理念的把握要从两个层面予以考虑，即宏观层面和微观层面。不论哪个层面，理念都表现为多元性和主导性并存。所谓多元性，是指不同发展阶段存在不同的理念，同一发展阶段也存在不同的理念。所谓主导性，是指一个时期内必有一种理念占主导地位。

从宏观层面看，最先进的超前发展的企业已确立社会营销理念，一般先进的企业也树立了适时的市场营销理念，尚未实行经营机制转换的企业还停留在滞后的推销理念阶段，少数极为落后的企业处于严重滞后的生产理念阶段。但代表中国当前理念水平状态的应该是市场营销理念，市场营销理念是当代社会的主导理念。

从微观层面看，同一企业有不同的发展阶段，每一发展阶段应该拥有相应的理念，这从纵向上构成了多元理念；同一企业当它实行多元化经营时就会横跨不同的领域和不同的行业，必须以不同的理念适应各领域的发展，这从横向上构成了多元理念。但在企业成长过程中的某一时点上，总有一种理念作为企业的主导理念。

可见，一个国家或一个企业，在一定时期内都表现为理念多元性与主导性共存。进行企业形象策划必须研究策划对象所处的宏观环境与微观环境，所涉及的领域、行业和目标，以及企业本身一个时期内的理念变化与主导理念，从而据此规划企业今后发展应提升的理念。

企业理念识别是企业形象策划的二级子系统。企业理念不是单一的，而是针对企业行为的方方面面都有具体的理念。企业发展的总理念与辐射到各个方面形成的分理念组成了企业理念识别系统。例如，企业的总理念是"以消费者为中心，令消费者满意"，各个企业在表述和体现这一总理念时往往侧重某一方面：

- 表达科技水平高超：科技·前卫·智慧；技术领先，品质超群等。
- 表达社会责任感：商标就是责任等。
- 表达对人力资源的重视：人是我们的第一资源等。
- 表达服务宗旨：顾客永远是最重要的，服务是无价的，公司是大家的；尊重个人、服务顾客、追求完美；真诚到永远；您方便的好邻居等。
- 强调创新精神：不模仿，以世界性的眼光来思考等。

以下是一些世界著名企业的经营理念，同样是从某一个侧面来宣传企业的宗旨：

- 以生产大众喜爱的汽车为目标（丰田）
- 创造人与汽车的明天（日产）
- 技术本位的日立公司（日立）

- 我们非常重视意见的交流（第一劝业银行）
- 为人人服务（美国电话电报公司）
- 千万不能让顾客等待（三星）
- 兢兢业业，汲汲济世（同仁堂）
- 民生需要即为市场（大洋集团）
- 高质量的产品是由高素质的人生产出来的（海尔）
- 为顾客创造价值，为员工创造机会，为社会创造效益（格力）
- 没有最好，只有更好（澳柯玛）
- 百年品牌，百年海信（海信）
- 以振兴民族工业为己任（长虹）
- 创新·求实·拼争·奉献（鞍钢）
- 人类失去联想，世界将会怎样？（联想）
- 愿天下人幸福平安（平安保险）
- 艰苦奋斗、团结协作、从严求实、改革创新（武钢）
- 以第一流的质量造名牌汽车（一汽）
- 贯彻产业人的本分，力求改善人类社会的生活条件，以期为世界文化的发展做出贡献（松下）

【小思考 5-1】

1. 说说你所知道的著名企业的理念。

2. 对理念的多元化如何理解？

5.2 企业理念识别系统的设计

5.2.1 企业理念识别系统设计的依据

企业对理念识别系统的设计，一要有理论依据，二要有实践依据。

1）理论依据

企业理念识别系统设计的理论依据是唯物辩证理论与语言美学理论。

（1）唯物辩证理论。

唯物辩证理论作为理念设计依据的要义是：企业与世界万事万物一样是发展变化的，其成长变化的过程是分阶段性的，企业既存在共性特点也存在个性特点；所谓经营模式，是他人成功的结晶，不应该成为自己陷落的窠臼；既要遵循事物发展的普遍规律，又要形成自身成长的适宜途径，灵活机动，不断创新。

以唯物辩证理论作为理念设计的依据，能使设计者树立对设计对象的若干意识，即整体性、关联性、选择性、动态性、有序性、综合性等，并对企业理念的设计形成正确的指导思想和行为导向。

（2）语言美学理论。

语言美学理论是锻造企业理念的表达效果的理论依据。准确、鲜明、生动是语言美学的基本原则。语法规范和讲究修辞是产生企业理念表达效果的重要内容。语言的加工和锤炼是设计企业理念的必要环节。别具一格、出奇制胜是理念创新、引人注目的关键。中国文化虽博大精深，但由于数以百万计的企业都在使用，所剩的语言空间是十分有限的，要想切合企业实际表述企业的理念，又不简单地重复他人的设计，需要认真地搜索、推敲。

语言美是多种多样的，既有华丽美，也有朴素美；既有平实美，也有新奇美；既有独特美，也有组合美。时代变迁，地域分别，行业差异，都会使语言美的评价标准发生变化。理念设计者须依据彼时、彼地、彼种行业的审美标准来设计企业的理念识别系统。

2）实践依据

企业理念识别系统设计的实践依据是企业的经营战略。

美国著名学者托夫勒指出："对没有战略的企业来说，它就像在险恶气候中飞行的飞机，始终在气流中颠簸，在暴风雨中沉浮，最后很可能迷失方向。即使飞机不坠毁，也不无耗尽燃料之虞。如果对未来没有一个长期的明确方向，对本企业未来模式没有一个实在的指导方针，不管企业的规模多大，地位多稳定，都将在新技术革命和经济大变革中失去生存条件。"托夫勒充分地强调了企业制定经营战略的必要性和重要性。事实上，企业为了谋求长期的生存和发展，根据外部环境和内部条件的变化，都会做出具有长期性、全局性的战略决策和计划。企业经营战略是企业产品战略、市场战略、组织战略的综合，是对企业发展的战略思想、战略目标、战略方向、战略重点、战略措施、战略步骤的系统规划。制定经营战略实质上是选择做恰当的事。美国管理学家彼得·德鲁克认为："做恰当的事比恰当地做事更为重要。"麦肯锡咨询公司把战略视为企业最佳管理的7个要素（战略、结构、系统、作风、技能、人员、价值观）之首。每个企业不仅要制定战略，而且必须制定"明确的战略"：是选取总成本领先战略（或称扩大市场份额战略），还是选取差别化战略（或称创新化战略）、集中化战略（或称专业化战略）？企业的正确选择和决断是保证企业健康发展的前提，也是企业形象策划切入和操作的依据。

值得注意的是，作为企业形象策划依据的企业经营战略必须是正确的、明确的。如果通过企业实践和对企业经营状况的分析、判断，发现企业原有的战略不正确、不明确或因条件变化已过时，就只能将其作为修订计划的参考依据或反面依据。企业形象策划过程中的调研和分析，也是对企业原有战略计划的检验和取舍。但无论如何，企业形象策划不能完全撇开企业原有的战略计划而另起炉灶。

5.2.2　企业理念识别系统设计的内容

企业理念识别系统是企业赖以生存的原动力，是企业价值的集中体现。企业理念识别系统包括企业的经营方向、经营思想、经营道德、经营作风、经营风格等具体内容。

1）经营方向

经营方向是指企业的事业领域（业务范围）和经营方针。企业事业领域即表明企业在哪一个或哪几个行业、领域为社会提供服务；经营方针即企业经营战略目标及路线。

万科成立于 1984 年，经过近 40 年的发展，已成为国内领先的城乡建设与生活服务商，公司业务聚焦全国经济最具活力的三大经济圈及中西部重点城市。2016 年公司首次跻身《财富》"世界 500 强"，位列榜单第 356 位。2017 年、2018、2019 年、2020 年和 2021 年接连上榜，分别位列榜单第 307 位、第 332 位、第 254 位、第 208 位和第 160 位。在经营方向上，万科于 2014 年将企业的"三好住宅供应商"的定位延展为"城市配套服务商"，在 2018 年将这一定位进一步迭代升级为"城乡建设与生活服务商"。[①] 在此经营方向的指引下，万科在住宅开发、物业服务、商业运营、物流仓储、长租公寓等领域均有所建树，在用户心中树立了良好的品牌形象。北京全聚德烤鸭是享誉世界的美味佳肴。全聚德之所以能经历 150 多年而长盛不衰，就在于全聚德人以继承传统烤鸭技法、推崇饮食文化、弘扬中华民族饮食特色为己任。长期以来，全聚德人只知道埋头干，而不太重视企业形象的策划和宣传。在 20 世纪 90 年代初，全聚德也导入了 CIS，他们通过对 150 多年经营之道的总结，提炼出"时刻不忘宾客至上，广交挚友，坚持以精美的菜肴和周到的服务欢迎各国、各界宾朋的光临"的经营理念。与此同时，他们在店堂民族风格的氛围营造、统一操作技术规程和服务规程以及对外宣传上都下了功夫，使全聚德在社会公众中树立起了美味可口、技艺精良、品质上乘的企业及产品形象，不断地提高知名度、信任度和美誉度。

2）经营思想

经营思想是企业生产经营活动的指导思想和基本原则，是企业领导者的世界观和方法论在企业经营活动中的运用与体现。

华为致力于把数字世界带入每个人、每个家庭、每个组织，构建万物互联的智能世界，包括：

· 让无处不在的连接，成为人人平等的权利，成为智能世界的前提和基础。

· 为世界提供最强算力，让云无处不在，让智能无所不及。

· 所有的行业和组织，因强大的数字平台而变得敏捷、高效、生机勃勃。

· 通过 AI 重新定义体验，让消费者在家居、出行、办公、影音娱乐、运动健康等全场景获得极致的个性化智慧体验。

此外，华为创始人任正非不断提出一些经营格言，让员工们执行：

· 做任何事，都要因时因地而改变，不能教条，关键是满足客户需求。

· 将来的竞争就是一条产业链与另一条产业链的竞争。从上游到下游的产业链的整体强健，就是华为生存之本。

· 来自对手的批评不要总是抗拒，即使说得过了头，我们都要认真听取，他要打赢我，总要找我们的软肋，我们自己总是有盲点。

---

① 资料来源于万科官网。

• 只有你们把笑脸对着客户时，这样的企业才能长久。如果反过来只懂得把笑脸对着上级，那么企业就难以发展下去。

可见，经营思想的形成非一日之功，它是企业长期经营实践之后形成的精华，这正是企业成功之所在，也是企业要永远坚持和维护的传家宝。

3）经营道德

经营道德是企业在经营活动中应该遵循的，靠社会舆论、传统习惯和内心信念来维系的行业规范的总和。企业经营道德以"自愿、公平、诚实、信用"为基本准则。

海尔从1984年亏损147万元濒临破产，到1991年全面扭亏为盈，再到如今成为著名家电品牌，享誉全球，就是得益于海尔的企业文化，尤其是对经营道德的重视。2021年6月22日，世界品牌实验室（World Brand Lab）发布2021年《中国500最具价值品牌》分析报告，海尔以4 575.29亿元的品牌价值居榜单第3位，品牌价值同比提升6.7%。

海尔的理念是：

企业精神：诚信生态，共赢进化。

是非观：永远以用户为是，以自己为非。

发展观：人人创客，链群自驱。

利益观：人单合一双赢——海尔永续经营的保障。

企业作风：人单合一，链群合约。

人才理念：人人都是CEO。

腾讯是一家世界领先的互联网科技公司，用创新的产品和服务提升全球各地人们的生活品质。腾讯一直秉持着"用户为本，科技向善"的理念，一切以用户价值为依归，将社会责任融入产品及服务之中，推动科技创新与文化传承，助力各行各业升级，促进社会的可持续发展。为此，腾讯以"连接责任与信任：聚合微小善行，以科技让世界更美好"作为企业的经营道德，通过用户隐私与数据保护、守护者计划、未成年人健康上网保护体系和知识产权保护等措施践行"科技向善"承诺，通过腾讯基金会、网络捐款平台、99公益日、腾讯长城保护项目、腾讯为村等，助力社会的可持续发展。

4）经营作风

经营作风是企业的行为方式和存在方式。

随着新一代人工智能、量子技术、类脑研究、元宇宙等技术浪潮的兴起，面向新技术领域的法治建设也在快速推进。在新的行业发展趋势与法治环境下，企业如何把握自身的经营发展方向？京东给出的答案是"合规即发展"。在"合规即发展"理念引领下，京东探索出富有自身特色的治理模式，打造"零信任安全体系"，推动行业信息网络安全标准升级。京东深入开展"五大合规计划"，即反贪腐计划、数据及信息安全计划、用户隐私安全保护计划、内容安全保障计划、合规中台建设计划，全面提升企业合规管理水平。①京东的内控合规管理体系如图5-1所示。

---

① 资料来源 佚名．京东集团何成锋：京东坚持合规发展、公平经营［EB/OL］．［2022-02-20］．https：//baijiahao.baidu.com/s？id=1714130558725895750&wfr=spider&for=pc.

内控合规管理

京东人共同坚守"正道成功"的底线背后是京东对客户的尊重和对商业伦理的敬畏。京东在"一个理念""三道防线""五个维度"的合规体系下，通过全面宣贯、连带问责、重点奖励等多重机制，确保内控合规管理落地。

一个理念	三道防线	五个维度	落地机制
正道成功	① 全体京东员工	① 法律监管合规	通过全面贯彻、连带问
	② 风险管理专业团队	② 反腐廉洁合规	责、重点奖励等多重机
	③ 监察与审计团队	③ 信息安全合规	制，确保内控合规管理
		④ 审计合规	落地
		⑤ 交易风险控制	

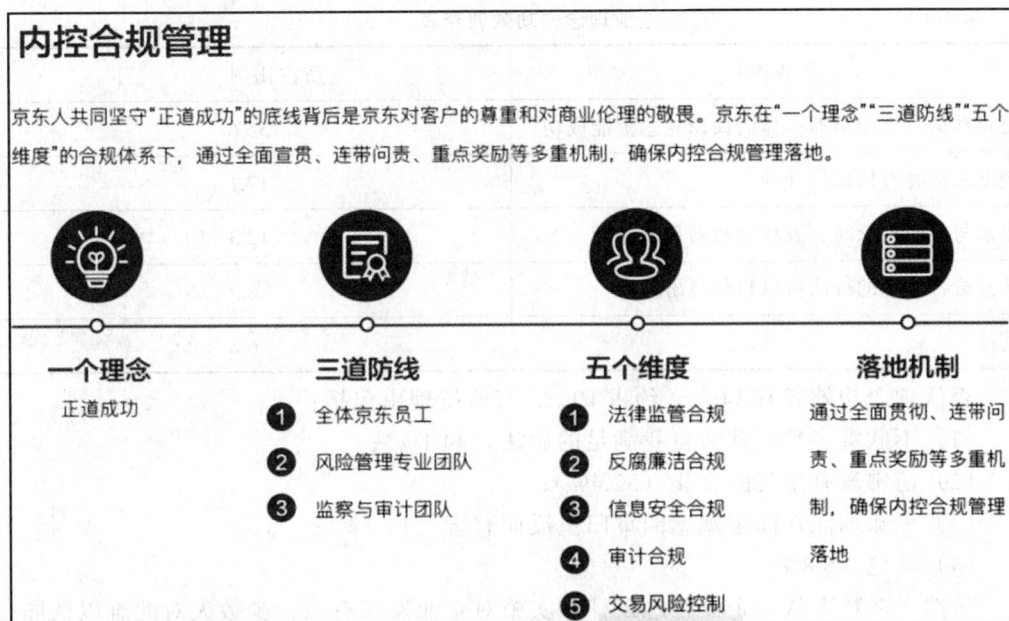

图5-1 京东的内控合规管理体系

资料来源 京东集团官网.

5）经营风格

经营风格是企业精神和企业价值观的体现。企业精神包括员工对本企业特征、地位、风气的理解和认同，是由企业优良传统、时代精神和企业个性融合而成的共同信念，员工对本企业未来的发展抱有的理想和希望。企业价值观是全体员工对其行为意义的认识体系和所推崇的行为目标的认同和取舍。

中国邮政集团有限公司（以下简称中国邮政）经过多年持续发展，已转型升级为实业与金融相结合、业务多元化的大型企业集团，竞争实力得到增强，企业效益明显提升，社会影响不断扩大。2020年，中国邮政总收入达6 645亿元，实现利润606.4亿元，在2021年《财富》世界500强企业中排名第74位，在世界邮政企业中排名第2位。中国邮政于2018年导入CIS对企业形象进行策划，形成了完整的理念识别系统和鲜明的经营风格，主要体现在：情系万家，信达天下；建设世界一流邮政企业；用户至上，员工为本；创新、协同、诚信、担当；人民邮政为人民。

海尔强调"把人当主体，把人当目的，一切以人为中心""尊重人、信任人、理解人、关心人""你能翻多大的跟头，我就给你搭多大的舞台""按美的规律来进行生产，要给所有的人腾出时间和手段，让他们最充分地发挥和实现自我"，充分地体现了海尔的经营风格。

企业理念识别系统是个完整的体系，上述分层说明是为了表述的方便，其实它应该是个有机的整体，很难截然分开。企业理念的设计和实施是否具有功效，"日经商事"对此问题曾抽样调查了180位人士，结果有146人（约占81%）肯定企业理念的功效（见表5-1）。

表5-1 　　　　　　　　　　　　　　企业理念的功效调查表

调查内容	所占比例（%）
公司和员工之间培养一体的共识意念更能成功	55.6
判断事情时有依循的准则	17.1
在旧与新的理念间，温故而知新是有益的	12.3
从经营者任意的行动可以判断得出动机	8.2
其他	6.8

否认理念功效者有34人，约占19%，其所持理由包括：

（1）不欣赏多数经营者自我满足的做法（44.1%）；

（2）仿佛没有生气的文化（32.4%）；

（3）一味拘泥在固定观念的窠臼里反而有害（14.7%）；

（4）其他（8.8%）。

显然，多数人认为企业理念设计和实施对企业发展有效，少数人对此难以认同。

中国企业导入CIS及确立各自的经营理念的事实表明，为企业设计最恰当、最适合的理念是非常必要的。理念是企业发展的旗帜和号角，永远指引和鼓舞企业前进、发展。当然企业理念不能无所依傍地发挥作用，它必须向企业视觉和行为识别系统渗透，通过三者有机的结合来发挥各自的作用和整体作用。

【小思考5-2】

1.如何克服各企业经营方针雷同的现象？

2.在理念设计上如何体现人性？

5.3 企业理念识别系统的渗透

企业形象按其可视性可以划分为有形形象和无形形象。有形形象是指通过人的感觉器官可以直接感知的内容对人们产生作用后而形成的形象。企业的有形形象是企业形象策划中视觉识别系统、行为识别系统所要表现的。无形形象是指在对有形的东西产生感觉、知觉的基础上，人们的分析、判断、综合等心理活动形成的企业形象，是对有形形象的抽象。无形形象是企业形象策划中理念识别系统囊括的内容。

企业形象策划是对企业形象的各子系统进行综合又促进彼此渗透的过程。理念识别系统要与视觉识别系统、行为识别系统综合，才能形成完整的企业形象识别系统；同时，这种综合不是拼凑，而是彼此渗透、融合。就是说，理念是无形的，理念的表现必须通过渗透到视觉、行为中才能得以完成；反过来，视觉、行为只有灌输了企业理念才富有内涵。

企业形象策划也是促进企业形象的主观性和客观性相统一的过程。企业形象的客观性产生于企业的现实客观存在，但企业的客观存在反映到不同的人的头脑里进行加工而形成的企业形象又是千差万别的，这就要求企业形象策划对企业形象的各子系统进行相互协调的、统一的设计，以影响社会公众对企业形象产生符合客观实际的认同和评价，而不致使主观脱离客观。

在企业形象的统一过程中，理念识别系统是灵魂、是主体，既要笼罩整个企业，又要渗透到企业形象识别系统的其他子系统中去。

5.3.1　企业理念在视觉识别系统中的渗透

理念识别系统向视觉识别系统渗透，就是以理念为核心，按照理念识别系统的内涵去寻找视觉形象的构图、色彩和表现方法，而不是相反。

【实例 5-1】

"中华慈善日"视觉设计方案

2018 年 9 月 5 日，民政部与中央广播电视总台面向社会有奖征集"中华慈善日"logo 设计方案。此次征集的作品设计方案要求：充分体现中国的慈善事业特征，展示中华慈善的历史文化内涵和现代慈善理念；应形式简洁、主题突出、寓意深刻、创意新颖、内容健康、易于传播，富于视觉感染力和冲击力；应用性强，可用于文件、信笺、宣传用品、媒体宣传等各种场合和载体。自民政部、中央广播电视总台发布《关于公开征集"中华慈善日"视觉识别系统的公告》以来，社会各界积极响应、踊跃参与，共收到 379 份应征作品；民政部同时委托设计公司进行了设计。从征集和设计作品中，经民政部部长办公会审议，确定了"中华慈善日"拟采用的标志，具体如图 5-2 所示。

图 5-2　"中华慈善日"的标志

标志介绍：

（1）标志整体为圆形，圆形内分别由上方图形和下方"中华慈善日"中文文字或英文文字构成。

（2）标志整体采用象征和谐美好的圆形和党旗国旗的红色，寓意人民对美好生活的向往，也寓意我国慈善事业将坚持党的领导，走中国特色慈善事业发展之路。

（3）白色数字 9，形似明亮的灯泡，"灯"的上方散发出 8 道黄色光线，寓意慈善像一盏灯，慈善之光向八方散播，照亮世界、温暖他人；9 的中间位置设计为一颗红心，既寓意慈善工作者和参与者听党指挥、为国奉献、推动社会进步的赤诚之心，也寓意着慈善事业满足人民对美好生活需要的为民爱民之心。绿色数字 5 与数字 9 结构上融为一体、色彩上对比鲜明，共同展示 9 月 5 日是"中华慈善日"这一重要节日。

资料来源　民政部. 关于"中华慈善日"标志的公示 [EB/OL]. [2022-02-22]. http：//www.mca.gov.cn/article/xw/tzgg/201908/20190800019001.shtml.

企业理念对视觉形象系统的渗透，要涉及视觉形象系统的方方面面。

建筑物设计要传达企业的理念。南京依维柯汽车公司设计的公司建筑物做了这样的处理：把公司产品即汽车的前身镶嵌在公司主建筑的正面墙上，像是破墙而出，表达了企业在强手林立的市场上脱颖而出、敢与世界名车比高低的企业理念，极具个性和感染力。

商品包装设计要传达企业的理念。广东产的饼干为什么能从南至北一路畅销？除质量与口味外，其包装设计具有强烈的时代风格，令人赏心悦目，给人一种精美的感觉。这一切都是通过透明包装纸、美观亮丽的图案、诱人的招徕用语、富有魅力的外形设计等体现的。

员工制服及其他应用系统也要通过色彩、款式、材料等元素体现出来。例如，IBM的员工在冬天穿一身深色制服，在夏天则要求穿白色的衬衣、戴一条典雅的领带，以传达公司卓越、严谨、平等待人、优质服务的理念。

中国四通公司选择蓝色为公司标准色，借助蓝色给人高尚、冷静、庄严的心理感觉，传达公司对高技术的追求、严谨的作风和对产品的严格要求。

视觉识别系统与理念的关系，是"脸"与"心"的关系，二者即为表里。理念支配着视觉识别系统，视觉识别系统反映理念的含义。

5.3.2 企业理念在行为识别系统中的渗透

如果说理念识别系统是CIS的"想法"，那么行为识别系统就是CIS的"做法"，即BIS是CIS的动态识别形式。BIS系统分为对外、对内两类活动。对内，就是建立完善的组织、管理、教育培训、福利、开发研究制度，行为规范，工作环境等，从而增强企业的凝聚力和向心力；对外，则通过市场营销、产品开发、公共关系、公益活动等表达企业理念，从而取得社会公众和广大消费者的识别认同。企业的对内对外行为都由企业的理念支配，都为表达企业理念服务。企业理念在行为识别系统中的渗透是自始至终、无所不及的。

企业环境的营造也应该突出企业理念这个中心。企业环境包括实物环境和人文环境。实物环境包括视听环境、嗅觉环境、内部装饰、橱窗陈列、企业标语、环境布置等。人文环境包括领导方式、民主气氛、精神风貌、竞争景象、合作氛围等。优秀企业应营造优美、和谐、向上的环境，以体现企业的卓越追求和高超管理，从而使社会公众形成美好印象和乐意与该企业打交道的强烈欲望。

市场营销行为是企业对外行为的主导方面。企业的市场营销行为，包括产品决策、定价决策、分销渠道决策和促销决策以及相关的包装决策、服务决策等，都要全面体现企业的经营方向、经营道德、经营风格。

【实例5-2】

中国邮政的企业理念在行为识别系统中的渗透

中国邮政实行"一三五"企业文化体系，分别是一个理念系统、三个行为模型、五个传播模块。"一三五"企业文化体系具体细化到了三大系统上：理念识别系统、行为识别系统、视觉识别系统。企业理念是中国邮政企业文化体系的灵魂，对行为识别系统、视觉识别系统具有规范和指引作用，是中国邮政企业文化建设的核心内容。

中国邮政的理念识别系统核心内容包括以下五个部分：

① 企业使命（立企之本、存在价值）：情系万家，信达天下。

② 企业愿景（未来蓝图、目标追求）：建设世界一流邮政企业。

③ 核心价值观（价值取向、是非标准）：用户至上，员工为本。

④ 企业精神（内在品质、行为倡导）：创新、协同、诚信、担当。

⑤ 服务宗旨（本质属性、责任担当）：人民邮政为人民。

中国邮政的行为识别系统是理念识别系统的外化和表现，服务于中国邮政企业战略落地和企业形象树立。其行为识别系统包括以下三个模型：

① 组织行为模型：一般表现为企业的经营管理行为，直接影响组织的发展方向和效能（如图5-3所示）。

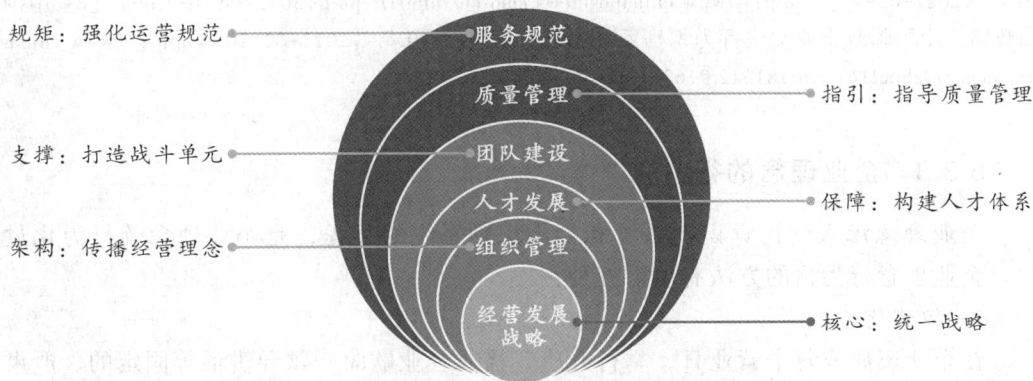

图5-3　中国邮政行为识别系统中的组织行为模型

② 领导者行为模型：中国邮政企业文化内涵的外化表现，是领导者行为的标准规范，对促进企业文化理念落地实施、推动领导干部队伍建设、助力企业转型发展具有重要意义（如图5-4所示）。

领导者行为模型坚持"德才兼备、以德为先，以才为基"的设计思路，从"政治素质"和"专业能力"两个维度进行提炼，每个维度提炼出五项关键要素，简称中国邮政领导者行为"五+五"模型

图5-4　中国邮政行为识别系统中的领导者行为模型

③ 员工行为模型：既是中国邮政企业文化内涵的外化表现，又是中国邮政近百万名员工的行为规范与遵循指引，对促进文化理念落地实施、助力员工发展与企业成长具有十分重要的意义（如图5-5所示）。

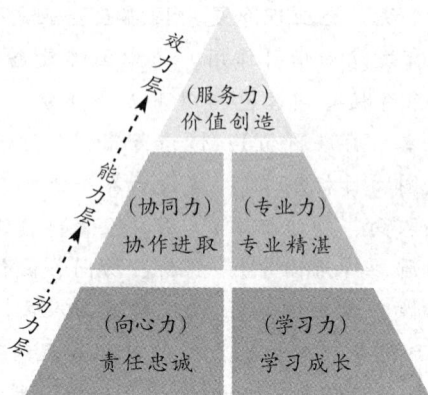

图5-5 中国邮政行为识别系统中的员工行为模型

资料来源 ［1］中国邮政报. 邮政企业文化行为、视觉识别系统建设工作方案解析［EB/OL］.［2022-02-20］. http：//www.chinapostnews.com.cn/xhtml1/report/150727/5916-1.htm.［2］中国邮政网. 中国邮政企业文化行为识别系统内涵解读［EB/OL］.［2022-02-20］. http：//www.china-post.com.cn/xhtml1/report/181312/9162-1.htm.节选.

5.3.3 企业理念的行为化

企业理念渗入到视觉识别系统和行为识别系统的过程，是企业理念的行为化过程。企业理念行为化的方法有以下五种：

1）仪式化

在企业庆典或每个营业日，举行升旗、播放企业歌曲、领导讲话等固定的、严肃的仪式，经常性地传播企业经营理念，并促进企业员工对企业理念的感受、理解和接纳。企业应将每天的有序化仪式纳入企业内部管理系统之中，使之成为不可缺少的活动。仪式虽为惯例，但主持仪式的人要常有创意，常有新话题，不能让人产生厌烦情绪。

2）环境化

企业理念要转化为标语、文字、图案、壁画、匾额等，把这些承载企业经营理念的文字载体安置在企业合适的地方，从而形成企业的文化氛围和人文环境，使全体员工身临其境，在潜移默化之中接受、认同企业的理念，并以此规范自己的语言、行动。同时，可以用播放、讲解、反复诵读等方法，强化人们对企业经营理念的记忆。

3）楷模示范

楷模示范由两部分组成：一部分是企业领导层以自己的言行严格贯彻经营理念，身体力行，以一致言行给员工做表率，使企业理念不至沦为装饰性、虚有其表的空洞文字。另一部分是通过培养贯彻企业理念的英雄模范来形成强大的影响力和带动作用。企业楷模既有外显行为的榜样功能，催人仿效，也有内隐情绪的感染效应，在潜移默化之中，对群众心理起一定的渗透作用。

4）培训教育

培训教育是一种强行灌输的方式。企业理念的培训教育包括启发教育、自我教育和感染教育的方式。启发教育要联系企业的奋斗史，用历史、事实启发人们加深对企业理念的认识；自我教育是在启发教育的基础上，结合自身的成长史、岗位职责和对未来美好生活的憧憬及自身的发展前途，自我激励、自我约束、自我加深认识；感染教育是通过对企业辉煌业绩的实体参观、对竞争对手巨大成就的了解，进行积极性和创造性激励，还可以进行满足需求的激励、目标激励、危机激励等多种激励方式。

5）象征性游戏

象征性游戏是把能缓和紧张气氛与鼓励创新活动的游戏用来普及企业理念和贯彻理念精神。游戏的形式多种多样，如即兴表演、策略判断、模拟操作、逗趣比赛、野营郊游等。通过这些活动把企业理念融入其中，在轻松活泼的气氛中传达理念的内容，激发员工来维护企业理念、自觉贯彻企业理念。

行为识别系统与理念也是表里关系。理念支配行为识别系统，行为识别系统体现理念的内涵和意向。理念向行为识别系统渗透，是企业由抽象化思维向具体化实施的过程。

【小思考5-3】

1.企业理念的行为化要做哪些工作？

2.说说你所知道的企业理念行为化的例子。

延伸阅读　万科的企业文化

本章小结

企业理念是企业的灵魂。企业理念的设计在企业形象策划中占有核心地位。策划企业理念要弄清决定和影响企业理念的主要因素。企业理念的设计，既要准确地提炼企业的主导理念，也要全面规划由主导理念辐射到各个层面和各个侧面的分支理念。理念设计要有正确的理论依据和实践依据。企业理念设计要围绕经营方向、经营思想、经营道德、经营作风、经营风格等内容展开。企业理念要发挥作用必须向视觉识别系统和行为识别系统渗透，以促进抽象理念的具体化、行为化。

主要概念和观念

□ 主要概念

企业理念

□ 主要观念

　　社会营销观念

基本训练

□ 知识题

　　5.1　企业经营理念策划应把握哪些方面？

　　5.2　理念识别系统设计的依据是什么？

　　5.3　企业理念识别系统的内容有哪些？

□ 技能题

　　5.1　简述对企业经济发展态势及经营理念的设计影响较大的因素有哪些。

　　5.2　影响经营理念的外在因素有_____、_____和_____。

　　5.3　理念识别系统设计的依据是什么？

　　5.4　企业理念的行为化有_____。

　　1）仪式化　　2）环境化　　3）楷模示范　　4）培训教育　　5）象征性游戏

□ 能力题

　　5.1　案例分析

两家知名企业的理念

一、海尔的理念

企业精神：诚信生态，共赢进化。

企业作风：人单合一，链群合约。

企业愿景：以人单合一模式创物联网时代新增长引擎。

核心价值观：是非观——永远以用户为是，以自己为非；发展观——人人创客，链群自驱；利益观——人单合一双赢。

人才理念：人人都是CEO。

经营理念：没有成功的企业，只有时代的企业。

质量理念：有缺陷的产品就是废品；谁生产不合格的产品，谁就是不合格的员工；质量改进是个没有终点的连续性活动，停止就意味着开始倒退。

营销理念：用户参与设计才是真正的营销。

品牌理念：我们携手全球一流生态合作方，持续构建衣食住行康养医教等物联网生态圈，为全球用户定制个性化的智慧生活。

社会责任：海尔应像海，为社会、为人类做出应有的贡献。只要我们对社会和人类的爱"真诚到永远"，社会也会承认我们到永远，海尔将像海一样得到永恒的存在（海尔创始人、董事局名誉主席张瑞敏）。

　　二、碧桂园的理念

价值观：我们要做有良心、有社会责任感的阳光企业。

企业使命：希望社会因我们的存在而变得更加美好。

企业精神：对人好，对社会好。

品牌理念：给您一个五星级的家。

质量方针：过程精品，人居典范。

人才理念：以德为本，德才兼备，不拘一格，能者居上。

战略愿景：作为社会创造幸福生活的高科技综合性企业。

社会责任：创造经济价值的同时，积极承担社会责任，尽己所能奉献国家、回馈社会。碧桂园集团及创始人情系天下，积极投身公益事业，为实现美丽的中国梦而贡献力量。

问题：

1）试比较海尔的理念与碧桂园的理念。

2）从这两家优秀企业的经营理念中分析塑造企业理念的因素应该有哪些。

5.2　网上调查

在网上搜集其他中外著名企业的营销理念。

第 6 章

企业视觉识别系统基本要素的设计

学习目标 ◎

通过本章的学习，了解企业视觉识别系统的译解模式、选择依据及设计程序，掌握标志、标准字、标准色、吉祥物等视觉识别基本要素的设计内容，熟悉企业视觉形象的整体策划和开发流程，掌握视觉识别系统设计的基本技能，提高辨识视觉识别系统的能力。

引例 @　　　　　　　　　　**颐和园标志的设计**

颐和园的标志是颐和园品牌形象的核心，要背负起彰显颐和园传统文化与价值的使命，对颐和园的意象进行恰如其分的现代阐释，颐和园的传统建筑、文物典籍、园林风貌等原有的文化意义应该制作出适宜的新形式。

颐和园标志由佛香阁的具象图案、水纹和抽象传统图形结合而成——将佛香阁与水纹、云纹、植物花草纹、如意纹、龙纹综合起来抽象变化而来（如图6-1所示）。颐和园标志的上部是写实性的佛香阁图案。佛香阁作为颐和园和西北郊"三山五园"皇家园林区的构景中心，是颐和园的标志性建筑，承载着颐和园深厚的历史文化，凝结着颐和园深厚的文化底蕴，象征着中国3 000多年造园史的艺术巅峰。标志下部的水纹和抽象传统风格的图形回抱着佛香阁，与规整严谨的佛香阁形成对比，体现着颐和园山水相依、阴阳回抱的格局，也体现了颐和园的皇家特征，是昆明湖水文化的凝结。标志对称、庄重、严肃而灵动，有较好的层次感，在整体上形成稳定的三角形，增加了标志的稳重性，反映了颐和园大气磅礴、雄伟典雅的气韵。佛香阁庄重而沉稳，水纹和抽象传统图形活泼而灵动，寓意颐和园自然与人文的和谐共生，典型地反映了颐和园的园林特征。颐和园标志是自然环境和人文环境的完美融合，蕴意隽永，形式古典活泼。

图6-1　颐和园标志

颐和园标志的色彩源于中国传统的色彩——中国红，醒目并具有突出的民族文化特色。红色是中国传统的颜色，代表吉祥富贵。在颐和园所有的建筑上几乎都有红色，尤其是佛香阁，它是颐和园的中心，是"三山五园"的中心，是万绿丛中的一点红。标志采用红色可以突出颐和园厚重的历史和皇家文化底蕴。

汉字在传统图形中常以书法的形式进行运用。颐和园标志中的汉字部分来源于颐和园正门上的匾额，对其进行视觉修正，在保存字体风貌的前提下对笔画进行缩减，降低文字的整体灰度，使之适合近距离阅读。

总的来说，遗产地标志形象的确定是遗产地品牌塑造的前提。颐和园标志的确定是建立景区理念识别系统（MI）、行为识别系统（BI）、视觉识别系统（VI）的重要步骤，是颐和园打造世界知名遗产品牌的前奏，颐和园遵循科学发展观，必将塑造可持续发展的、世界知名的品牌形象。

资料来源　裴朝军，周玉基，景怀宇. 论中国传统图形语境下的颐和园品牌形象设计［J］. 包装工程，2015（12）.

企业视觉识别设计是以商标的造型和色彩计划为核心，将企业的经营理念、管理水平、产品特色及广告宣传融为一体，运用清晰而简洁的视觉传达沟通技术，使受众产生认同并赢取社会信赖，以期实现市场拓展、为企业创造无形资产和经营业绩的营销战略目标。作为一种有效的传播手段，企业视觉识别是一个完备的符号系统，在未来的社会生活中将会产生越来越重要的影响。

6.1　视觉符号设计的构成原理

在人的感觉所能接收的所有符号中，视觉是获取信息的主要来源。早在古希腊时期，人们就已经注意到媒介和事物之间存在着表征物和被表征物之间的符号关系。通过这些符号，人的生活经验得以普遍化并逐渐固定，人的思维意识亦可由表象上升到概念得以高度发展，人的意识过程逐渐成为一个符号化的过程。作为认识媒介，符号是人类认识客观外界事物的沟通桥梁；作为信息载体，符号又是人类实现信息存储和记忆的重要工具；作为传播渠道，符号更是表达思想情感的物质手段。因此，在整个企业形象识别系统中，视觉识别系统以其独特的符号特征和设计语言，成为涵盖形象项目最多、影响力最广、宣传效果最为直接的形象识别系统之一。

6.1.1　视觉识别系统的译解模式

视觉识别是凭借形态、色彩、文字等来建构形象的一种可视符号。当文字、形态、色彩等各种信号不断地作用于人们的视觉感官时，会引起视线产生移动和变化，形成注目范围的视域优选和有规律的视觉运动。捕捉人们的注意力，通过视觉流向的诱导和视觉流程的规划，去引导观者以合理的顺序、快捷的途径和有效的浏览方式获得最后影像的定格，以此激发受众的心理诉求，是视觉传达设计的根本任务之一。因此，把现象当作时空过程来评判、考察和分析，并以全新的意象进行捕捉，进而作为表象加以固定，由此得到的具体形态计划即为视觉识别系统的译解模式。

美国著名学者查·桑·皮尔士认为，所有符号范畴的表意作用均建立在思维和判断的逻辑关系上。任何一个判断都涉及性质、对象和关系三者之间的结合。"性质"与感受知觉相关，是第一项；"对象"与经验或活动相关，是第二项；"关系"与思维或符号相关，是第三项。与之相对应，任一符号都是由媒介、指涉对象和解释三要素构成，"媒介"是人类认识事物的信息载体，也是表达思想情感的物质手段；"指涉对象"是观察和思考的客体，也是采取行动的目标；"解释"是主客体沟通的桥梁。因此，符号的表意作用可分为图像符号、指示符号和象征符号三种类型。

图像符号"是通过对于对象的写实或模拟来表征对象的，它必须与对象的某些特征相同"。如肖像就是某个人物典型的图像符号，人们对它的感知具有直觉性，通过相似的形象即可辨认出来。属于图像符号的有画像、图景、结构图、模型、简图、草图、比喻、隐喻、函数、方程式、图形等。

指示符号是"一个符号与一个被表征对象的关系"，它是与被表征对象有着直接联系或存在因果关系的符号类型。如有效文件要通过某个具体的人或企事业单位代表的署名、签字、印章等若干符号的确认，才能认定对某一事件的描述。除告知的和显示的指示符号外，还有标定的和反应的指示符号，如路标是道路街区的指示符号，门是建筑出入口的指示符号。属于指示符号的有路标、指针、箭头、基数、专有名词、指示代词等。

象征符号是"一种与其对象没有相似性或直接联系的符号"，它可以自由地表征对象，并在传播过程中约定俗成地被应用，如红色代表革命，绿色象征和平。由于象征符号所表征的并非个别的与一定时空相依存的对象或事件，因此象征符号可以理解为一个包含对象集合的变数，每一具体的对象都是集合的要素之一。

企业视觉识别系统的建立，是将企业的经营理念与战略构想翻译成词汇和画面，使抽象理念落实为具体可见的传达符号，形成一整套象征化、统一化、标准化、系统化的符号系统。企业视觉识别系统有其自身的构成原理和符号特征，强调引人注目、寓意丰富、简洁明快、易识易记。在确定了企业理念识别系统后，运用平面构成、立体构成、色彩构成以及电脑辅助设计等视觉传达设计的技能与方法，根据媒体要求和竞争策略的需要，设计企业视觉识别系统的各种视觉符号，可以鲜明地刻画企业个性，突出企业理念，使公众对企业产生一致的认同感。成功的视觉识别一般都能通过独特而富有吸引力的视觉符号设计，使受众对企业的经营风格和战略理念产生联想。

塑造企业视觉识别形象的最佳方式，是在"企业整合营销传播系统"（corporate integrated marketing communication system）的 SMCR（source-media-code-receiver）模式中，建立一套完整而独特的符号系统（如图6-2所示）。这种整合营销传播理论倡导以消费者为核心，重组企业行为和市场行为，以统一的目标和统一的传播形象传递一致的产品信息，实现企业与消费者的双向沟通，迅速树立品牌地位和偏爱影响。在信息整合传播过程中，视觉识别起着重要的协调统一作用。

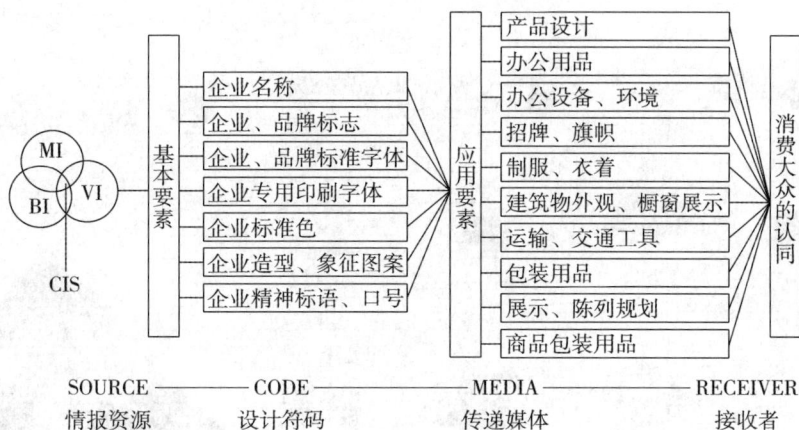

图6-2　企业视觉识别的SMCR模式

资料来源　林阳助. 如何建立CIS（企业识别系统）［M］. 北京：生活·读书·新知三联书店，1993：16.

6.1.2　企业视觉形象的选择依据

在各种视觉符号的选择中，企业形象可通过商品本身来直接表现，可由企业领导者的形象来表现，可通过有趣的故事画面来表现，可通过企业有代表性的建筑物来表现，可通过抽象的艺术人物和图案来表现，亦可通过漫画或卡通形象来表现等。企业视觉形象的选择依据是独创性、情趣性、针对性和艺术性等标准。

1）独创性

企业视觉形象的独创性来自设计对象的特征，而设计对象的特征又源自设计者这一认识主体。独创性要求设计师不仅应具有不满感、好奇心、成就欲、专注性等心理因素，还应具有设计思维的流畅力、变通力、超常力、洞察力等智力条件。在一般情况下，思路畅通且想象力丰富，能灵活转移思路并提出与众不同的创意构想，能迅速抓住事物的本质，使问题简洁化、条理化，就能设计出新颖别致的精彩作品。设计师的主观认识直接影响设计作品的独创性。在设计观念生成的过程中，设计师首先要充分发挥心智条件和创造潜力，重新赋予设计对象以全新的意义，以产生不同凡响的视觉效果。

2016年7月，故宫博物院与阿里巴巴签署战略合作协议。故宫博物院在阿里巴巴平台上开设官方旗舰店，利用互联网进一步拓展影响力，深度优化故宫爱好者的参观和文化体验，游故宫、逛旗舰店将成为游客的新体验（如图6-3和图6-4所示）。

2）情趣性

当现代社会创造越来越多的物质财富时，当人们为紧张的生存危机而奋斗时，情感和趣味等精神需求也在与日俱增。在这种情况下企业形象的趣味图形被广泛地应用于各种指示符号、企业标志、商业广告招贴、商品包装、展示陈列等，它们不仅积极地发挥着介绍商品、促进销售的作用，也在人、商品、社会之间协调着各种矛盾和紧张关系，创造出互相信任、彼此融洽的人文环境。

图6-3　故宫文创产品

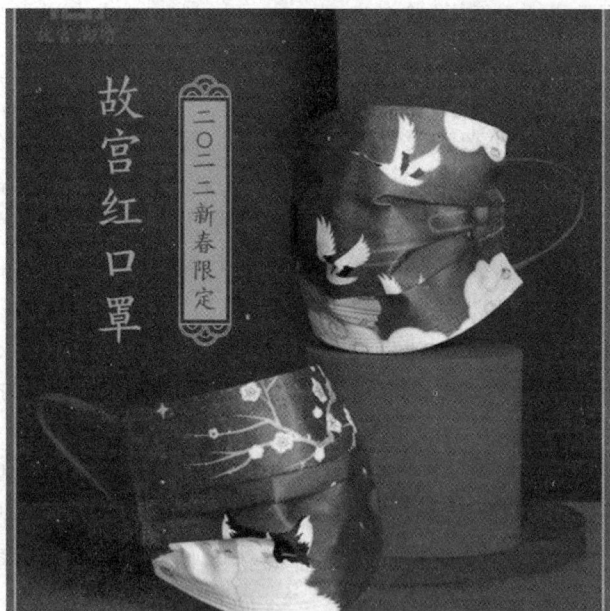

图6-4　故宫文创产品——新年中国红口罩

2013年，《甄嬛传》热播，故宫的工作人员抱着试试看的心理，制作了一批清代的创意物件售卖，没想到一经推出便大受好评。趁着热度还没散去，他们赶忙注册了"故宫淘宝"（如图6-5所示），请来了专业的运营团队，加入到电商的队伍中。2014年，故宫淘宝的"朝珠"耳机、"奉旨旅行"腰牌卡、"朕就是这样的汉子"折扇等一系列产品的销量和口碑双双火爆，故宫成为当年最成功的IP之一。

图6-5 故宫淘宝宣传画

3）针对性

企业的视觉形象要求针对不同的诉求对象、不同民族的文化背景、不同地域的历史条件等进行设计。选择符合审美规律并且和谐统一的审美表现手法，可以营造出值得信赖的购物环境和文化氛围，诱导消费者产生认同。如果选择反常规视觉效果的审美表现形式，也会因其与众不同的审美视野促使受众感到好奇，产生紧张感释放后的审美愉悦，加深对具体产品或描述对象的记忆程度，形成较强的视觉冲击力。

华为优化后的第三代标志保持了原图标形状和积极进取、蓬勃向上的视觉调性，延续了聚焦、创新、稳健、和谐等核心理念，同时坚持开放、合作、共赢，打造全产业链的价值创造与分享平台，共同发展。构建万物互联的智能世界，把简单留给客户，把复杂留给自己。调整后的"HUAWEI"字标粗细、结构、间距更具空间感和节奏感，更为开放、简约，为受众带来更简洁、现代、亲近的感受（如图6-6所示）。

图6-6 华为标志

华为优化后的标志体现了以下几个核心理念：

·聚焦：聚焦客户需求，聚焦战略，持续为客户创造价值。新标志保留原图标的形态，聚焦底部核心。

·创新：始终坚持积极进取，基于客户需求和技术领先持续创新。新标志仍然保持了灵动、积极、活泼、伸展的图形，同时根据传播潮流和业务需要对字标进行了更新。

·稳健：持续追求长期有效增长，为客户提供可靠的产品、服务与极致体验。新标志优化了文字比例，使组合更为均衡和稳定。

·和谐：构建和谐的商业生态环境，把数字世界带入每个人、每个家庭、每个组织。新标志在字体形态以及图标与字标的搭配比例上更为协调，同时考虑在终端产品、数字传播媒介的配合效果，形成和谐的整体。[1]

---

[1] 华为. 华为 logo 使用规范［EB/OL］.［2022-02-28］. https://bbs.huaweicloud.com/forum/forum.php?mod=viewthread&tid=9495.

4）艺术性

企业视觉形象的可视性是通过准确、鲜明、生动的艺术形象，来表现审美主体对审美对象在形式、结构、表现技巧上的认识的完美程度，如产品自身的造型、产品的包装装潢、企业员工的形象设计（如统一的工作服、佩戴的证章、服饰等）、企业建筑的外观造型、企业的标志徽章造型、企业的办公用品（办公用桌椅、信笺名片等）、户外广告牌、交通工具等。当这些视觉媒介被赋予神韵、意趣、形态时，注入其中的思想情感及象征寓意便有了特殊的意义。

为了便于识别和记忆商品或企业的身份形象，从一长串的字母中取其主要字母加以组合，形成简明扼要的标志性符号，已逐渐成为标徽设计中最常用的方法之一。英国著名设计师大卫·赫尔曼为室内设计国际组织设计的标志及招贴堪称一绝。设计师将该组织名称（Interior Design International）的各单词字首小写字母，组合成标志的基本外形"idi"，将字母"d"的下半部设计为一个橘黄色的正圆形，并以这个圆形部分作为替代元素，将室内所用之物从浴缸的栓塞到卧室的地毯，从起居室的沙发到书桌上的蒂凡尼台灯，从挂钟到餐桌椅等，组成既生动有趣又统一有序的广告系列（如图6-7所示）。它们充满着浓郁的家居温情和艺术品位极高的审美情调。该设计荣获英国权威组织设计师和艺术指导委员会授予的银奖。

图6-7　室内设计国际组织标志

【实例6-1】

广誉远品牌标志的设计

广誉远的品牌标志由两部分组成：品牌名称和品牌图形（如图6-8所示）。品牌名称是以书法撰写的汉字"广誉远"，下书"养生精品中药""始于1541"，精准地体现几百年老店悠久的品牌历史和深厚的中华传统文化积淀；品牌图形在名称正上方，中心由繁体的"远"字进行变形设计，外部由4个对称的扇形几何图形围合而成，象征"四方四合"，寓意广誉远企业"生生不息"，同时体现了中医药文化中"动态平衡"的哲学思想和"天人合一"的整体观。

图6-8 广誉远的品牌标志

在"阴阳五行"说的影响下，五色与五行、五脏、五味、五方、五感等都取得了相对应的关系，被赋予了一定的文化内涵，建立了影响深远的中华五色色彩体系。在中医学理论中人体的"肝、心、脾、肺、肾"五脏分别与五行学说中的"木、火、土、金、水"相对应，同时五行又与五色"青、赤、黄、白、黑"相配属。《黄帝内经·素问》中主张自然与人体的感应，以阴阳、五行来牵引，配以五色、五脏、五情来诊疗。《黄帝内经·灵枢·五色》也认为，五色分属于五脏，其对应关系是"青为肝，赤为心，白为肺，黄为脾，黑为肾"。因此，在中药品牌视觉设计中应遵循传统中药文化与传统五色色彩的关系，对色彩赋予一定的品牌文化内涵，形成独特的品牌视觉色彩设计体系，从而准确地传达品牌文化和产品特性。

资料来源　刘岩妍. 中医药文化视阈下的"广誉远"品牌视觉形象设计研究 [J]. 包装工程，2017（22）：112-115.

6.1.3　企业视觉形象的设计程序

企业视觉形象的设计程序应符合完整的逻辑推理方法。从设计目标开始，经程序计划、资料搜集、分析判断、提出构想、绘制草图、评价方案、优选方案，进而绘制结构图、效果等全过程，都必须在周密的计划下进行。企业视觉形象的设计大体可分为以下四个阶段：

1）资讯调查

企业视觉形象的资讯调查主要涉及企业形象调查和沟通效果调查两个方面。

（1）企业形象调查。企业形象调查的内容主要有公众认知、基本形象、辅助形象、规模形象、服务形象、名称形象、标志形象等，包括原来的标志、标准字、企业名、商品陈列方式、交通运输工具、业务用品、标志体系及各种情报传达媒体等。

（2）沟通效果调查。沟通效果调查的内容主要有对外宣传渠道、对内沟通方式、内部传媒的表现水平等，包括公众平时对企业的印象和感觉、对企业的商品和服务的意见与评价、对企业今后工作的建议和意见、企业公关和宣传活动的特色、企业办公场所的气氛和现场状况以及形象识别的适用状况等。

2）设计定位

设计定位是通过影响人们的认知来建立企业和产品的形象信誉，促使消费者产生特殊偏好，以获得稳定销路和市场占有率的一项营销技术。掌握一定的设计导向，并科学地选择媒介组合，是设计定位的关键。因此，首先，要了解企业的现有规模、发展历史、经营能力、销售渠道等基本情况，以丰富其设计构想。其次，要了解市场空隙和企业的经营特色，以确定企业的战略性市场地位。最后，要认真研究社会受众对企业的看法、要求和希望，寻求沟通语言和形式，以找准容易形成共鸣的诉求点。

在营销实践中，一般依企业的营销势头选择切入点，即抓住企业在市场竞争中的冲力、冲量、进取、扩张等态势，在消费者心目中树立起一个欣欣向荣、蒸蒸日上的获胜者形象。商品知名度的确定是形成购买冲动的重要条件，商品知名度的形成又是建立在企业综合形象的基础上的，企业的经营状况和企业的信誉口碑等同时影响商品知名度，如TCL彩电以"今日中国雄狮"的英文缩写字母为构图元素所设计的广告（如图6-9所示）。

图6-9 TCL彩电广告图

3）创意甄别

创意是对设计对象进行想象、加工、组合和创造的思维活动。对企业视觉形象进行设计开发，首先，要将识别性的抽象概念转换成象征化的视觉要素，并将这些视觉要素反复斟酌，直到设计概念明确为止。其次，要创造出以象征物为核心的设计体系，建立起整体的传播系统。最后，要以基本设计要素为基础，展开应用设计要素的开发作业，导入统一的整体视觉形象。

在企业视觉形象的设计过程中，对标志、标准字、标准色提出的构想提案越多越好，经过多次检讨、试作调查、修正后始能定案。在创意甄别中，一般对符合企业理念且能对受众产生强烈视觉吸引力的视觉符号，应予以足够的关注。

4）实施管理

新的视觉符号一经确定，就要立即着手制作企业识别手册（corporate identification manual），将所有的设计要素，包括视觉识别的基本要素、应用要素、视觉要素、非视觉要素等全部收录其中，统一标准，详细规范标准化的使用方法，以便保持使用过程中的一致品质和统一形象。同时，应动员企业全体内部成员和媒体，通过行为识别，配合外在传播渠道，持续不断地传达企业信息，逐渐完成消费者从"视觉形象"（visual image）的思路向深入人心的"真实形象"（actual image）转化。另外，对企业视觉形象需不断培植和更新，密切注视企业发展的最新动态，依时代而变迁。大型企业还应领导行业潮流，保持其前卫、卓越、先进的领导者形象，永葆蓬勃旺盛的生命力。

【小思考6-1】

1.深入你心的企业视觉形象有哪些？

2.怎样才能使视觉形象深入人心？

6.2 视觉识别系统的基本要素

企业视觉识别系统的设计分为基本要素和应用要素两大部分。基本要素主要包括企业名称、品牌标志、标准字、标准色、吉祥物等；应用要素主要包括办公用品、办公设施、招牌旗帜、建筑外观、衣着服饰、产品设计、广告宣传、场区规划、交通工具、包装设计等。本节选取企业视觉识别整体传播系统中的枢纽和核心要素进行探讨，重点介绍标志、标准字、标准色和吉祥物的设计。

6.2.1 标志

标志是将抽象的企业理念以具体的造型、图案形式等表达出来的视觉符号。在企业视觉识别设计中，标志是启动并整合所有视觉要素的主导和核心。

1）标志的特征

（1）识别性。标志的易识易记是其最基本的特征。早在上古时代，人们就以某种自然景物作为图腾，如女娲氏以蛇为图腾，夏禹的祖先以黄熊为图腾，其他部落以月亮、太阳以及各种鸟禽等为图腾。这些图腾是当时部落和祭祀的标志。随着私有制和商品经济的发展，旌旗徽标逐渐演变为区分商品和利益关系的归属标志。尤其是20世纪下半叶以来，经过精心策划与设计的企业标志，更富有独特的风貌和强烈的视觉冲击力，让人过目难忘。

图6-10是喜茶的标志。通过一张侧脸——一人手握一杯喜茶，饮品将要送到嘴边时，合眼，神情陶醉，表达了一个年轻化、科技化和国际化的中国新茶饮连锁品牌，集聚中国文化传统与创意创新于一体，专注于呈现来自世界各地的优质茶香，开启了新式茶饮风潮，体现了"没错，我们想要永恒的东西"的理念，酷在让消费者体会出一种永恒的感觉。

图6-10 喜茶的标志

（2）造型性。标志设计的题材丰富，表现形式多样，造型寓意深刻，具有十分独特的艺术风格，容易形成强烈的艺术感染力。生动的标志设计，不仅有效地发挥着传达企业信息的效力，而且影响着消费者对于商品品质的信心和对企业形象的认同。因此，设计师必须精心刻画，追求完美，通过对图形的艺术加工以形写神，形神兼备。在设计中应注意自然与变化、多样与集中、节奏与平衡、协调与整齐、对比与统一的艺术处理，力求点、线、面、色的搭配流畅、爽朗、妥当，整体构图精巧灵活、鲜明悦目、生动完整，能诱发人的审美情感，产生喜爱和偏好。

图 6-11 是 2010 年上海世博会的会徽。会徽图案形似汉字"世"，并与数字"2010"巧妙组合，相得益彰，表达了中国人民举办一届属于世界的、多元文化融合的博览盛会的强烈愿望。会徽图案从形象上看犹如一个三口之家相拥而乐，表现了家庭的和睦，在广义上又可代表包含了"你、我、他"的全人类，表达了世博会"理解、沟通、欢聚、合作"的理念。会徽以绿色为主色调，富有生命活力，增添了向上、升腾、明快的动感和意蕴，抒发了中国人民面向未来、追求可持续发展的创造激情。

图6-11　2010年上海世博会的会徽

（3）新颖性。面对生活方式急剧改变和工作节奏不断加快的现代潮流，标志设计应新颖脱俗、求新求变、勇于创新、追求卓越。在商品的海洋中，要使消费者能迅速识别并做出判断，就要使标志设计适应流行的趋势和时代的要求，醒目突出、以新制胜，切忌陈旧僵化和抄袭雷同。

图 6-12 是 2008 年北京奥运会的会徽，被命名为"中国印·舞动的北京"。它以印章为主体表现形式，将中国传统的印章和书法等艺术形式与运动特征结合起来，经过艺术手法夸张变形，巧妙地幻化成一个向前奔跑、舞动着迎接胜利的运动人形。人的造型形似"京"字，蕴含浓重的中国韵味。主体图案基准颜色选择红色，传达和代表了中国文化喜庆、热烈的气氛。这个标志还生动地表达出北京张开双臂欢迎八方宾客的热情与真诚，传递着奥林匹克的理念与精神。印章中的运动人形刚柔相济，形象友善，充满动感，体现了"更快、更高、更强"的奥林匹克精神，以及以运动员为核

心的奥林匹克运动原则。

图6-12　2008年北京奥运会的会徽

　　（4）延展性。标志是企业视觉形象要素的核心，也是应用最为广泛、出现频率最高的视觉传达要素。企业标志确定之后，应针对各种印刷方式、施工技术、品质材料、应用项目等的不同，进行对应的变体设计，还可以采取同一标志不同色彩或同一外形不同图案等设计手法，保持标志应用的系统化、规格化和标准化。例如，用正负片、彩色黑白、线框空心体、放大缩小，以及生动活泼的具象图形、象征图案的展开运用、标志独特的延展性（如图6-13所示）等，来充分发挥标志造型的传达效力。

图6-13　标志延展性示例

　　2）标志的分类

　　（1）标志按照设计的主题素材进行分类，可分为文字标志、图形标志和组合标志等形式。

　　①文字标志。文字标志是以特定字形的排列或构成来传达企业经营理念和精神的标志类型。在文字标志中大多采用中英文字母、全名、字首、不同形体的铅字、书法、美术体等形式来表现标志内容。在文字标志中，有直接传达企业信息的全名文字标志，也有以企业品牌名称的单字首、双字首或多字首的字首文字标志，还有以企业、品牌名称与字首组成的组合文字标志等。

　　全名文字标志具有视听同步的优点，能完整而准确地传达企业或品牌形象，但如果文字过多就会影响标志的识别效果。设计师可以通过其中一字的差异性来创造视觉焦点，增加长排字体的可读性。日本PAOS公司在为国际著名的音响设备制造商建伍电子设计标志时，成功地开发了全名文字标志的注目效果：在KENWOOD长长的名称中央，设计了字母"W"上倒悬着的红色三角形，不仅强调了视觉重点所象征的高品质、前卫性、精锐感的企业创新精神，而且非常巧妙地克服了长排字体识别的视觉疲倦感（如图6-14所示）。

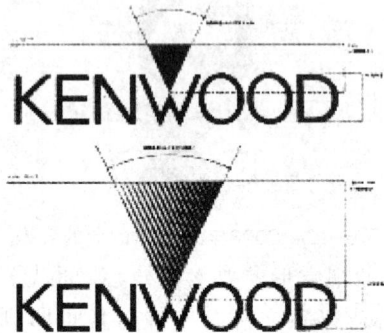

图6-14　建伍电子标志

单字首、双字首或多字首的字首文字标志造型简洁，标志性强。曾居日本零售商之首的大荣（Daiei）株式会社，为寻求一个能对应其商品个性、形状、图案，而且能让消费者产生信赖感、安全感以及亲近感的表象符号作为标志，分别邀请4名国内著名设计师、2名国外设计师进行设计竞赛，最后选定的方案采用企业名称的首字母"D"的表象符号作为标志（如图6-15所示）。

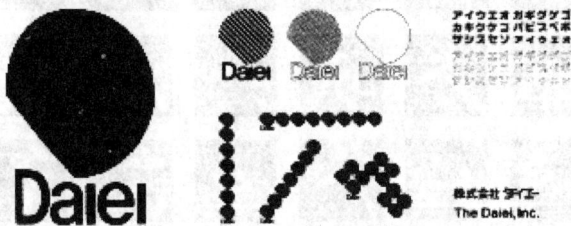

图6-15　大荣株式会社标志

以企业、品牌名称与字首组成的组合文字标志比较常见，如劳斯莱斯汽车公司的双"R"标志，取两个重叠的字首"R"为基本形，将是企业名又是品牌名的"Rolls Royce"置于两端，既求取了单纯字首强烈的视觉冲击力，又兼顾了全名文字标志视听同步的说明性优点，发挥了倍数相乘的诉求效果（如图6-16所示）。

图6-16　劳斯莱斯的标志

②图形标志。图形标志是以鲜明形象表意的标志类型。图形标志生动、直观、识别性强、易于克服语言障碍，为不同阶层、不同文化背景、不同年龄的人所共同接受与认同。在图形标志中，既有借助于自然界中的动物、花卉等具象化图案，将企业独特经营理念与精神文化传达出来的具象图形标志，又有采用夸张变形手法，通过蕴含

深刻的视觉符号来暗喻企业理念和企业特色的抽象图形标志，还有以企业经营内容和产品特点为题材的商业图形标志。

具象图形标志多借助于具象形态令人产生联想，传达企业的勃勃生机和经营理念。这类标志的形式和谐统一，在视觉上易识易记，容易产生情感上的亲和力（如图6-17所示）。

图6-17　具象图形标志示例

抽象图形标志中既有表现理性思考的几何抽象形，又有体现人类智慧情趣的夸张抽象形。例如，由四个正形和一个负形构成的 Montedison（蒙特爱迪生）公司的标志，使人既联想到飞鸟直入云端，又明白箭头指向所蕴含的成长寓意（如图6-18所示）。

图6-18　抽象图形标志示例

③组合标志。组合标志是以文字、图形的相互组合而构成的标志类型。它集文字标志和图形标志之长，兼有文字的说明性和图形的直观性，易识易记，为社会公众所广泛接受。

在当今世界碳酸饮料中执牛耳者当推美国可口可乐公司。其风靡全球、锐不可当的产品魅力，除来自由南美西部的 Coca 和西非的 Cola 提炼的植物液（它们在每瓶饮料中仅占 0.2%）所创造的独特口味之外，主要由该公司的营销战略和广告策略所促成。以其标志设计为例，可口可乐标志由四个要素构成：Coca-Cola 书写体的标准字、独特的瓶形轮廓、品牌名 Coke 和红色标准色。在正方形外框中央视觉中心，配置 Coca-Cola 书写体标准字；标准字的下方顺畅地引入象征化的瓶形弧线轮廓，如缎带般飘逸流动；为了强化品牌和瓶形特征，以红色标准色衬托白色标准字和瓶形弧线轮廓，形成对比强烈的视觉冲击力，整个画面充满着运动的韵律感（如图6-19所示）。一百多年来，可口可乐的标志进行了多次修改，但"Coca-Cola"的草书字样只是做了细微的调整。

图6-19　可口可乐标志

（2）标志按照设计的造型要素进行分类，可分为点、线、面、体四种构成形式的标志造型。

①以点为标志设计的造型要素。点是线的端点或线的交叉。在图形学中点是一切形态的基本单位。单一的点具有凝固视线的效果，两个以上的点会产生动感，大小不同的点可构成不同性格和不同深度的空间感，而点的连续又会产生节奏、韵律和方向。如果将点做成有规律的间隔造型，还会产生线或面的视觉效果。中国台湾的味全股份有限公司聘请日本设计师大智浩为设计顾问，在对味全企业经营的实态做出周密的研究与调查之后，确定了新的五圆标志——以五个圆点构成味全英文名字首"W"的造型，既象征食品业圆润可口的行业特征，又寓意中国美食五味俱全的悠久历史（如图6-20所示）。

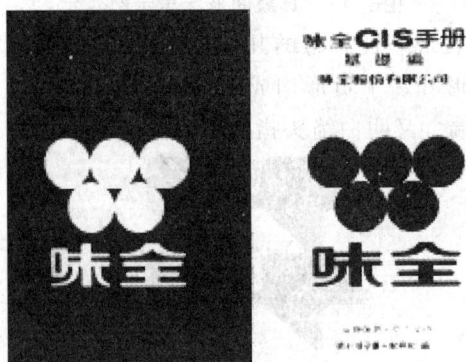

图6-20 味全标志

②以线为标志设计的造型要素。线是点移动的轨迹，又是面的界限或面的交叉。线以长度为其造型特征，本身具有力度感和运动感。直线具有方向的指引作用，易产生庄严、坚强、稳重之感；曲线表示变化和运动，可表现转折、弯曲、柔软等特点；斜线具有向上、积极、飞跃之感等。线的应用充满着生气，反转的对比更是强烈地刺激了视觉感官的反应，如纯羊毛标志（如图6-21所示）。

图6-21 纯羊毛标志

③以面为标志设计的造型要素。面是具备二次元特征的造型要素。它可以是线移动而成的面，是点扩大而成的面，是线宽增大而成的面，是点密集而成的面，是线集合而成的面，是线环绕而成的面等。由几何形组合成的面，具有单纯、明快、简洁的审美特征，由非几何形组合成的面具有纯朴、自然的情感特征。在面的构成中，由于重叠效果的巧用，往往产生多样的变幻效果。面在标志设计的应用上常用作背景和外

框，以烘托主体图案。例如，李宁公司的新标志，喜庆的中国红背景凸显了标志的动感和现代意味，充分体现了体育品牌所蕴含的活力和进取精神（如图6-22所示）。

图6-22　李宁公司标志

④以体为标志设计的造型要素。体是利用透视原理，将二次元平面造型转化为三度空间的幻象表现。在转化过程中原有单纯的标志图案可以产生立体空间的实在感与压迫感，形成强烈的视觉诉求效果。利用体为标志设计的造型要素，可以是题材本身的转折、相交、组合而构成的立体感，也可以是在题材的侧面通过阴影处理制造厚度和进深而产生的立体感。如渣打银行的标志，取 Standard Chartered 两个单词的字首"S"和"C"为基本形，蓝色部分为S，绿色部分为C，两个字母的交织拧成一股绳（如图6-23所示）。

图6-23　渣打银行标志

3）标志的设计

在对本企业和竞争企业的经营状况进行全面了解之后，应分析比较各企业标志的优劣，进行市场调查，获取消费者的测试意向，掌握消费者对设计题材、造型要素、构成原理、表现形式的偏好，为设计定位提供参考依据，以便进入标志的正式开发阶段。标志的设计程序主要包括意念开发、方案选择、细部调整。

（1）意念开发。将企业规模、品牌印象、经营内容、产品特色、技术层面、服务性质等特性逐一地进行分析后，从标志设计的主题素材中可找到以下方向：

• 以企业、品牌名称为题材。

• 以企业、品牌名称的字首为题材。

• 以企业、品牌名称与字首组合为题材。

• 以企业、品牌名称或字首与图案组合为题材。

• 以企业、品牌名称的含义为题材。

• 以企业文化、经营理念为题材。

• 以企业经营内容、产品造型为题材。

• 以企业、品牌的传统历史或地域环境为题材。

如果是经营规模庞大、资金实力雄厚、市场占有率高或品牌知名度高的企业，因无须凭借图案造型来捕捉视觉焦点，可直接采用文字标志的简洁造型。这样不仅视觉冲击力强，而且可以收到视听同步的效果。如果是品牌知名度较低的一般企业，可考虑采用具象图案或抽象符号构成的图形标志，这样使人产生亲切感，较易形成诉求力，获得社会大众的认同。在拟订设计方向的同时，应广泛征集各种设计方案，以供最终遴选甄别，产生优秀的设计方案。

（2）方案选择。在募集大量的标志设计方案后，应从中选择能代表企业精神、表现经营实态和发展方向的方案进行深入的垂直培育。在确定标志设计的造型要素时，可选择点、线、面、体等基本造型要素的表现形式，也可借助实物变形夸张加以表现。在选择构成原理时，可选择变化与统一、条理与反复、对比与调和、均衡与张力、对称与呼应、比例与和谐、节奏与韵律等形式美法则加以灵活运用。

日本小岩井乳业标志的选形曾经历过反复的权衡取舍。在对众多方案进行筛选后，仍有三个造型提案难以抉择。提案一是在方形构图的右下角，展现以牧场风光代表企业经营内容的设计主题；提案二是在半圆形外框中展现同样的设计主题；提案三是在椭圆形外框中展现上述设计主题。三种方案同时采取以面为图案背景的造型要素，却产生了截然不同的视觉传达效果。最后定稿是视觉效果较好的提案二，即半圆形外框造型方案（如图6-24所示）。

图6-24　日本小岩井乳业标志

（3）细部调整。为了规范标志的应用，防止标志的变形和差异化，应按科学的制图法进行细部调整，按审美的要求放大或缩小尺寸，按媒体的特点进行变体设计。

①标志的制图法。标志的制图法有三种：一是网格法，即在正方形格子线上配置标志，以说明线条宽度及空间位置；二是比例法，即以图案造型的整体尺寸作为各部分比例关系的基础；三是圆弧法，即用圆规或量角器表现图案造型与线条的弧度和

角度。

②标志尺寸的扩大与缩小。由于标志出现的频率与应用的范围比其他基本要素多而广，为了确保标志的完整造型与设计理念，应对标志应用的放大与缩小予以对应规定。将标志应用在名片、信封、信纸、标签上时需进行缩小处理，否则会出现模糊不清的现象；将标志应用在建筑物、看板、交通工具上时需进行放大处理，否则会出现变异、不协调的现象。因此，必须针对标志的具体运用订立详细的尺寸规定，进行造型修正和线条调整，如索尔·巴斯为美能达相机设计的企业标志（如图6-25所示）。

图6-25　美能达标志

③标志的变体设计。标志的变体设计以完整而精确地保持原有标志的设计理念与标准形式为原则，可根据所选的不同媒体进行灵活的变体设计，如针对不同印刷方式的不同表现或印刷技术的作业程序限制，进行粗细变化的表现、彩色与黑白的表现、正片与负片的表现（如图6-26所示）。

图6-26　标志的变体设计示例

④标志与基本要素的组合规定。在企业视觉识别的应用中，标志与企业名、标志与品牌名、标志与标准字的单元组合应用最为广泛。这类单元组合可按照应用设计的规定尺寸、编排位置、排列方向等预先做好分析调试，寻求构成形式上的均衡感，获得组合要素之间比例协调的空间关系。

6.2.2　标准字

标准字是将产品或企业的全称加以熔铸提炼，组合成具有独特风格的统一字体。通过文字的可读性、说明性和独特性，可以将企业的规模、特征与经营理念传达给社会公众。文字由于具有明确的说明性，容易产生视听同步印象，因此具有强化企业形象、补充标志内涵、增强品牌诉求力的功效，其应用频率绝不亚于标志出现的频率。

与普通铅字和书写体相比，标准字不仅造型外观不同，而且在文字的配置关系上有很大的不同。由于标准字的设计是根据企业品牌名称、活动的主题等而精心创作的，因此对于字间的宽幅、笔画的配置、线条的粗细、统一的造型要素等，都有细密的规划和严谨的制作要求，尤其讲究经视觉效果的修正来取得均衡的空间与和谐的文字配置结构。

1）标准字的特性

（1）独特性。标准字的独特风格会给社会公众留下强烈的印象。在设计过程中，应基于企业文化背景和经营理念的不同，创造出能够传达商品特性和企业特色的个性字体，如日本随身听产品的标准字，以人的双脚行走的造型直接表达产品的特性（如图6-27所示）。

图6-27　日本随身听产品的标准字

（2）易读性。标准字体必须具备明确的信息传递功能和易读效果，才能富有高速快捷的时代特征（如图6-28所示）。在设计时可以适度简化或修饰，但字体笔画及结构法则应遵循正楷字体。如果一味追求新奇，容易造成辨识困扰，难以收到传达企业情报、告知商品信息的功效。

图6-28　标准字体易读性示例

（3）造型性。标准字体的设计成功与否，造型表现占决定性的因素。作为客观的视觉传达要素，唯有符合造型原理与结构法则的设计才能产生主观意识的审美感受。因此，能将企业经营内容或产品特性借助于象征性的字体造型表现出来，是字体设计艺术功力的完美表现。例如，中国银行的标志由中国香港著名设计师靳埭强先生设计，于1986年经中国银行总行批准后正式使用。中国银行标志以中国古钱币与"中"字为基本形，其中古钱币主要由圆形的框线设计，中间是个方孔，上下加垂直线，从而形成一个"中"字形状，寓意天方地圆、经济为本，给人的感觉是简洁、稳重、易识别，寓意深刻，颇具中国风格（如图6-29所示）。

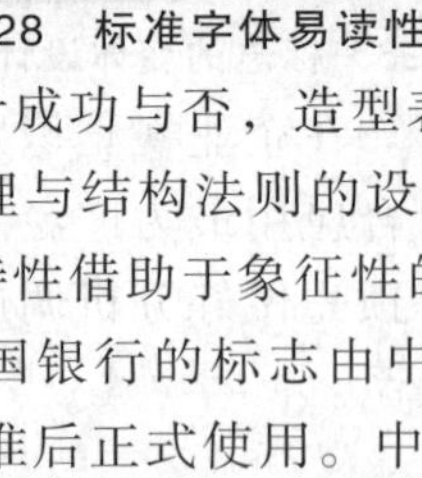

图6-29　"中国银行"品牌标准字

（4）系统性。标准字体的系统性不仅包括不同材质、不同技术、不同范畴应用时具备放大缩小、反白、线框的柔性表现，还包括导入识别系统后与其他设计要素的组合运用。当设计被要求与企业未来的方向相结合时，标准字体应具有前瞻性的设计表现。象征"科技·前卫·智慧"的美国IBM，是美国各大企业之中最早导入CI战略的企业。为了反映其产品具有高度时代性的现代设计精神，该公司的标志只是以标准字的表现与运用作为唯一的视觉设计要素。在设计指导手册中，设计者注明了其实体、空心、反白、条纹等规格的用法，各分支机构可根据需要灵活运用（如图6-30所示）。

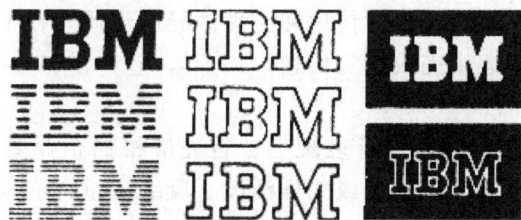

图6-30　IBM标志

2）标准字的选择

企业标准字的种类繁多，其基本任务在于建立独特的字体风格，塑造企业与众不同的差异形象，以达到易于识别、加深印象的目的。标准字根据不同功能，可分为以下种类：①企业标准字（corporate logotype），主要通过统一的字体形象来传达企业精神和经营理念，以建立企业和产品的信誉和品格。在各类标准字体中，企业标准字具有与企业标志同等重要的地位。②字体标志（logo mark），是将企业名称设计成具有独立性格且精练完美的标志，达到精简要素、统一视听、易识易记的目的。近年来，字体标志以其视听同步的优势逐渐成为企业标志设计的主流。③品牌标准字（brand logotype），主要根据企业经营业态和发展战略的需要来塑造品牌的性格，产生独具特色的字体形貌。④产品标准字（product logotype），是为了突出个别产品的性质，采用具有亲切感、个性强的字体设计。⑤活动标准字（campaign logotype），是专为新产品上市、节令庆典、周年纪念、展示宣传等特定活动设计的字体。这类标准字具有生动活泼、风格迥异的特点。⑥标题标准字（title logotype），是通过标题的个性设计来明确区分不同的空间，以产生醒目的视觉效果。标准字的字体选择有如下依据：

（1）依诉求对象选择字体。字体可分为刚性字体、中性字体和柔性字体等。刚性字体在建筑、五金、机械、电器等重工业企业较为常见；中性字体适用于一般企业；柔性字体多用于化妆品、服饰、食品、旅游企业等。如果就企业产品的销售对象进行分类，不同性别、年龄的消费群字体选择各异。以生产男性用品为特征的企业，其标准字要有力度感、简洁、刚毅；以生产女性用品为特征的企业，其标准字要柔和、轻巧、秀丽；以生产儿童用品为特征的企业，其标准字要生动鲜明、活泼有趣；以生产老年用品为特征的企业，其标准字要宁静安详、清晰稳重。

（2）依环境空间选择字体。如果将标准字体置于建筑物外墙、室内空间和交通工具上，应考虑放大、缩小、反白、套色、线性镂空、立体变化、斜体安排、变形处理等艺术修正，以产生强烈、醒目的视觉效果。如果将标准字体应用在办公用品、包装袋、信笺、名片上，亦应做出相应的设计处理，以产生俊秀耐看的视觉效果。

（3）依材料工艺选择字体。同样是金属材料，因喷涂、氧化、浇铸等工艺不同，字体设计的效果迥异。在设计实践中，可针对不同的用途、不同的材料、不同的制作工艺等选用不同的字体。

（4）依文字词义选择字体。作为表意文字的汉字可以通过表象的手法、表意的手法或是字形笔画的变化，实现视觉传达和心理诱导的沟通。在中文字体的设计中，经常通过上述手法的合理运用完成视觉传达。

3）标准字体的设计

（1）确定造型。在字体的设计表现上，首先应根据企业要求确定字体的外观造型，如方正、竖长、扁平、斜体，或式样活泼、凝练庄重，或根据具象图案内嵌字体等。外形确定后，即可制作辅助线。常用的辅助线有十字格、米字格、九宫格、回字格等方格形式。制作英文字母的辅助线有上缘线、大写线、腰线、基底线、下缘线等五种。

（2）选择字体。不同的字体起到的视觉传达和沟通作用不同。例如，宋体古朴雅致，可用于表达产品历史悠久；黑体棱角分明，富于现代感，能折射出讲求信誉、稳健扎实的企业精神。用细线字体容易让人联想到纤细、柔弱，可用在香水、化妆品上；用粗线字体容易让人联想到坚硬、有力，多用于机械、工业品等。

（3）配置笔画。字体的骨架、比例、黑白、空间、群体结合，是有其内在规律并富于变化的有机组织。当字体外形的辅助线画妥之后，即可用铅笔徒手勾画字体的骨架，一般可依靠圆规、直尺等制图仪器来求取字体设计的标准化和精细化。由于人的视觉活动有时会产生某种错觉与幻想，严谨的物理数据与人的心理感应之间存在着一定程度的差距，因此视觉调整的修正工作是字体造型的重要环节。

视觉调整的重要之处是字形大小的修正和字间宽幅的修正。一般字体分为开放型与封闭型两种：开放型字体留白较多，扣除基本形体之外，框格内存在较多缺角现象，因而容易形成字体显小的错觉；封闭型字体充实饱满，顶天立地，几乎无空白，因而字体感觉略大。如果根据同样大的框格作为内接或内切，就会产生字体大小不一的差异现象。为了求取视觉均衡，将不同类型的字体排列在一起时，应视字体形状的差异，分别做放大或缩小的处理。另外，应注意字间宽幅的修正。如果将字体做等距离排列，很容易出现字间松散的视觉效果。尤其是英文字体，呈圆形、三角形和正方形的字母同时排列在一起时，字间宽幅会产生较大的视觉差距，因此应注意处理好其间微妙的比例关系。

（4）统一字体。为了使标准字体准确地传达企业经营的内容和理念，可以通过线端形式与笔画弧度的表现来统一字体。线端形式可以是圆角、缺角、直切，也可以是水平切平或垂直切平。笔画弧度的大小也决定着不同字体的特异风格。以中文的两种基本字体为例，宋体字直粗横细、表现互异，呈温婉含蓄的古典感性美；黑体字平整统一、笔画均匀，呈刚硬明朗的现代理性美。设计标准字体时应考虑企业传达经营内容和理念的需要，选择合适的线端形式与笔画弧度，同时辅以说明线标示其角度变化。

（5）排列方向。字体排列方向主要分为横向排列与直向排列两种。由于人眼的生理运动变化，横向排列的视线移动比直向排列快捷、顺畅，所以横向排列成为字体排列方向的主要趋势。同时，当标准字体用于直长空间（如立式招牌、垂幅标语）时，应考虑排列方向变化的弹性组合。

为了避免因排列方向变化造成标准字体预期效果的失真，在字体设计之初应注意以下方面：第一，慎用斜体字。斜体字在横向排列时，具有明显的方向感和速度感，但直向排列时容易形成因倾斜而带来的不安定感，应将斜体字加以修正后用于直向排列。第二，少用连体字。连体字横向排列时有贯通流畅的整体感，一旦排列方向发生变化则不得不将连续线条分割开来，势必破坏原有字体形象的统一感。第三，避免极端化的变体字。为强化运动方向和力轴动势，可根据排列方向将字体拉长、压平，并分别用在直向排列与横向排列上，但字体的变形要适度，避免极端化。

（6）标准字的变形设计。除标准字体放大缩小与线条粗细的延展设计之外，标准字的变形设计还包括图底互换的反白表现、块面衬底以突出字体、字形线框的镂空填实、网点线条的变形以及二次元字形向三度空间的立体转化等。此外，将标准字连续并列、重复组合，进行图案化造型后用于包装纸或手提袋上，既可缓和标准字单独存在的强烈感和孤立感，又可形成标准字的衍生造型用以装饰画面。将标准字与其他造型要素结合在一起，或通过渐变的造型手法营造动感，都可以产生别具一格的设计效果。

6.2.3 标准色

标准色是通过某一特定的色彩或一组彩色系统的视觉刺激和心理反应，传达企业经营理念和产品特质的重要识别要素。

人的视觉所能感知到的一切外界色彩现象，都具有明度、色相和纯度等三种基本性质。明度是指色彩明暗的程度，可以不带任何色相的特征而通过黑白灰的关系单独呈现出来。观察一个物象，其彩色照片反映的是该物象各要素的彩色关系，而黑白照片则是把物象的彩色关系抽象为明暗素描。色相是人的视觉所能感受到的色彩相貌，以红、黄、蓝三原色为起点，可分别过渡到红、橙、黄、绿、蓝、紫六色。如果再在六色相之间增加一个过渡色相，即可构成十二色相；依此类推，还可继续增加过渡色相，构成新的色相。纯度是指色彩的饱和程度或鲜浊程度，如绿色混入白色时明度提高可以成为淡绿，但混入黑色时明度降低就会成为暗绿。在色彩的性质中，明度是色彩的骨骼，色相是色彩的肌肤，纯度是色彩的品格。正因为如此，人的视觉系统才会感受到五彩缤纷的世界。

除了色彩本身的知觉刺激能引起人的生理反应之外，不同的生活习惯、宗教信仰、社会规范、自然景观与日常生活等的种种影响，都不同程度地使人们产生色彩情感的联想。例如，可口可乐的红色，洋溢着青春、热忱、刺激的信息；麦当劳餐厅的金黄色，象征着欢乐与美味；IBM的蓝色，蕴含着快捷、理智、科技的品质特征等。大多数企业是基于微妙的视觉传达来选定标准色的。

1）标准色的设定

企业标准色的设定可从三个方面进行选择：第一，企业形象。根据企业的经营理念或产品特质，选择能够表现其安定性、信赖感、成长趋势的色彩。第二，经营战略。为了扩大市场影响，强调经营特色，选择抢眼夺目、与众不同的色彩来突出品牌，增强视觉识别效果。第三，成本技术。为了实现标准色的精确再现与方便管理，尽量选择合理的印刷技术、分色制版的色彩，避免选用金银等昂贵材料或多色印刷。另外，标准色可选择单色，也可以是多色组合。在一般情况下企业标准色的设定分为以下三种形式：

（1）单色标准色。单色容易记忆，视觉识别性强，可收到强烈的色彩印象。例如，红色让人联想到火、太阳、血等，传达热忱、喜气、青春、警告的抽象情感；橙色让人联想到橘、橙、秋叶等，传达健康、温暖、喜悦、和谐的抽象情感；黄色让人联想到灯光、黄袍等，传达光明、希望、富贵、快乐的抽象情感；绿色让人联想到草原、树木等，传达生机、安全、和平、成长的抽象情感；蓝色让人联想到大海、天空等，传达宁静、博大、理智、永恒的抽象情感；紫色让人联想到葡萄、紫罗兰等，传达优雅、高贵、细腻、神秘的抽象情感；黑色让人联想到黑夜、木炭等，传达严肃、刚毅、沉重、信仰的抽象情感；白色让人联想到白雪、浮云等，传达纯洁、神圣、安静、光明的抽象情感；灰色让人联想到土墙、水泥等，传达平凡、谦和、中庸、失意的抽象情感。除视觉联想外，色彩还能引发人的听觉、嗅觉、触觉、味觉等其他知觉共鸣，产生冷热、酸甜、软硬等的感觉。

（2）复色标准色。采取两种以上的色彩搭配，增强色彩的律动感，通过产生色彩组合的对比效果完整地说明企业的特征和性质。例如，中国石油天然气集团公司的标志，其标准色为红色和黄色，与中国国旗的基本色保持一致，红黄相间的宝石花绽放出中国石油锐意进取的新风采。标志、标准字、标准色的完美统一，提升了企业的品牌价值和整体形象（如图6-31所示）。

中国石油

图6-31 中国石油的标准色

（3）标准色+辅助色。为了区分企业集团子母公司的不同，为了方便企业各部门或产品的分类识别，可以采用多色系统的标准色形式，利用色彩的差异性来设定标准色。多色系统标准色，一般选择一个色彩为企业的标准色，再配以多个辅助色彩。

2）标准色的管理

企业标准色设定之后，除了统一实施、全面展开以求得整体视觉效果之外，还需推行严密的管理和科学的方法来保证同一化和标准化的色彩表达。标准色的标示方法有三种：

（1）色彩理论数值表示法。此法主要根据孟塞尔（Munsell）色彩三要素的色相、明度、纯度的数值规定，标示企业标准色的精确数值。同样是红色，丰田汽车的标准红数值为Munsell5R4.5/15，而TDK的标准红数值为Munsell7.6R4.5/15。

（2）色彩编号表示法。此法主要根据印刷油墨或油漆的制造商所制定的色彩编号标示企业标准色的使用型号。例如，世界通行的潘通色彩匹配系统（Pantone Matching System，PMS），就是一种常见的油墨色彩编号系统。

（3）印刷颜色表示法。此法根据印刷制版的分色要求，标明企业标准色所占的百分比，以方便印刷过程中制版分色的操作（如图6-32、图6-33所示）。

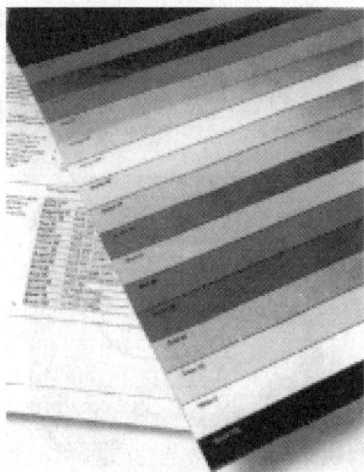

图6-32　印刷颜色表示法示例一

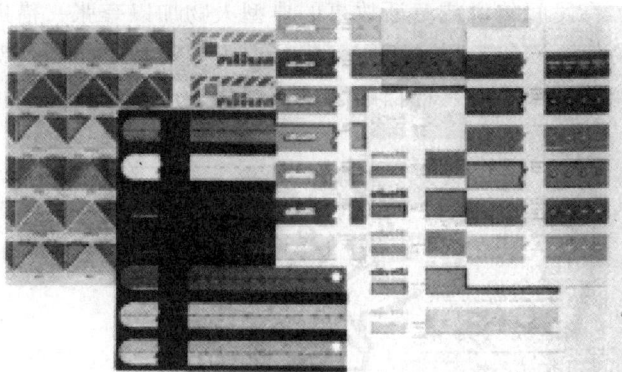

图6-33　印刷颜色表示法示例二

为了配合设计项目的运用需要，应尽量采取多种标示方法来核对色彩再现的精确度。用于一般印刷媒体的色彩制作，可根据不同的质量与印刷技术，选择印刷颜色表示法。用于建筑外观及车辆的色彩制作，采用油漆、涂料制造厂商的色彩编号表示法为宜。用于色彩精确度高的其他媒体，应采用色彩理论数值表示法。此外，需要印刷色票，供各种设计项目制作时参考。同时，应适当制定允许色差的标准，以求视觉统一。

6.2.4 吉祥物

吉祥物是借助于适宜的人物、动物、植物的具象化视觉效果，塑造企业形象识别系统的造型符号。通过幽默、滑稽的造型捕捉社会公众的视觉焦点，往往比抽象的标志、标准字更具视觉冲击力。因此，选定并设计经装饰化后的特定形象作为企业吉祥物，容易唤起受众的亲和力和通俗感。

1）吉祥物的特性

（1）说明性。具象化的造型图案可以直观生动地表达企业理念和企业精神。幽默滑稽的人物造型，带给人热情、周到的服务暗示；威武凶猛的动物形象，带给人强劲、霸气的品质保证；娇嫩率真的植物图案，带给人呵护备至的关爱情怀。择取人物、动物、植物的个性和特质，能准确而轻松地表达企业的经营理念。例如，京东的吉祥物为一只名为"Joy"的金属狗，寓意是：对主人忠诚，拥有正直的品行和快捷的奔跑速度（如图6-34所示）。

图6-34 吉祥物的说明性示例

（2）亲切感。将民间传说或童话故事的典型人物加以夸张，借助动物或植物的拟人化表演，最容易使不同年龄层、不同文化层、不同语言背景的消费者产生认同与共鸣。尤其是那些能够带来幸运、祝福的题材，更使人产生亲切感和难忘的印象（如图6-35所示）。

图6-35 给人以亲切感的吉祥物示例

（3）吸引力。通过吉祥物的变体设计，可以充分运用表情、姿势、动态的变化来展现视觉识别的传达内容，成为具有强烈诉求的视觉要素，如2022年北京冬奥会的吉祥物冰墩墩（如图6-36所示）。

图6-36　2022年北京冬奥会吉祥物

2）吉祥物的设计及应用

吉祥物的设计首先要注意人们宗教信仰的忌讳和风俗习惯的好恶，另外要注意企业经营的内容和产品特性。例如，食品业常以创业者肖像作为传统风味的老牌象征；化妆品多用植物或动物来表现女性温柔典雅、风情万种。吉祥物的设计方向可选择以下三种：

（1）故事性。吉祥如意是人类自古以来的希冀，从家喻户晓的童话故事或民间传说中，选择富有个性特征的角色充当吉祥物，是设计师常用的思维路径之一。例如，2022年北京冬残奥会的吉祥物雪容融是以灯笼为原型进行设计创作的，主色调为红色，头顶有如意环与外围的剪纸图案，面部带有不规则形状的雪块，身体可以向外散发光芒，寓意点亮梦想、温暖世界，代表着友爱、勇气和坚强，体现了冬残奥运动员的拼搏精神和激励世界的冬残奥会理念（如图6-37所示）。

雪容融
Shuey RhonRhon

图6-37　2022年北京冬残奥会吉祥物

（2）历史性。缅怀过去，昭示历史，利用人们对历史文物和代表人物的喜爱与崇敬心情，塑造传统文化、老牌风味的权威感，也是设计师常用的思维路径之一。例如，中国老干妈公司以创业者陶华碧的肖像作为企业造型，其生产的风味豆豉、风味鸡油辣椒、香辣菜、风味腐乳等20余个系列产品享誉全球（如图6-38所示）。

图6-38 老干妈公司的企业造型

（3）人物、动物、植物的特性。世间万事万物各具其禀性，动植物也不例外，它们的特性也有着明显的差异。企业可就自身性格、品牌定位及产品特点，选择符合其精神的表现题材，再赋予其特定的姿势、动态，以传达独特的经营理念。例如，法国米其林（Michelin）公司是世界著名的轮胎制造厂，其企业标志和吉祥物造型一致。该公司的商业造型就是广为人知的"轮胎男子"，自1898年以来轮胎男子以其幽默、强健的造型，充分地展现了企业的亲和形象，并且成为企业标志和吉祥物的核心（如图6-39所示）。

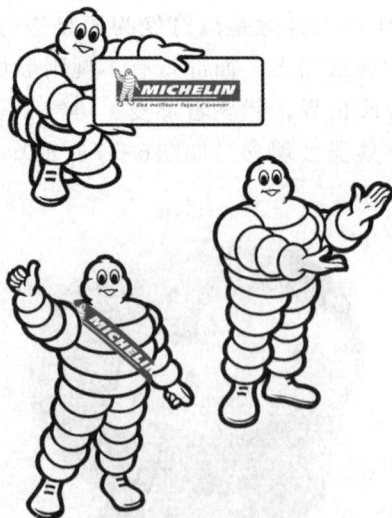

图6-39 法国米其林公司标志和吉祥物造型

【小思考6-2】

1.什么样的标志才具有新颖性？

2.标志组合要注意什么？

6.3 视觉识别系统的设计运作

企业视觉识别系统的设计运作是奠定企业视觉形象的基础，也是整个企业形象实施规范化、个性化、整体化的关键。企业视觉识别系统设计运作的工作流程包括四个环节：委托设计、审议提案、设计开发及应用推广。

6.3.1 委托设计

在决定推行企业形象战略之后，经周密的市场调查即可着手视觉识别系统的设计开发。选定设计开发方式、拟定设计开发委托书，是委托设计阶段最为重要的两项工作。

1）选定设计开发方式

视觉识别系统的设计开发方式共分三种：全部委托、部分委托和招标。全部委托方式是将设计任务完全交给一个实力强的设计公司承担，依靠专业设计人员的经验和才干完成所有的设计开发项目。其优点在于能缩短导入 CI 计划的时间，取得优质的设计效果，其风险在于如果设计人员的设计理念失之偏颇则效果适得其反。部分委托是以专业设计公司为主体、本企业设计人员参与其中的合作开发方式。这种方式可以较好地发挥设计公司的专业优势，产生符合企业实际的设计成果，但如果双方不能很好地配合，就会减弱责任感，降低整体设计水平。招标方式分为指名设计和公开竞选两种。指名设计是邀请比较优秀的设计者或者有可能入选的设计人员，拿出其作品方案进行优选比较；公开竞选是面向社会提出设计要求，广泛征集设计方案，然后进行优选。招标方式的最大优点是集思广益，容易产生创意设计好且表现完美的视觉识别方案，但成本较高。无论采用何种方式，企业都应根据自身的实力和媒体情况，保证设计的质量要求。

2）拟定设计开发委托书

企业视觉识别系统的设计开发是一项严肃而慎重的重大举措，在设计开发工作开始之前，应认真拟定设计开发委托书。内容包括：明确开发目标，记述原因背景、战略作用和工作目的；阐明调查结果中有关设计部分的评价，以及原设计存在的问题，提出设计要求，如设计要素、应用条件及具体要求。如果是招标设计方式，还应增加截稿期限、审稿时间、公布结果及通知方式、竞赛奖金等内容。另外，设计方案被采用后要另立契约，对入选方案的后期制作、修改维护、指导应用等工作及报酬做出明确的说明。

6.3.2 审议提案

企业视觉识别系统的建立取决于标志、标准字、标准色的选择。成功的品牌形象在视觉上具有鲜明的易识性，是规范的图形、字体、色彩和商标组成的视觉整体。同时，由基本要素组成的品牌形象还要能体现企业或产品的个性品质，要求设计具有新颖性和独创性。另外，视觉识别系统的这些基本要素，应以简洁的形式完整而准确地体现企业的理念等。为了客观公正地审议设计方案，应先制定方案的审议标准和审议程序。

1）审议标准

（1）创意的新颖性。一组标志图形能否迅速吸引人们的注意力并给人们留下深刻印象，首先在于创意的新颖性。选择与众不同且十分有趣的创意图形能使人感受到设计作品中所承载的激情与乐趣，并且感受至深，难以忘怀。

（2）构图的技巧性。用何种手法来表现创意是对设计师设计智慧与技能表现的严格检验。有的善用比喻，有的喜欢夸张，有的崇尚严谨，有的偏好轻松。因此，不论是题材的选择，还是表现手法的应用，都应对各种不同设计风格、不同技法的方案做出公正而客观的审美判断。

（3）视觉的易识性。人们所能辨认的色彩和形状是各不相同的，人的视觉中心区域是有限的，视网膜中央凹点是唯一具有敏锐分辨力的区域，视域的其他地方则模糊不清。因此，好的设计方案应根据人眼移动性强的特点，让其将视线集中在其有可能感兴趣的视点上，将快速闪过的小块视觉单位组成紧凑而连续的简洁式图形来表现。

（4）理念的准确性。视觉识别设计是将企业形象的战略内容以及概念性的抽象理念落实为具体的可视符号的传达。能否将企业理念和战略取向准确地传达出来是审议方案的一个重要方面，因此可从企业的经营信条、文化风貌、方针策略等审议理念传达的准确性。

2）审议程序

（1）初评。由知名学者、高级设计师、高层决策者和市场营销专家等专业人士组成评审团，采取填表圈定或打分择优的方式筛选出较为成熟的方案以供复审。在这一环节上，视觉感官的影响力强于理性分析。

（2）复议。将初评方案制成展示板或幻灯片，进行分类比较，评价各方案的优劣。方案既可按文字类、图形类划分，也可按造型元素的点、线、面、体划分，还可按新颖性、易识性、趣味性、寓意性划分。评委们在对方案进行复议时除要填表圈定外，还要对各方案的优劣做出文字评价，以确保方案评审的客观公正。

（3）审定。在经过了初评、复议之后选出来的方案，都有其独特而新颖的成功之处，因此既可按评分结果做取舍，也可由企业高层决策者审定最终方案。

6.3.3　设计开发

设计开发是将定稿的视觉识别设计方案加以深入细致的推敲和修改，同时对应用要素的使用做出规范要求。这一环节是企业视觉识别系统设计运作的关键。

1）标志、标准字的精确化修改

为了树立标志、标准字的权威，使各种应用设计能遵循既定的规范，通过各种传媒不断传播并发挥设计的整合力，在选定标志、标准字的方案后，应进一步做深入推敲和细节修改，如比例的调整、造型的润饰、要素间的检查、极限状况的核对等工作。

2）展现基本要素和系统的提案

除标志、标准字之外，其他视觉设计要素的开发可同步进行。另外，要将标志、标准字要素与其他要素的关系，以及要素之间的用法明确化，并提出详尽的企划案以便实施。

3）构筑视觉识别基本系统

企业名称、品牌标志、标准字体、专用印刷字体、标准色、企业造型或象征图案、企业精神的标准口号等，都应有规范化的图例和说明，并以基本要素手册的方式进行编辑。这一部分是视觉识别系统开发的基础过程，可以在设计的最初阶段完成。

4）应用项目的设计开发

在所有应用项目的设计开发中，可以先进行代表性项目如名片、公司招牌、办公用品等的设计开发，再进行一般的应用项目的设计开发。整个视觉识别系统应用项目的设计开发应包括：广告（电视广告、报纸广告、杂志广告、招贴广告、其他宣传物），推销（纪念品、样本、产品目录、灯箱、广告牌、霓虹灯、橱窗陈列、店铺、小展厅、展示会等），宣传（企业简介、营业指南、内部杂志等），交通工具（商品运输车、业务用车、大客车、作业车、修理车、集装箱等），建筑物（外观环境、内装修、办公室、工厂、营业所等），标志类（门面、展示板、企业内部导示系统、部门导示标志、旗帜、证章等），服饰类（制服、工作服、帽子、礼服等），包装类（包装纸、包装箱、瓶、罐、盒、胶带、即时贴、品质标签等），事务用品类（名片、信纸、信封、便笺纸、会议记录纸、笔记本、报表、奖状、公文用纸、工作证、工资表、各种业务用单据、发票、手提袋等），用具类（桌子、椅子、茶具、烟灰缸、废纸篓等）。

5）模拟、测试、打样

将上述所有视觉识别要素的设计稿综合在一起进行模拟测定和检验，观察其综合效果，同时对方案进行局部的修订。

6.3.4 应用推广

在完成了所有视觉要素的设计开发之后，就进入了视觉识别系统的应用推广阶段。这一阶段的重点是模式选择。企业视觉识别系统的应用推广有四种模式可供选择：

（1）三位一体诉求模式，即商标名称、产品名称及企业名称一致的形象战略。这一模式的特点在于通过全方位的传播，同时建立商标、产品、企业的知名度。例如，2021年4月9日，全棉时代在北京举行"棉·自然·出色"发布会，携手权威色彩机构 COLORO® 首次推出"棉"主题系列色号（如图6-40所示）。这是全棉时代首次聚焦棉花色彩演变发起的活动，既重现了大自然的奇光异彩，也唤起了公众对地球生物多样性和环境现状的思考。

（2）产品-企业诉求模式，即同时将拳头产品与企业形象推向市场的形象战略。这一模式的特点在于以拳头产品为突破口，进而宣传整个企业形象，容易产生相得益彰的效果，如"好空调，格力造"。

图6-40　全棉时代企业标志

（3）同心多元化模式，即以某一商标作为企业所有产品品种的形象代表，通过统一模式配合媒体组合进行密集型促销活动，如红塔山。

（4）品牌多元化模式，即在多种不同品牌阵营的背后有着相同的企业背景，如汰渍洗衣粉、帮宝适纸尿裤、海飞丝洗发水、佳洁士牙膏等都属于宝洁公司的产品。

【小思考6-3】

1.审议设计方案应掌握哪些标准？

2.你认为三位一体诉求模式有什么积极作用？

延伸阅读　知名企业换logo

本章小结 🖊

企业视觉识别系统是一个完整的符号系统。它由标志、标准字、标准色等基本要素，以及产品包装、广告、运输工具、标志牌、办公用品等应用要素组成。其组合的设计原则是：第一，在二维空间的静止画面上，创造引人注目的视觉吸引力；第二，在相同版面和宣传空间内，施展强烈而有效的艺术表现力；第三，在多种信息交织传递时，塑造有个性的同一设计形式。企业的视觉识别设计必须服从企业的理念内涵。在确定各类设计要素时，既要考虑同一性和系统化的目的，又要注意视觉的特点和沟通手法的运用。在视觉识别系统的设计中应遵循美学规律，通过艺术表现力唤起大众的审美认同。

主要概念和观念 🗂

☐ **主要概念**

　　企业视觉识别设计　标志　标准字　标准色

☐ **主要观念**

　　创新观念　特色观念

基本训练

☐ **知识题**

　6.1　企业视觉识别基本要素设计的主要依据是什么？

　6.2　企业视觉识别基本要素设计有哪些设计程序？

　6.3　标志设计的题材有哪些？

　6.4　标准字体的分类有多少？

　6.5　标准色的设定形式是什么？

☐ **技能题**

　6.1　设计企业视觉识别要素有哪些主要的运作环节？

　6.2　审议设计方案的主要依据是什么？

　6.3　企业视觉形象的应用推广有哪几种模式？

☐ **能力题**

　6.1　案例分析

美团外卖换 logo 了：变萌了

2021 年 11 月 18 日，美团外卖在成立八周年之际宣布正式更换全新 logo，对大众熟悉的袋鼠形象进行全新的视觉升级。

美团外卖方面表示，此次 logo 换新主题为"老朋友，新面孔"（如图 6-41 所示），希望以全新的品牌形象，与用户建立起更强的沟通与连接，为其提供更优质、全面的外卖体验。

图6-41　美团外卖的新旧标志

对比新旧 logo，会看出极为明显的变化：logo 不再是奔跑形式的袋鼠，而是重新设计了一款圆润抽象的袋鼠头，两只大大的耳朵竖得更坚挺；配色同样采用美团的黄+黑纯色配色为主，字体依然是"美团体"。新的图文组合标志"美团外卖"以及品牌口号占据了更大的视觉空间。

网友对新 logo 评论说："美团外卖的新 logo 看起来很可爱，而且感觉没有旧版看起来那么着急了。"不少用户也反映，"萌袋鼠"的耳朵与骑手头盔上的袋鼠耳朵形象一致，视觉上更有亲和力和互动感，"确实有种老朋友以一种新面孔相见的感觉"。

美团外卖自 2013 年 11 月正式上线以来，秉持"帮大家吃得更好，生活更好"的使命，主要聚焦于消费者"吃"的需求，通过科技连接消费者和商家，依托庞大的骑手团队，搭建起了覆盖全国2 800个市县的实时配送网络，以"线上+线下"的业务模式，为消费者提供品质化、精细化、多样化的餐饮外卖服务，让消费者拥有更加轻松、便捷、高效的用餐体验。

资料来源　[1] MICU设计. 美团外卖换新logo?! [EB/OL]. [2022-03-01]. https://baijia-hao.baidu.com/s? id=1716726192240712787&wfr=spider&for=pc. [2] 张铭阳. 美团外卖换logo了! 网友：变萌了，而且看起来没有那么着急了 [EB/OL]. [2022-03-01]. http://science.china.com.cn/2021-11/18/content_41795013.htm.

问题：

1）美团为什么要重新设计标志？

2）新的标志对企业的发展有什么好处？

3）是不是所有的企业都需要重新设计标志？

6.2　网上调查

请在网上搜集3～5个具有特色的视觉形象策划案例。

企业其他视觉形象系统的策划

通过本章的学习，了解并掌握产品造型的符码寓意、创新思维、构成表现及推广策划，产品包装的设计内容、包装设计的分类及包装装潢的策划，产品广告、标志、环境、运输工具、制服及办公用品的视觉传达功能等，提高审美能力和设计视觉形象的技能。

引例 @　　　　**箱箱共用：从"包装+数据+服务"角度重塑包装**

2021年10月26日，在上海新国际博览中心召开的"聚力零碳——零碳循环产业创新论坛暨箱箱共用品牌战略升级发布会"上，上海箱箱智能科技有限公司（以下简称箱箱共用）创始人兼CEO廖清新表达了对中国物流包装行业的美好展望。

在中国"3060"双碳目标催生各行各业的零碳变革之际，廖清新认为，这是物流包装行业创新的机遇。不同于传统发达国家先工业化，再数字化，最后进行低碳化的发展步骤，这一代创业者必须同时面临"三化"融合的挑战，用综合的思维与能力解决社会的矛盾和问题。

目前，中国物流市场规模已经位居世界第一。其中，包装产业已经成为不可或缺的关键环节。中国包装联合会统计数据显示，2020年中国包装行业营业收入额高达10 064.58亿元。正是基于这样庞大的市场体量，循环包装产业现已成为国家八大战略性新兴产业中"节能环保"领域里的重要分支。

然而，对于包装业乃至整个物流行业来说，低碳化之路仍然任重道远。根据国家统计局数据的测算，物流行业2018年能源消费量约4.36亿吨标准煤，在我国能源消费总量中占比9.24%，是我国碳排放增长速度最快的行业之一。

面对这样的难题，箱箱共用是如何做到让包装行业"零碳"化的呢？

从生鲜到化工，从硬件定制到全数字化软件服务，箱箱共用将这一整套的体系化服务集合到了一起，将其命名为在线循环服务客户端。

箱箱共用认为，当互联网从以数据和应用为中心的阶段，逐步走向以服务为中心的阶段，企业将通过互联网和数字化技术，推动实现智能控制、运营效率提升以及生产组织方式的变革，因此箱箱共用必须将面向用户的服务以数字化的形式呈现出来。

　　这也是流量时代逝去，工业互联网时代来临所必然要迎接的数字化改革。箱箱共用通过数字化平台将物流包装的循环服务以PaaS（Packaging as a Service，包装即服务）和SaaS（Software as a Service，软件即服务）的全新模式呈现，前者是用户通过在线平台PaaS获取场外包装循环的服务，后者是用户通过SaaS开展场内智能包装的循环管理。从PaaS场外包装循环到SaaS场内精细化管理，箱箱共用可以向用户提供全链路的包装循环服务，将服务内容以数字化的形式呈现出来。

　　此外，Paas与SaaS的功能结合具有众多优势：一方面，基于SaaS，用户通过软件管理提升了包装循环效率，从每年5次提升到8次，丢失率从传统的15%降低至2%以下；另一方面，将用户的包装使用全程实现数字化——客户在线下单获取服务，实现循环全程数字化、下单和结算标准化、包装形态和组合标准化，执行全国统一价。

　　正是基于在线循环服务客户端的强大服务能力，从"包装+数据+服务"思路出发，箱箱共用在此次发布会上宣布了"1+2+N"战略的正式启动。

　　其中，"1"是包装循环的全网运营能力，包括了覆盖全国的前、中、后台循环运营管理体系和能力：前端连接用户的能力，由线上交易系统和线下销售团队构成；中台连接资产和网点的能力，由线上运营平台、线下的大仓、服务网点、物流仓储和运营团队构成；后台的包装设计、制造和供应体系与能力。

　　"2"是包装循环的在线数字化服务能力，具体包括，PaaS和SaaS，前者是用户通过在线平台PaaS获取场外包装循环的服务，后者是用户通过SaaS开展场内智能包装的循环管理。

　　"N"是面向各行各业的、无界的、循环包装的解决方案能力。

　　同时，箱箱共用基于与用户所构建的持续循环服务关系网，不仅加快了循环服务普及，还提升了交易效率，箱箱共用也正式完成了从场内包装循环管理SaaS到场外包装循环服务PaaS的生态闭环构建。

　　这样的"数智化"新模式，必将引领包装行业的全面转型升级。

　　资料来源　创业邦传媒. 箱箱共用：做物流包装领域的"特斯拉"[EB/OL].[2022-03-01]. https://baijiahao.baidu.com/s? id=17147821446628607279&wfr=spider&for=pc.

　　在企业视觉识别系统中，除常用的标志、标准字、标准色、吉祥物等基本要素以外，还有产品、包装、建筑外观、办公环境、公共设施、招牌吊旗、衣着服饰、办公用品以及交通宣传等应用要素。这些应用要素与基本要素交织在一起，共同构建着企业视觉识别系统的完整风貌。基本要素系统的设计，是以如何开发好的设计为目标，而应用要素系统的设计则是以如何活用好的设计为前提，全面而准确地传达企业理念和企业形象，形成企业特有的风格。

7.1　产品造型策划

　　产品是企业市场营销的基石，也是企业生存与发展的关键。在高新科技迅速发展的当今社会，产品更新换代的速度愈来愈快，企业与企业之间、行业与行业之间、地域与地域之间的市场竞争异常激烈。产品形象不仅直接影响企业竞争力，也是企业整体形象的重要组成部分。因此，从产品市场形象的规划出发，了解产品造型的符码寓意和创意思维、掌握产品造型的构成表现、进行产品造型的设计与开发等，成为产品造型策划的重要内容。

7.1.1 产品造型的符码寓意

和所有视觉符号的传达功能相同，产品设计也是通过产品的造型元素来表征某物，用以传达产品意义，实现产品与人沟通的一种设计语言。通过这种语言，人们可以了解产品是什么、怎样使用，以及产品具有何等品位特征等，从而实现产品与使用、产品与人之间更加贴近、更富有感情的对话。以按钮设计为例，有的设计师利用凹凸面来提示"按"的功能，有的设计师采取反向防滑纹路来提示"旋"的功能，有的设计师加大凹槽或加宽钮面来提示"拉"的功能。正是由于设计师梦幻般地驾驭着表征符号化过程的设计语言，人们才得以在优秀的产品设计中发现人类智慧创造的结晶，感悟产品在提升人类生活质量上的启迪。

图 7-1 是一款有趣的汤勺。设计者把勺子的整体设计成了天鹅形状，使勺子在使用时能像天鹅一样立在汤上面，汤勺头部的设计也有利于汤勺的悬挂，真是有趣又实用。

图 7-1 天鹅造型的汤勺

随着现代高科技的推广普及，越来越多的使用者要求产品造型简洁明确，方便操作和使用。不少优秀的产品设计师也倾其毕生追求来探索造型理念隐含的美学意义，不断通过造型构成、仿生设计、空气动力学、几何美学等来展现各自独特的艺术魅力。后现代主义、孟菲斯设计、未来设计、概念设计、情景设计等就是造型理念转化过程中不断探索的结果。所有这些探索都是为了研究人造物的产品形态在使用情境中的象征特性，以及如何将这些特性巧妙地应用于设计之中来实现产品造型的符码寓意。

产品造型的符码寓意包括以下研究系统：

（1）产品语构学，主要研究产品功能结构中符号与符号之间的联系。它要求在设计中依据数学逻辑实现形式美的运用，如节奏、比例、韵律等算术质；景深、位置、关系等几何质；多样性、立体感、形式感等拓扑质等。这些都是产品造型设计中大量运用的形式美法则。另外，为追求稳定性或动感而保持结构要素在坐标系中的状态、视错觉效果的运用或避免、形态的单义性和多义性，以及造型对环境的影响等，也是产品语构学需要研究的问题。

（2）产品语意学，主要研究符号表征与指涉对象之间的联系。它首先要求造型语言的可读性和造型风格的同调性，要求无认知障碍且易于识记。其次要求造型手法的传达性，能够运用视觉的联想、暗喻、类推、直喻等手法，建立产品与文化之间的关联，实现设计语言的延伸，帮助使用者理解并正确使用产品。最后，它要求产品造型设计具有视觉张力，通过形态、色彩、质感等视觉吸引力将物质要素转化为情感符号。

（3）产品语用学，主要研究符号与使用者之间的联系。它强调以人为中心的尺度适应性和产品与人的亲和性，重视产品的空间视觉效果及环境影响，并关注产品造型的工艺要求及经济可行性等。

产品造型在使用环境中的标志、表意以及编码解码过程，是产品造型设计的实质和关键。由于产品设计是将审美理念和实用功能统一起来的创造过程，因此它所展示的是一个不同于绘画的多角度、多视点的立体形象。在产品造型设计的符码寓意的运用上，有的将设计对象的形态、色彩及质感变化的审美直觉如实地加以描述，有的则根据各自的造型意识对设计对象做任意的强调，创造出崭新的视觉效果。产品造型符码寓意的选择是产品形象策划的起点。

7.1.2　产品造型的审美特征

凝聚在产品造型中的艺术设计，是通过视觉语言和造型手法对产品的功能、材料、构造、工艺、形态、色彩和表面加工等进行形象构筑的一种创造活动。在这一创造活动中，视知觉成为表达产品内部复杂的空间联系与简洁的外在形态的重要通道。因此，将直觉与灵感、想象与潜意识转化为视知觉的产品造型创新思维，更加突出地显示出其独特的审美特征。

1）产品造型创新思维的跃迁性

产品造型创新思维的跃迁性，是对所研究的设计对象进行界定并展开意念创造时，从逻辑中断到思维飞跃的质变过程。

人的意识活动不是孤立的、单一的反映活动，而是复杂的、综合的反映过程。在这一过程中除了具有显现的、可控制的显意识反映形式之外，还有潜在的、不可控制的潜意识反映形式。当潜意识受到某一相关信号的诱导时，潜意识活动有可能跃入显意识活动；而曾经的显意识活动，因不断重复而记忆化、凝固化和自动化之后也可转化为潜意识活动。在信息交换上潜意识和显意识之间存在着"渐进化"与"突发性"的辩证统一，一旦显意识停止，潜意识会更加活跃地集中在同知觉和空间相关的人脑右半球上。在大多数情况下，人们的思维意识会因潜意识长时间、多方面的周密思考而处于饱和的受激状态，这时由于外因的触发或思绪的牵动，极有可能孕育出新观点、新视野、新方案，形成灵感闪现、直觉顿悟或想象构思。

图7-2是一款外形新颖的USB电源接口。它不仅看起来像水龙头，使用时也要利用水龙头上的开关进行供电。设计师将使用电源和控制水流巧妙地结合在一起，达到了新奇有趣的效果，不仅可以吸引好奇的消费者，还能够让家居更加个性化。

图7-2 水管USB电源接口

2）产品造型创新思维的独创性

产品造型创新思维的独创性，是指在产品设计观念生成过程中与众不同、别具一格的思维特点。

无论是产品造型创意的求索、知觉信息的筛选、诱因条件的妙用，还是设计灵感的显现，都离不开设计师创造潜能的生成实践。"境域→启迪→顿悟→验证"构成创新思维独创性的生成机制。境域是产品造型创新思维的生成环境。在产品造型的开发设计之前，首先应对设计对象的有关条件和限制有透彻的了解，竭尽全力投入思维活动中，直至达到潜意识与显意识随意交融的忘我境界。启迪是一切产品造型创新思维的信息纽带。当设计构思陷入僵局难得其解时，不妨从其他艺术形式和相关学科中寻找新的意象，形成完整而清晰的新思路，经反复酝酿再用自己的设计语言把它译解出来。顿悟是设计灵感在潜意识孕育成熟后与显意识沟通时的瞬间显现。验证是对设计创意的结果进行优劣分析、科学鉴定的审视过程。独创性是产品造型创新思维最具代表性的基本审美特征。

图7-3是2017年K-设计大奖（K-Design Award）的银奖得主。这款杯子造型上较为别出心裁，主要结合使用了两种材质，底座部分的设计看起来非常特别，其底座是一个沙漏的造型。用户在使用之前，先把杯子倒置，让沙漏归零，之后再倒入开水冲茶，等到沙漏里的沙子全部流完，证明已经冲泡了3分钟，用户就可以将茶包取出，一杯完美的茶水就这么冲好了。

图7-3 计时茶杯

3）产品造型创新思维的易读性

产品造型创新思维的易读性，是将设计意念的各种符号信息按照易于理解的构图秩序组织起来，发展为语意结构的模式识别，同时完成设计语言转换的思维特点。

人类有别于动物的根本标志在于思维和语言交往。在长期的社会劳动和语言交往的作用下，人类把外部世界的各种对象和过程的映像从直接的外在关系中分离出来，由表象上升到概念，人的意识活动也逐渐达到较高的发展水平，依靠各种语言交往实现人类知识的传递和文明程度的提高。产品的艺术设计是人类长期社会实践积淀下来的高度文明的产物，现代社会的物质环境由无数凝聚着人类智慧结晶和审美情感的优秀产品所构成，产品的艺术设计与技术设计同样重要，它们都是现代文明的媒介与载体，与人们的生活息息相关。只是在信息的组合、转换和再生的符号化操作过程中，艺术设计更为重视信息传递的易读性。

图7-4是一种新型药丸，名叫Pimoji，它的设计灵感来自人体器官。设计者改变了药丸的传统形状，使它更直观。一方面，很多老年人患有许多慢性疾病，需要服用多种药物。另一方面，由于视力和记忆力差，大多数老年人经常误服与症状不符的药物。大多数传统的药丸形状是相似的，很难区分，而这种药丸的形状像一个器官，使人很容易看出这种药物对什么器官或症状有帮助。这些具有特定外形的药丸不仅可以帮助老年人，还可以帮助那些因失明而不能辨别药物的盲人。

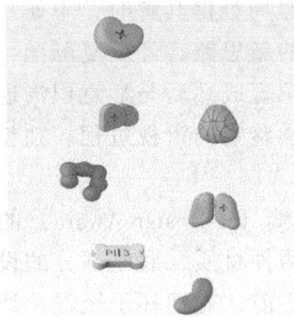

图7-4　器官形状药丸

4）产品造型创新思维的同构性

产品造型创新思维的同构性，是指设计观念生成过程中输入的知觉客体信息与已存储的审美主体经验之间顺应、受动与同化、再造的相互关系。

格式塔心理学的完形理论认为，心理现象最基本的特征是在意识经验中所显现的结构性和整体性。人对外界事物的把握并不是分割开来的各个孤立要素，而是一个完整的整体映像。当外物刺激感官并传到大脑皮层后，按邻近原则、类似原则、闭合原则、完形原则进行排列组合，逐渐形成感性体验的心理建构，并在大脑皮层的生理电力场中，产生着具有方向和强度的特定张力。这种张力可以激发人们心灵深处存储的经验记忆，产生特定的审美情感。它既是感觉、知觉、表象、联想、想象等心理活动的综合化过程，又是审美主体对审美客体不断同化、顺应的建构过程。

　　根据上述原理，产品造型可通过点、线、面、体等基本元素的变化，采取形-形同构、意-意同构和形-意同构三种形式。形-形同构是通过一种事物的替代或暗喻，更好地说明和传达设计对象本身的信息，给受众一个全新的视角。意-意同构是用事物不同的属性和特点突出蕴意方面的关联，带给受众以丰富的联想并产生趣味性的视觉效果。形-意同构注重同构事物之间表征及其内涵的双重因素，它能迅速吸引人们的视线，使产品造型因新颖别致而备受关注。

　　德国设计师科拉尼是一位深谙空气动力学和生物学原理的优秀人才。他善于将动物的生理结构及形态用于产品造型设计之中，通过造型构筑来合理安排设计的内容，他的作品无一不带有新奇而神秘的未来派特点。在高科技产品充斥现代社会生活的今天，设计师科拉尼竭力主张设计人与环境和谐的节能型产品，从飞鸟型空中交通工具到能抗御强风浪的水上快艇，他都强调减少风阻，快速且节能。图7-5是科拉尼设计的飞鸟型客机。

图7-5　飞鸟型客机

7.1.3　产品造型的构成表现

　　人类在创造美的实践活动中，一直在探索如何实现产品的审美效果和使用功能的最佳组合。运用产品造型的审美规律，充分展现各种产品造型构成要素的审美形态，如新型材质的肌理美、力学成就的结构美、现代气息的色彩美、合乎人体的舒适美、精细加工的工艺美、批量生产的规整美、尖端科技的功能美，以及有利环境的生态美等，就能形成产品造型复合形态的审美意蕴，使产品视觉形象成为传统文化与现代文明之间传承、交融和变异的审美结晶。因此，对影响并决定产品造型的抽象与单纯、体量感与张力、多样与统一、均衡与对称、节奏与韵律等构成法则，应进行科学而深入的讨论。

　　1）抽象与单纯

　　人们在认知视觉形象时一般经历三种反应：其一是光学反应，即物的反射光映入眼帘并在视网膜上成像；其二是生理反应，通过眼部肌肉的扩张与收缩来获取信息，并经视神经系统传至大脑；其三是心理反应，有意识地将到达大脑皮层的刺激信息进行分析并做出判断。对于凡是未经提炼加工的自然形态原型，人们称之为具象形态；对于那些经过视觉真实加工提炼的人工形态，则称之为抽象形态。

产品造型的艺术设计不同于主观的纯艺术创造，必须服从一定的实用功能的要求和制约，因此在从具象写实描述到抽象概括表现的设计过程中，现代设计师大多选择用简单的构造去创造产品造型。从记忆规律看，若想在最短的时间里把握形态对象，唯有抓住事物最为主要的动态线，记忆保持的时间越长，形象会变得越单纯。从现代生活看，人们置身于快节奏、高效率的现代社会中，更需要单纯化的人造物品来调节生活、平衡心态。从视觉效果看，当人们与所视物品保持一定距离时，仅注意图形或事物的重点和总趋势，因而单纯形象较为醒目，容易识别辨认。

为了让人们在吃饭时拥有更多乐趣，英国设计师邓肯·肖顿（Duncan Shotton）设计了两款叫 Soy Shape 的酱油碟。如图7-6所示，这两款酱油碟一个为三角形，另一个是三个立方体的组合形状，倒入酱油后，酱油碟马上会呈现出3D渐变的效果，立刻让餐桌变得活泼起来，绝对是餐桌上的吸睛神器。而且，Soy Shape 并非只是样子好看，它们都选用 Hakuji 白瓷材料，由日本岐阜县匠人手工制作而成。

图7-6　酱油碟

2）体量感与张力

产品造型是具有高度、宽度和深度三维空间的立体形态，在空间中占有实际的位置。人们在对立体形态进行量的描述以及因形态内力运动变化产生审美感受时，容易形成不同的体量感和视觉张力。

产品造型的体量感大体可以分为以下四类：简块状、凹凸状、曲面状、虚实状。简块状最易产生敦厚纯朴、诚实可靠的体量感，如各种质朴的铸铁件产品、回归自然的实木家具等，都很注重产品表面的触觉效果和形态结构。凹凸状一般利用阴阳刻的光影原理产生视觉效果，如凹凸互补、圆滑与尖锐的相互对比等，都是通过加强原始块状对大小量感表现的密切关系来塑造产品造型。曲面状因其曲面上的被覆力特大，扭折翻转后可以改变原有的质感和重量感，而形成轻巧、单纯延伸性好的审美感受。虚实状的产品造型是由量感造型进入空间造型的转折，因视觉上的板形处理使产品的重量感出现正负分合，保持虚实均衡状态，而产生轻松活泼的超现实审美感受。

图7-7是法国著名设计师菲利普·斯塔克（Philippe Starck）设计的路易十五风格的 Louis Ghost 座椅。座椅由彩色透明聚碳酸酯制成，是世界上最大胆使用单片聚碳酸酯模板的范例，圆形的背面和扶手体现了极高的工艺难度。此外，它不仅轻盈，具有水晶透明的外形，还具有很强的稳定性和耐久性，防震、防划，而且不会因为天气的冷暖和空气的湿度而变形。

图7-7　Louis Ghost座椅

产品造型的视觉张力包括产品外在形态的速度感和反抗力，以及产品内在形态本身所具有的气势感和生命力。速度感是产品在静止状态下呈现出来的运动形态，能激发出兴奋、激动、紧张、奋进的审美情感。反抗力是在有作用力的情况下出现的反作用力现象，当反作用力的抗争占据主导地位时就会产生强烈的视觉张力。气势感是由产品内在联系和呼应构成的凝聚力，或体现产品发展和运动的方向感与轨迹所构成的审美氛围。生命力是从自然造物的表面形态或生长规律中探索生命的活力并加以提炼和表达。

图7-8是一款以虎豹的威猛体态来塑造摩托车新形象的设计。为了体现摩托车的高速便捷，设计师取虎豹奔跑中的动感形态作为基本造型，以斜线处理来加强外观的速度感，使产品在视觉上产生如虎添翼的造型寓意。

图7-8　虎豹形摩托车

3）多样与统一

现代工业产品的多功能、高效用以及内部结构复杂的特点，要求设计师在外观造型上做出归纳和统一，通过主属、重复、集中的设计处理，突出造型设计的主题，产生造型表现的变化魅力。在产品的艺术设计中，多样与统一是构成形式美极为重要的法则之一，如利用主题来统一全局，所有造型均围绕一个特定目标定格调；利用线的方向来形成指示性的趋同感；选择形态与大小统一的元素形成亲密和谐的视觉同一性；应用色相变化的统一方法，以一色或多色来控制造型主调；采用明度聚光，利用明暗关系形成集中注意力；依靠彩度变化衬托主题，用鲜艳或沉着的色彩来突出重点；利用材料的质地变化，形成触觉差异或触觉视觉化效果等。总之，多样与统一法则的应用可以收到理想的设计效果。

图7-9是一套餐具，由美国著名设计师凯瑞姆·瑞席（Karim Rashid）设计。此款产品包含了浓郁的土耳其元素，远看像一座城堡，所以它有一个好听的名字——城堡系列餐具。餐具既可以整套使用，也可以分开单独使用。点上蜡烛，播放一段充满异域风情的音乐，配上西餐，可以营造非常浪漫的气氛。这款餐具在2005年获得De-sign Plus奖，有人说它开创了餐具革命性设计的先河。

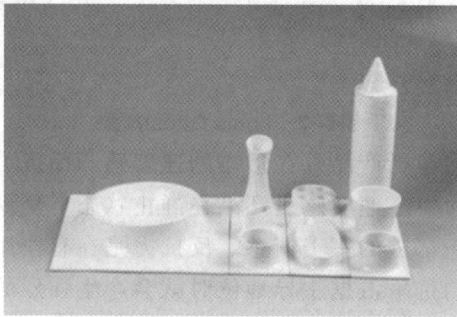

图7-9　城堡系列餐具

4）均衡与对称

当人们综合审视产品的形色、质量、光感、运动、空间、意义等造型要素时，一般都会关注造型的用意或分量偏重的感觉，并以感觉来衡量事实。对形体轻、薄、小、巧的产品设计应注意安定的艺术处理，对形体重、厚、大、拙的产品设计应注意轻巧的艺术处理。在强调安定时应注意轻巧，以免因过分安定而使产品造型产生笨重感；在处理轻巧时则注意安定，以免因过分轻巧而使产品造型产生不稳定感。对形体高或腹径大的产品，一般以降低重心或放大底部的造型手法来获取轻巧中的安定感；对形体矮或腹径小的产品，一般以抬高重心或缩小底部的造型手法来产生安定中的轻巧感。对玻璃、陶瓷、金属等重质材料制成的器皿或容器，应着重处理轻巧的设计，而对塑料、纸品等轻质制品，则应在产品造型时注意安定的设计。此外，在产品的主辅体结构中往往因功能的需要而形成一定的空间，如在茶具的把手、壶嘴与壶体之间，台灯的底座与灯头之间，均可利用削减或扩大空间的造型手法来达到均衡的视觉效果。

随着后现代社会人们审美情趣的多元化发展，相对均衡对称的产品造型开始出现更加自由化的趋向。图7-10是三合一餐具Tritensil，它结合了餐刀、勺和叉子的功能。叉子用于沙拉，勺用于甜品，而餐刀用于奶油茶点。为让其更符合人体工程学，设计师还准备了左右手两个版本。Tritensil 使用两种材质：不锈钢版本用作礼篮的野餐配件，塑料版本用作咖啡厅的外带餐具。

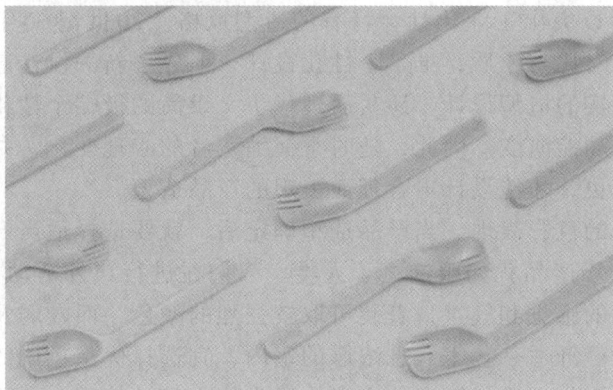

图7-10　Tritensil

5）节奏与韵律

产品造型的节奏与韵律主要表现为重复律、渐变律、起伏律和回旋律等。重复律是对单元或不同要素做出有秩序、有规律的重复变化，如建筑物的窗、壁柱、嵌墙或水平线脚等形成重复变化的韵律感等。渐变律是对单元按顺序进行疏密、厚薄、方向、大小、形状等组合编排，做出放射性变化的韵律感，如中国古塔的建筑形式就是由层高、窗檐和斗拱等构成的渐变律。起伏律是根据体量的轻重或视认性的强弱，形成能用数的比例计算出来的层次感，如室内高矮起伏、虚实变化的家具陈设等。回旋律是依据回旋的曲率与曲势呈规律运动的涡状变化，形成富有运动感的律动表现，如近年来设计界风行的光电造型、光点振动以及电脑绘画等，都是回旋律动法则的创造典型。图 7-11 是一组用重复律构成的高背椅造型。

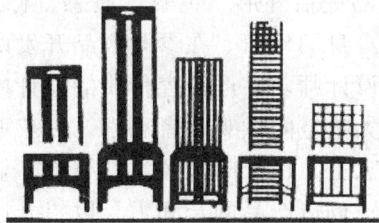

图7-11　高背椅造型

7.1.4　产品造型的设计开发

现代产品造型的设计开发，早已不是艺匠时代设计师仅凭个人喜好可以随意糅入幻想与记忆的自由创作，也不是包豪斯时期一切讲求机械化、标准化的做法，而是进入了强调企划、组织、管理与弹性化运用设计方法和资源的时代。设计不是单一的创作过程，而是必须与市场、管理、心理、工程等相结合，才能发挥产品设计的整合功能，创造出良好的产品形象。

1）产品造型的设计要点

（1）反映时代风格的造型。19 世纪末 20 世纪初的产品设计强调的是功能主义。

当时的设计师受"功能左右外形"和"外形即功能"的影响，完全遵循功能主义的思想，凭着对材料的正确使用、产品构造上的率直表现，将最为单纯明快的功能形态表现在产品设计中，以突出工业化社会特有的造型风格。20世纪60年代后兴起的后现代主义，强调极端对比与矛盾，推崇个性化设计，形成了新的设计潮流。不论是功能主义崇尚的简洁平实的造型设计，还是后现代主义崇尚的极端个性化造型设计，都没有忽略产品内在的功能演变。因此，随时掌握消费者的心理变化，并适应大众社会文化、生活形态的变更，才能设计出合理而美观的产品造型。

（2）选择适当的色彩表现。当产品造型确定后，就要选择适当的色彩调和来表现产品魅力，色彩之于产品犹如服饰之于人类。人们在进行户外活动如旅游或晨练时，为了表达轻松活泼的感觉和气氛，着装可取较强烈的颜色，而较弱及软调的色彩就不适合。倘若身处怡静舒适、艺术气息浓厚的室内，宜选择优雅色调的服饰，既可与环境相协调，也有利于与人进行惬意的交谈。通常依产品的使用对象或使用空间来确定产品的色彩计划。消费个体的文化背景不同，对色彩的喜好亦不相同，许多厂商常利用同一造型，以不同色彩搭配来扩大市场需求规模，延长产品的生命周期。选择色彩还应注意预期表达的意念。如果用于产品的主要部分，需选用强烈、温暖而醒目的色彩效果；如果用于较次要的部分，应选用较弱的色彩来烘托主色，使整体产品达到相得益彰的视觉效果。

（3）提供满足需求的产品功能。消费者对同一产品有着多种不同的功能需求，有实用的需求、审美的需求、收藏的需求、馈赠的需求等，在诸多的功能需求中应先满足基本的功能需求，再论其他的功能需求。设计师应始终明确产品设计的目的，如果本末倒置，过度拘泥于细部处理或单纯追求审美上的满足，就会忽略产品本身的基本功能需求。

（4）赋予产品个性。产品凭借外形、色彩、质感、标志图案等来树立自身形象，征服社会公众，以传达产品自身的价值。在参与产品开发的所有角色中，能赋予产品生命并变化其气质的是产品设计师。在产品宣传册的设计中，设计师一方面正面强调产品的诉求，另一方面留下大量空间供观赏者思索，以获取除商品信息之外的其他潜意识沟通与认同。在产品语意上，设计师十分注意摒除工业社会冷漠呆板的机械化设计，结合感性和理性的思维，创造产品的亲和力，以提升产品的人性化价值。

2）产品造型的设计程序

产品造型的设计程序一般分为四个阶段：分析现状、界定目标、创新开发、实施方案。

（1）分析现状。在接受设计委托后，首先进行市场调查，用搜集图片或速写记录的方式，结合访谈了解市场上现有的产品型号，发现产品的实质功能。经过对产品技术参数的分析，以及对问卷、访谈调查结果的综合比较，了解产品的相互差异、需求变化、市场前景、法律法规、企业状况、技术条件等，以确定产品造型的设计方向。

（2）界定目标。为了透彻地了解产品的功能，可从产品功能的实现手段，或从结构图、零件图上分解产品的构造，由表及里地深入了解产品功能，并根据零部件的功能界定和功能整理，发现新方案的创意启迪，寻找实现产品功能的新手段、新方式和新途径。

（3）创新开发。绘制大量的构思草图捕捉创意，描述设计意图，通过功能评价完成产品功能与成本的最佳匹配；进行创意反馈，比较设计方案；以科学方法优选设计方案，进行技术可行性、经济可行性、社会可行性、综合可行性分析，完成创新方案的概略评估。

（4）实施方案。绘制各种零件图、结构图、效果图；对功能改良及成本变动情况进行详细评价后估算效益；制作模型或样品；进行技术鉴定和数据测试；完成整体设计报告书，附齐所有图表资料，申请实施批量生产；进行技术指导；完成包装装潢及产品宣传册设计，将产品全面推向市场。

【小思考 7-1】

1.举例说明在信息交换上潜意识和显意识之间存在着"渐进化"与"突发性"的辩证统一。

2.产品造型的复合形态怎样体现人们的审美意蕴？

7.2 包装装潢策划

在现代激烈竞争的市场环境中，尤其是在没有推销员的超级市场里，琳琅满目的商品包装让人一眼就能感受到它与广告的连带关系。一个好的包装设计，不仅能让厂商获得丰厚的利润，而且能使消费者在购买商品使用价值的同时获得审美享受。设计现代商品包装时，不仅要考虑保护产品、减少损耗、防止污染、便利运输等实用功能，还应考虑传播文化和商品信息的媒介功能，以及提高产品身价与知名度，直接参与市场竞争的促销功能。在统一企业视觉形象、弥补广告宣传的某些缺憾方面，包装装潢以其"无声推销员"的形象，发挥独特的视觉传达功能。产品包装直接影响品牌形象，是企业视觉形象的重要组成部分。为了成功地塑造品牌形象，提供营销沟通的有效途径，企业应当重视产品包装装潢策划。随着"互联网+"时代的到来，以及市场的发展，产品的包装设计不能停留在传统的包装设计上，必须及时更新包装设计的技术和创作思路以及方向。产品包装作为产品品牌设计的要素之一，结合自身产品特色与地域文化，设计能赋予产品灵魂的包装，塑造品牌文化，推进以品牌为核心的商业模式的创新，促进产品长期持续稳定的发展。

7.2.1　包装设计的主要内容

包装设计是企业整体营销战略的一大支柱，也是与市场同类产品激烈竞争的媒介手段。它通常包括包装材料的设计、包装结构的设计、包装造型的设计以及包装装潢的设计等内容。

1）包装材料的设计

包装材料是指用作包装物的材料构成。包装材料的设计是根据产品和包装材料自身的自然属性及审美需要来选择的。在产品由生产者运达消费者手中的全过程里，包装材料要能抵御储运、装卸时内外零件遭遇摔跌碰撞、风吹雨淋的破坏，抑制由生化反应或温湿度变化产生的污染、霉变、虫蛀、腐败、变质等，还要能适应包装结构、包装造型和包装装潢的设计要求，发挥美化视觉效果的功能。

任何材料都有质地和肌理之分。所谓质地，是由材料的物理性能或化学性能等自然属性所显示的一种表面效果，如钢材的坚硬、冷峻和稳固，塑料的光滑、圆润和亮丽，玻璃的细腻、明澈和洁净，竹藤的轻巧、纯朴和流畅等，它们所显示的质地美具有静态的、深邃的、朴素的、雅静的审美特点。所谓肌理，是指材料的表面组织机构、形态和纹理等所传递的一种审美体验。肌理效果有两种：一种是材料表面的高低起伏使人产生或粗糙或光滑的半立体形态的感觉；另一种是材料表面的纹样不同、色彩不一或松紧不一所产生的视觉效果。肌理美具有动态的、意匠性的、生动的、智慧的审美特点。由于别具意匠的肌理美比朴素的质地美更能体现人的创造性本能，因此包装材料的设计集中在对材料审美的表现力上。

从远古至今，我国劳动人民充分运用天然的藤、草、竹、叶、茎等材料的肌理质感，创造出拙中见巧、经济实惠的包装形式，焕发着浓郁的乡土情调和民族气息。例如，用箬叶裹糯米扎以彩线制成的粽子，不但形成独特的造型，而且让箬叶的清香自然渗入糯米之中，达到了包装内容和形式的高度和谐统一。《水浒传》中所描写的葫芦装酒、荷叶包肉，以及各种民间流传的竹壳茶、面筋篓、酱菜罐、斗方包等，不胜枚举。

现代包装装潢早已突破流通媒介的一般意义，成为意识形态和经济文化的双重载体，成为企业获取巨大利润的营销武器。曾获国际包装最高奖——"世界之星"金奖——的汉帝茅台酒包装，就是包装材料和装潢设计成功的一例。我国的茅台酒早在1915年时就与法国科涅克白兰地、英国苏格兰威士忌同享世界三大名酒的盛誉。为了准确表达商品的高贵品质和身份地位，设计师以象征最高皇权的玉玺造型为题材，将整套包装分三层处理：外层为纸盒，选用金板纸高档材料，通过印刷、起凸、压痕制成福运、如意图纹，两边饰以玉玺图案，正面题写"汉帝茅台酒"品名，打一颗篆字大印，红绸带飘在盒外，古色古香，鲜艳夺目。中层用精铜铸就，镀以纯金的玉玺形盒，盒盖顶上一条口含纯金珠的出水神龙，流光溢彩，熠熠生辉，显示商品质量独一无二。打开盒盖后，嵌藏在红色丝绒中的二龙戏珠白色玉瓷酒瓶和两只金光闪闪的爵杯映入眼帘，古典而高雅。经过上述设计处理后的包装，使汉帝茅台酒更具收藏价值。

2）包装结构的设计

包装结构是指包装自身的成型以及与被包装物之间相互依存、相互作用的技术方式。它不仅包括包装本体各部分之间的关系，还包括包装与内装物的作用关系、包装体与封闭物的关系、内外包装的协调配合关系，以及包装与外部环境之间的关系。包装结构的设计应处理好结构与保护、结构与便利、结构与展示、结构与组合、结构与生产、结构与经济、结构与运输的关系，根据不同的包装材料、不同的成型方式以及包装物各部分对结构的要求，对包装的内、外构造进行设计。

包装结构的设计主要是纸盒结构和容器造型。制造纸盒的纸材原料来源广泛，成本相对较低，且有利于环境保护，再加上纸材易于加工、运输、设计和印刷，在包装上被广泛应用，大约有一半的销售包装是用纸材制作的。将纸材通过结构设计、绘图、排列、切扎、折叠、黏合等工艺成型，可以变化出各种包装造型。纸材的表面可以适应多种印刷技术并有效地传达商品信息，充分发挥美化外观、吸引注意力的促销功能。纸盒结构的设计关键是要处理好盒底结构，根据商品特点可分别采取别插封底、咬合封底、黏合封底、折叠封底、间壁封底以及自动锁底等手法（如图7-12所示）。

图7-12　包装的结构设计

从纸盒的成品形态及制成过程来看，纸盒的结构分为筒状纸盒和碟式纸盒两类。筒状纸盒是把打褶的纸板套在筒状机器上，边折叠边黏合，如冰淇淋杯、一次性纸杯等。因其结构简单，便于组合变化和产品填装，已大量应用于产品包装。碟式纸盒呈器皿状，有褶盖，制作时通常先把纸板黏接好，或预先打好样板，待操作时再组合，如糖果、糕点的包装盒（如图7-13所示）。

图7-13　筒状纸盒与碟式纸盒

如按纸盒的造型分，包装的结构又可分为开窗式包装、异形包装、陈列式包装、组合式包装、手提式包装等，这些结构各有利弊。开窗式包装具有较好的展示功能；异形包装以趣味性和装饰性见长；陈列式包装多以盒面部分做POP广告，故而具有良好的促销功能；组合式包装由两个及以上包装单元组成，既可放同一产品，也可放系列产品；手提式包装便于携带，但必须考虑商品的重量和提手部分的结构处理。另外，还有抽拉式、套盖式、斗口式、拟态式等包装形态（如图7-14所示）。

图7-14　纸盒造型举例

除纸盒结构之外，其他常见的包装结构还有盒箱式结构，罐桶式结构，瓶式结构，袋式结构，篮式结构，杯、碗、盘式结构，套式结构，管式结构，吸塑结构等。另外，根据市场上对制假贩假的防范要求，还有各种防伪结构和安全密封结构等。

3）包装造型的设计

包装造型是根据包装材料的选用和被包装物的造型特点要求，运用美学法则进行包装外观形体的塑造。在形形色色的包装形态中，既有源自天然结构和生态环境的造型包装，也有经艺术创造的个性化创意包装。

植物豆荚、花生壳、核桃壳相对于其果实而言，是天然结构的造型包装。椭圆形的蛋壳造型，不仅方便母鸡生产，而且其钙质构成具有良好的防护功能；蜂巢的几何造型，既是蜂群栖身的生态环境，也是多元集合的包装形态；贝壳、蜗牛壳本身具有安全和防护的功能，而且色彩斑斓，造型极富个性。自然界中这些千姿百态、风格迥异的天然包装造型，不仅展示出令人惊叹的美感震撼力，也激发和丰富着设计师的灵感和想象力。

由于包装容器易于加工成型，且形态美观大方，因此许多产品离不开包装容器，尤其是液体产品大多采用瓶式、罐式、管式、杯式、筒式等包装容器。在设计容器造型时要根据产品的特点、使用对象、用途用法进行综合考虑，如美国专为帕金森病人设计的药盒，病人可以在触摸药盒表面的半浮雕字体和药盒外形时产生信赖感与亲切感，通过推压药盒让内轮转动，一片片地转出其所需用量的药片（如图7-15所示）。

随着科技的发展和人类文明的进步，包装造型因包装材料和包装技术的进步又有了更为广阔的创造天地。各种充气包装、贴体包装、真空充氮包装、无菌包装、防水包装、防盗包装、缓冲包装、托盘包装、压缩包装、易开包装等，都给包装造型带来了新的艺术天地。

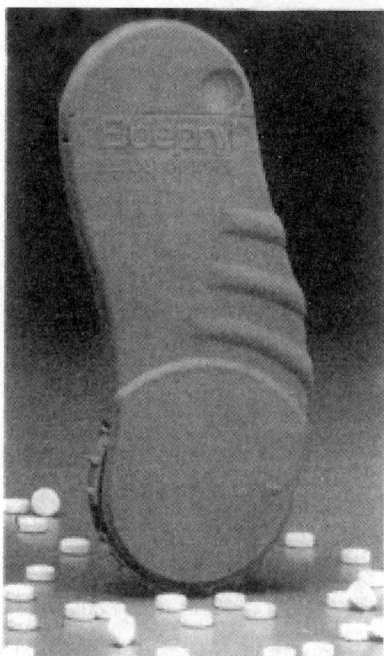

图7-15　专用药盒造型

【实例7-1】

蒙牛助力高考，推出"押题神器"

2021 年 5 月 19 日，蒙牛推出了"高考押题奶"2.0 版本的新包装。2020 年蒙牛推出的一款"高考押题奶"，其中"蒙什么都牛，做什么都对"的励志口号以及包装上的花式题目曾一度引起人们的关注和讨论。2021 版"高考押题奶"不仅包装有模拟题，还联合曲阜三孔景区官方推出了孔庙盲盒。在通常情况下，一种营销手段被出色运用过一次后，创作 2.0 版本其实很难再引起消费者的共鸣，也难以实现超越，但蒙牛的"高考押题奶"做到了。2020 年以"蒙什么都牛，做什么都对"为口号，2021 年，蒙牛听取网友的建议，将口号改为更贴切品牌的"蒙什么都对，做什么都牛"，并以此展开系列营销活动，取得良好反响。

从包装设计上看，两次推出的"高考押题奶"均采取"模拟题+激励语"的形式，但此次推出的"高考押题奶"巧妙地结合家长想为高考祈福的心态，定制曲阜孔庙祈福款"高考押题奶"，并以盲盒形式随机发放，刺激消费者想"讨彩头"的欲望，成功把"知识""营养""好运"三者捆绑于蒙牛一身（如图7-16所示）。为了扩大活动影响力，蒙牛线上线下采取多种创意推广方式，如线下发布"营养补给包"；线上发布契合高考语境的海报，"学习其实是种置换反应，因为我知道纯粹的付出，就会有纯粹的收获"等文案一语双关、引人回味。此外，蒙牛创作了一支魔性 rap 歌曲，将课本中的人物及场景用"埋梗"的趣味方式表达出来，也让人印象深刻。

图7-16　蒙牛"高考押题奶"的包装设计

资料来源　龙亮海，彭锦函. 聚焦祈福文化，蒙牛再玩高考押题奶［J］. 新视界，2021（5）：100.

4）包装装潢的设计

包装装潢指具有媒介作用或促销作用的表面装饰，如图形、文字、色彩、商标等。在包装装潢设计中，品牌、图形、文字、色彩都具有极为重要的影响作用，这些信息应传达给什么人、如何传达，在很大程度上影响人们对商品包装甚至包括商品本身的直观判断。因此，应根据企业的经营理念和商品推广战略形成独特的设计创意，然后选择有效而恰当的艺术方式加以表达（如图7-17所示）。

图7-17　包装装潢示例

包装的品牌设计（商标）一般是由文字和图形符号组合而成的。文字性品牌设计应考虑语意性、语感性、图形性等，以文字为本，注重可读性，通过字体的变化设计，赋予文字以生命与情感。图形性品牌是以直观易识为特征的，在设计时应注意图形的独特性、寓意性、易识性和审美性。判断一个商品包装的品牌设计成功与否，主要是看其是否符合企业或商品本身的特质（如图7-18所示）。

图7-18　包装的品牌设计示例

包装的图形设计分为具象图形和抽象图形两种。包装装潢的具象图形是把自然界的各类形象运用写实性、描绘性手法，以最直观的方式加以说明，真实地表达商品特征。具象图形分为写实描绘型和夸张表现型两种，前者直观，后者富有情趣。包装装潢的抽象图形是运用点、线、面的不同排列方式，给人以单纯、理性的感觉。它是一种无直接含意的图形，具有广阔的表现空间，通常与包装内容物有某种关联，含有强烈的暗示和隐喻作用。不论选择何种图形作为包装表现要素，都应准确传达商品信息，形成鲜明的视觉感，带给人以精神上的满足与审美享受（如图 7-19 所示）。

图7-19　包装的图形设计示例

包装的文字设计是传达商品信息的重要组成部分。包装装潢上的文字可分为主体性文字、资料性文字和广告性文字三种。主体性文字指品牌、商品名和企业名，这部分文字是树立产品和企业形象的重要基础，应具有鲜明的个性和造形美感，一般放在包装的显著位置上。资料性文字是指产品的成分、型号、容量、规格、使用方法等。其字体风格应与包装的整个设计形式相和谐，选择印刷字体即可，通常将它们放在包装的侧面或背面上。广告性文字是指宣传商品特点的推销性文字，其编排可以比较随意、活泼，以简洁、生动为宜。包装中的文字设计应具有良好的识别性和审美功能，内容简明真实，与包装的整体设计风格相协调（如图 7-20 所示）。

图7-20　包装的文字设计示例

包装的色彩设计是影响视觉感受最为活跃的因素。一件好的包装设计若能使消费者接受其色彩和样式，就能刺激其购买欲望。通常，明快活泼的色彩最容易引起注意，和谐优美的色调最容易被消费者接受。包装装潢的色彩表现可分为标准色、形象色和象征色三种。标准色主要指区别同一产品的不同成分或功能的色彩，如同一品牌的不同香型香皂、同一品牌的不同口味饮料等；形象色专指直接体现产品的固有色，如咖啡色、橙色等；象征色指能形成产品概念或象征寓意的色彩，如绿色象征生命、自然，蓝色象征宁静、深远，白色象征和平、纯洁等。色彩设计是包装装潢极为重要的环节，正确运用色彩的原理和规律，处理好色彩对比和色彩调和，是给人留下好的第一印象的关键。色彩对比包括色相对比、明暗对比、冷暖对比、补色对比、面积对比等。色彩调和是为了突出主色调，把色相、明度不同的多种颜色进行组合，使整个画面成为和谐的整体。在琳琅满目的商品世界，包装上的色彩设计能产生出奇制胜的效果，在强化企业形象方面发挥着重要的作用。

7.2.2　包装形式的分类

现代社会商品包装的形式多种多样，按主要的视觉传达设计可分为系列包装设计、礼品包装设计、包装纸设计和手提袋设计等形式。

1）系列包装设计

系列包装设计是将同一品牌的不同产品，用相同或相似风格的图形、色彩、形状、结构、附件和标签等加以统一，形成风格一致、整体感强的视觉印象。系列包装分为形态系列化、图形系列化、色彩系列化、文字系列化、编排系列化、综合系列化等形式。形态系列化是指包装容器的外形大小相同，需在图形、文字、色彩等方面做适当变化的设计。图形系列化是指包装设计所用的图形相同，但可以在位置、大小、色彩等上做适当变化的设计。色彩系列化是指包装的色调相同，需在包装形态、图形、编排等上做适当变化的设计。文字系列化是指字体设计相同，需在包装形态、色彩、编排等上做适当变化的设计。编排系列化是指版面编排的形式相同，需在包装形态、图形、色彩等上做适当变化的设计。综合系列化是将以上类型中的两种或两种以上形式结合运用的设计。总之，系列包装设计追求视觉统一、风格一致，应注意避免简单重复，处理好多样与统一的关系（如图7-21所示）。

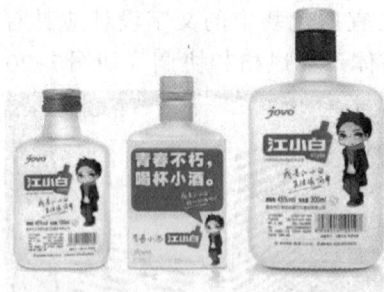

图7-21　系列包装示例

2）礼品包装设计

礼品包装设计是针对庆祝、慰问、馈赠等需要，通过包装材料的考究和包装结构的变化，体现礼品的风格品位的视觉印象。礼品包装的形式分为盒式包装、袋式包装、单件包装、组合包装、套件包装等，其材质大多是纸、纺织物、玻璃、金属等。礼品包装设计的特点是高档化、品位感和针对性。高档化主要通过用材考究和结构造型巧妙等手段来实现。品位感是包装设计所包含的文化内涵及个性特点，主要在于独特新颖的设计创意。针对性则应根据礼品的特殊用途来决定其表现形式。图7-22是晨光文具"盛世新颜"国粹限量礼盒的包装设计。

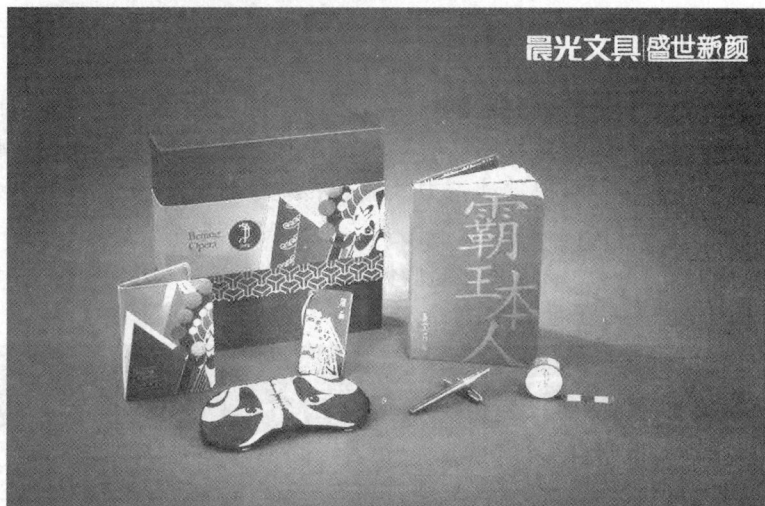

图7-22 晨光文具"盛世新颜"国粹限量礼盒的包装设计

3）包装纸设计

包装纸既是包装材料，又是广告信息的载体。一些大型零售商厦或高档礼品专卖店均使用特制的包装纸让"商品礼品化"或"礼品商品化"。在纸质的选择上，一般选富有韧性的优质柔软纸，如云龙纸、皱纹纸、手抄纸、绵纸、胶膜纸、铝箔纸等。在纸张的装饰上，通常采用无规则的单独图形和纹样，有规则的二方连续图案、四方连续图案和抽象图案，以及企业标志、商标、标准字等。纸张以 $45g/m^2 \sim 60g/m^2$ 为宜，按全开或对开印刷，再按需求裁剪尺寸备用（如图7-23所示）。

图7-23 包装纸设计示例

4）手提袋设计

手提袋的流动性强，其促销宣传作用比杂志、电视、广告牌上的广告更大。设计精美的手提购物袋极富个性、色彩明快，直接体现持有者的气质，体现购物地点或品牌形象。因此，人们称这种手提购物袋为活动广告。

在手提袋的设计中应把握好整体氛围，针对不同的使用对象选择不同的设计风格。用于新潮的时尚产品如化妆品、时装等的手提袋的设计，宜强调现代感、新观念，借流行趋势形成强烈的视觉冲击力。用于传统的地域产品如酒类、食品、工艺品、纪念品等的手提袋的设计，以弘扬民族特色，表现其悠久历史为主。撷取传统文化与现代理念精华设计的产品包装，如借传统的包装形式，配以现代感强的图形与文字设计，也会体现出品牌个性（如图7-24所示）。

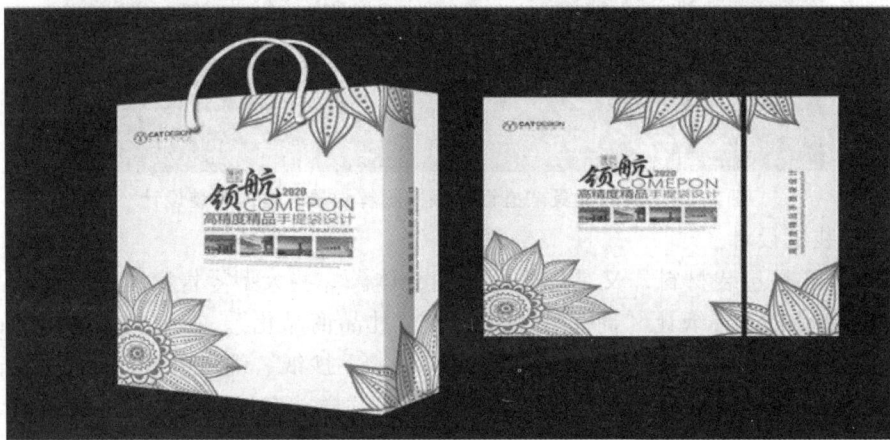

图7-24　手提袋设计示例

7.2.3　包装设计的策划

1）包装装潢的视觉整合

与其他媒介相比，包装装潢的可视面小，信息容量却相对大。如何在有限空间传达大容量信息，并表现出强烈的视觉冲击力，是图形设计师面临的一个难题。

为了强化包装装潢构图的视觉传达功能，首先，必须通过装潢构图的编排确立视觉重点。在视觉重点上，厂商和消费者会因各自利益不同而产生较大差异。厂商希望强调的文字依次是品牌名、产品名、企业名，然后是其他说明性文字；希望强调的图形是商标和商品形象。而消费者关心的是品牌名的可信程度和商品的内在质量，然后才是有关商品的其他资料及外观。因此，包装装潢的视觉重点应突出品牌名和商标，使产品能在众多的竞争商品中脱颖而出，被迅速辨认出，给消费者留下深刻而独特的印象。

其次，发挥视觉强度和视觉深度的作用，突出视觉重点。视觉强度是在同一构图中各视觉要素对视觉吸引力的大小对比，如在构图位置对比中占位大的其视觉强度相对大，形状对比中特异形、孤立形较为突出，质感对比中肌理变化可造成视觉的特殊关注，方向对比中异向文字或图形容易引人注目，色形对比中明度强的其视觉强度亦大。视觉深度是依各视觉要素排列顺序形成的层次感。人眼在观察大幅广告画面时眼球运动主要随视线而移动，而观看小幅包装装潢时，眼球运动主要是焦距的变动，即先看对眼球刺激较强的景物，形成"近"的感觉，再看对眼球刺激较弱的景物，形成"远"的感觉。根据这一规律，从构图上调整眼球焦距，就可以收到多层次画面编排的视觉效果。

最后，不论视觉强度还是视觉深度，都有其相对的独立性，在建立视觉重点中所起的作用也各不相同。视觉重点主要是按视觉强度的大小排列的，视觉深度亦有自身的规律，如使视觉要素相互重叠造成远近感，可利用纹理的疏密、粗细、大小渐变形成远近感，利用各种透视方法形成远近感等。

2）包装装潢的策划原则与策略选择

随着人民生活水平和文化水平的不断提高，人们追求的精神层次也相应提高，消费者对包装装潢的艺术性、知识性、趣味性的审美要求也在不断更新。因此，装潢设计师在对产品包装进行策划时宜注意以下方面：

（1）包装装潢的策划原则。为了使包装装潢引人注目，在设计时应把握个性鲜明、敢于创新、富有魅力、亲和诚信等策划原则。

① 个性鲜明。在琳琅满目的商品世界里，唯有通过亮丽的色彩、与众不同的图案造型生动地展现产品个性形象，才能使消费者对产品一见钟情。要展现产品的个性形象，就要针对产品的不同销售对象策划设计其包装，可采取异常包装、系列包装、开窗包装等形式吸引消费者。异于常用的包装材料、包装结构、包装造型的新颖包装常引人注目。系列包装具有统一的设计风格和视觉形象，比零星点缀的产品包装更能吸引人。开窗包装针对人们的好奇心和安全感展示产品的独特品质。

② 敢于创新。求新求异是消费者的普遍心理，不论是在材料选用、工艺制作、款式造型上，还是在包装图案、色彩调配上，只要是能充分利用现代化科学技术，并体现出时代风格特征的包装装潢，都能给消费者以别出心裁、风雅独特的良好印象。即使是纸、木、藤、竹、棕、麻、草、麦秸、柳条等传统材料，如能以现代工艺进行加工，可迎合现代人回归自然的审美心理，给人以清新质朴的感觉。而金属、玻璃、塑料等新型材料，不仅成本低、易于成型，而且在色彩、图案、造型上可以随意翻新，再加上铝箔等其他辅助材料的使用，更加使包装富于变化，具有强烈的时代感。

③ 富有魅力。要使包装装潢设计富有魅力，题材和表现均很重要。能吸引消费者的题材十分广泛，主要可归纳为两种风格：一种是民族传统风格，如龙凤呈祥、福禄寿喜、山水花鸟、彩俑古鼎、舞女宫灯等；另一种是现代设计潮流，如不规则线条、夸张的形象、抽象的图案等，既可以是绮丽风光、美好神话、奇趣动物，也可以是直接展现包装内容的彩图、照片等。

④ 亲和诚信。为了解除消费者对产品性能质量的疑虑和不安全感，在对包装装潢进行策划时，应有针对性地介绍产品，选用令人信服的构图题材和实事求是的文字说明，注明生产厂家、产品规格和成分、注意事项等，消费者可以根据产品包装上的说明来检查和监督生产厂家的产品质量，同时可以从对包装装潢的第一印象上产生亲和力，形成惠顾、购买动机。

（2）包装装潢的策略选择。在现代商战中，经过精心策划的包装装潢逐渐成为攻心战的秘密武器，它不仅可以使产品更加光彩夺目，给消费者以审美愉悦，而且使产品在同类产品中独树一帜，激发消费者的购买欲，以达到促销的目的。企业常采用的包装装潢策略主要有：

① 产品线包装策略，即将本企业生产的各种产品，用相同或相似风格的图案、色彩、形状、结构、附件和标签统一起来，使消费者易于辨认或引发联想，产生迁移效应。

② 分量包装策略，即根据消费者的使用习惯或产品性质，按重量设计分次、分量包装。现代社会人们的生活趋向于多样化和差异化，对产品青睐于数量少、质量高的包装形式。

③ 等级包装策略，即根据产品品质的等级设计不同价位的包装装潢，大部分产品的包装都分高、中、低三个等级。高档包装选材讲究，如使用各种楠、檀、樟木、绫、织锦缎、高级瓷等，构图高雅。中档包装的设计图案具有强烈的时代感，做工精细，多采用比较现代化的包装材料，如塑料、尼龙、铝箔等。低档包装一般用玻璃、铁皮、木板以及纸板等包装材料，图案朴素大方，线条明快。除选材外，在包装装潢手法的运用上亦可设计出不同等级的视觉效果。

④ 配套包装策略是指按各国消费者的消费习惯，将数种有关联的产品配套包装在一起成套供应，便于消费者购买、使用和携带，同时可降低包装成本，扩大产品销售。配套包装也是根据消费者的购物心理特点，诱发消费者的购买欲望，从而扩大商品销售。

⑤ 复用包装策略又叫多用途包装策略。根据目的和用途的不同，复用包装基本上可以分为两大类：一类是从回收再利用的角度来讲，如产品运储周转箱、啤酒瓶、饮料瓶等，复用包装可以大幅降低包装成本，便于商品周转，有利于减少环境污染；另一类是从消费者角度来讲，商品使用后，其包装还可以作为其他用途，以达到变废为宝的目的，而且包装上的企业标志可以起到继续宣传的效果。

⑥ 文化包装策略，即以文化背景为媒介展示产品的悠久历史或唤起人们的怀旧情绪，在装潢手法上或简朴粗糙，或风格独特。

⑦ 趣味包装策略，即在包装的造型及装潢上，采用比拟、夸张的手法，增加产品的趣味性和幽默感，以增加包装的吸引力。

⑧ 环保包装策略，即从保护环境的意识出发，在材料运用和包装装潢方面，都考虑到生态平衡及人类的长远发展需要。

⑨ 情感化包装策略，是目前广受设计师推崇的全新的包装形式，能够让人的情感达到一种与非生命的商品相统一的境界，使人对原本平庸无奇的包装应用产生一种极为奥妙的情绪，并且借助商品包装自身的情趣化语言与人交流沟通，实现更大意义上的情感共鸣，从而极大地增加商品的附加值。

包装装潢以无声的语言传达着信息，虽无喧器之声却能施展其独有的市场影响力。包装装潢设计传递着标志、品牌、产品以及生产者信息，也承载着由图形、色彩、字体所构成的包装形象。它们既可采用摄影照片、写实插图、概括图形等具象手法，也可采用点、线、面的几何型或随意型抽象手法，还可以用具象造型来表现抽象的意念，用反常规、超现实的变化及夸张的卡通或漫画形象等来表现，或采用多种底纹、边纹、角纹的装饰纹样等变化形式。无论采用何种表现手法，包装装潢都是产品及企业形象宣传极其亮丽的重彩之笔。

【小思考 7-2】
　　1.包装装潢设计要遵循哪些原则？
　　2.包装材料、包装结构的设计如何体现商品的价值？

7.3　企业其他视觉形象要素的策划

　　企业视觉识别系统除代表企业固有形象沟通核心的基本要素系统之外，还包括其他常用沟通工具（除产品、包装之外）的应用要素系统，如广告、标志、环境、运输工具、制服、办公用品等。

7.3.1　广告

　　广告（advertising）是广告主以付费方式，经过系统的计划运作过程，通过媒体将信息真实、正确地传递给诉求对象，达成诉求目的的一种活动。

　　1）广告计划

　　广告计划是根据市场营运需要及广告战略，拟定的广告工作步骤与广告表现手段。首先，必须设定广告目标，包括市场目标、时间限定等。其次，决定广告预算，包括明确了解广告的生产率、掌握作为综合盈利组成部分的广告预算、考虑资金积累效果及竞争条件等。最后，在确定总的广告投入后，将广告费按一定比例支配给调研、企划、设计和广告实施等环节。

　　2）媒介选择

　　企业在实施广告策略时，应充分注意媒体的运用成效与企业形象的关系。如果是为了提高企业形象做企业广告，就必须选择威信高的大众媒体；如果是为了传递商品信息，选择普通的报纸、杂志、电视等均可。通常为了达到更好的广告信息传播效果，可根据不同媒体的特性选用两种或两种以上媒体优化组合，取长补短。通过各媒体系统、有秩序和反复传递，用最少的广告费用换取最大的广告效益。

　　3）设计表现

　　广告的目的是通过使用新颖的创意和引人注目的表现手法令接收者感到震惊，促进大众对广告主题的认同。首先，应确定广告概念，将商品特性真实地做外延的表现，同时将其意义与内容加以装饰使之具有某种范围联想的内涵表现。其次，选择表现手法：采取逻辑性表现还是情绪化表现；从企业方面定题材，还是从消费者方面定题材；直截了当地表现事实，还是用隐喻手法来表现事实。另外，广告的表现形式分为标准型、语调型、思考型、演出型、暗示型等，应根据广告的具体内容而定。

【实例7-2】

饿了么创意户外广告

2020年在上海地铁9号线徐家汇站，饿了么用改名logo打造出了一片蓝色海洋（如图7-25所示）。在品牌战略升级时期，饿了么用简洁明了的连环发问句式，将消费者日常生活里的多个需求场景和品牌定位巧妙关联，传递出"饿了么不只送餐，还送万物"的关键信息。除了线下的地铁平面广告，在线上，饿了么与用户共创，一起玩梗"_____了么"体；同时，为上万名蓝骑士定制了印有改名logo的服装，让饿了么改名事件进入用户的生活中。

图7-25 饿了么创意户外广告

资料来源 数英. 饿了么品牌升级，改了一万个名字［EB/OL］.［2022-03-02］. https://www.digitaling.com/projects/131816.html.

7.3.2 标志

标志是在都市空间中表示企业与建筑物存在的指示符号。从门前吊旗到大型霓虹灯广告牌，都属于标志设计的范围。尤其是大型建筑物上的招牌会对现代都市景观带来很大影响。VI设计师应亲临现场，处理好"地"（背景或环境）与"图"（招牌）的关系，以免造成视觉公害。

1）标志的分类

（1）具有识别功能的标志。具有识别功能的标志中，有建筑物屋顶、墙壁或入口处的企业名称等标牌标志，也有玄关、门牌、门柱、设施名等标牌标志，还有供使用者确认目的场所的部门、柜台等标牌标志。

（2）具有接待功能的标志。具有接待功能的标志中，有全景区建筑、设施配置图和指示牌，也有建筑物内各部门、各楼层位置的配置图和指示牌，还有为引导使用者到达目的场所的指示招牌等标志。

（3）具有限制功能的标志。具有限制功能的标志主要指表示禁止的标志，如"禁止入内""禁止停车"等。

2）标志的设计

由于标志大多设在都市或人口密集的地带，是构成视觉环境的重要组成部分，因此标志的设计除必须考虑其本身的设计水准外，还应顾及与企业其他识别系统的形象关联性。在设计时应注意以下几点：

（1）快速、醒目。标志的资讯内容分图、文两种。在传达文字资讯时，应事先整理资讯内容与优先顺序，开发简洁明了的文字标志；在处理图形资讯时，应尽量选择视觉认同性高的标志进行开发。在处理"图"与"地"的画面关系上，力求快捷、醒目的设计效果。

（2）标准化、格式化。对所有标志的设计要素、材料、施工方法等，要事先以一定基准进行标准化、格式化处理，尤其在大量制作标志时，这样做可以提升效率、降低成本。

（3）风格别致。为了准确地表达企业理念和企业精神，可以对标志的形状、材料、施工方法等进行设计处理，而不仅局限于文字的字体和符号上。

（4）完整统一。标志的完整统一，除自身表达的资讯内容与设计表现需完整统一之外，每一个单独标志的形象还必须与整体标志的形象相统一，整个标志系统的设计风格还必须与整体视觉形象的设计风格相统一（如图 7-26 所示）。

图 7-26　标志的完整统一性示例

7.3.3　环境

环境或店铺的形象是企业整体形象的缩影。消费者在购买商品或使用服务时，容易通过店铺或环境来形成对企业的印象，尤其是大型商厦、超级市场、银行和酒店等。店铺形象等同于企业的形象。

店铺设计不同于其他平面设计，建筑设计师、室内设计师、环境艺术设计师等专业人员应共同架构统一的视觉形象。在实际操作时，首先，应对店铺的必要空间与机能进行分析，逐一检讨设计构思，看是否考虑到地域性或顾客的特性，是否根据商品形象来构想店铺的设计，是否周密考虑到公共设施与休息空间的位置、待客空间与行政空间是否均衡。其次，应规定店铺的统一形象要素。在与店铺外观招牌的联动中，规定室内、室外形象，甚至与展示间的关系等。由于地域性与机能的不同，还必须开发室内的弹性空间。除此之外，在进行店铺设计时，还可以通过标准化来降低成本（如图 7-27 所示）。

图7-27 环境设计示例

7.3.4 运输工具

企业的运输工具除具有运送货物和人员的基本功能之外，作为人们注目最多的活动招牌和动态公关媒体，它还具有沟通的媒介功能。

运输工具的设计主要是将车辆表面进行图像的设计处理。由于车辆的流动性强，在设计时应着力开发图像本身的视觉认同性，同时注意与企业整体形象的视觉统一。由于车辆有各式各样的尺寸，以何种形式完成设计很重要。一般通过贴上剪贴字母、粘胶标签、网版印刷，以及油漆手绘等形式完成。另外，在设计时应注意法规的限制和避免被误认为其他专用车等（如图7-28所示）。

图7-28 运输工具设计示例

7.3.5 制服

制服是企业的面子。企业员工与客户接触时，制服成为客户识别、认同企业的重要媒介。从普通工作服到高档职业装的设计，以及帽子、徽章等附属品的设计，都是传达企业形象的有效工具。除具有服装的审美性、象征性、机能性之外，制服还应具有识别性、经济性，以及与环境的和谐性。

在设计制服时，首先要确定开发对象和设计要求。除事务用、待客用、作业用的制服种类外，还包括帽子、徽章、臂章、名牌等附属品。制服的设计要能反映业务特点，能涵盖穿着者的年龄跨度，能与穿着环境相适应，与其他竞争者相比在识别上更占优势。制服的设计过程包括沟通设计概念、形成整体设计系统、制成样品让员工试穿、经评价认同后正式换装。

7.3.6 办公用品

在企业视觉形象的应用要素中，名片、信封、信纸等办公用品的设计不容忽略。它们不仅是企业与外部沟通的媒介，也是对标志等基本要素反复模拟、设计、检验的重要作业。下面就事务性办公用品的代表性项目，分析它们在设计、开发上应注意的问题：

1）名片

由于名片尺寸很小，应将企业标志及公司名称放在显著位置上，人名及职称名要求易读。为了使设计美观，应就名片的尺寸、标志的位置、字体的种类，以及色彩等问题反复调试。在设计高层人物的名片时，多以金色或银色在企业标志部分加花样。名片还应包括电话号码、传真号码及电子邮件地址等内容。

2）信封

企业信封有普通型、长型、角型、开窗型等多种形式，也有各种各样的尺寸。信封的设计要求统一规划，服从于整体视觉形象设计。对于邮政法规的规定尺寸等重要要求，如开窗型信封上窗的位置及大小、填写邮递区号的位置和颜色、表示国外航空邮件等方面的要求，均应事先询问邮政局。

3）信纸

为使收信人在开封后及时确认寄信人，在信纸的上部一般印有企业标志、公司名称、地址等信息。信纸多半使用国际统一的 A4 尺寸规格。在设计英文用信笺抬头时，必须查看企业标志和公司名称的位置。

4）商业表格

商业表格含业务联络、报告、指示等事项所需的传票、账簿、合同、估价单、请款单、收据、验收单、订购单等，除内部使用的表格之外，有相当部分的表格需交往来厂商。因此，它有必要纳入整体设计开发，以展示企业的风格。

【小思考 7-3】

1.标志设计与企业形象整体设计有什么关系？

2.企业环境设计要体现什么特色？

延伸阅读　江中焕采 IP 化新包装

本章小结 ✎

企业形象应用要素的设计是反映企业经营观念、展开基本要素的沟通。如果只是将精细化后的标志按规范化作图要求加以套用，稍具设计知识与经验的人就可完成。只有在应用要素上全面展开时，基本要素才能真正为人们所关注。因此，应用要素是展示企业文化、风格及企业视觉形象的重要媒介。

在整个CI战略中，以视觉识别的传播力量最为具体而直接，它能够将企业识别的基本精神——差异性——充分地表达出来，并可让接收者一目了然地掌握其中传达的情报信息，从而达到识别、认识的目的。

主要概念和观念 🗂

☐ **主要概念**

　　包装装潢　应用要素

☐ **主要观念**

　　创新观念

基本训练 👥

☐ **知识题**

　　7.1　产品造型形式美的构成法则是什么？

　　7.2　包装装潢设计的主要形式有哪几种？

　　7.3　广告表现的主要媒体有哪些？

　　7.4　标志设计的视觉传达作用是什么？

　　7.5　环境设计应会同哪方面的专业人员共同商定？

　　7.6　运输工具的视觉传达设计应注意哪些问题？

☐ **技能题**

　　7.1　产品创新思维的审美特点是什么？

　　7.2　包装的结构主要有哪些形式？

☐ **能力题**

　　7.1　案例分析

国产咖啡品牌三顿半的小罐子成为年轻人的"社交货币"

2008年第一家咖啡店开业，2015年三顿半品牌创立，2018年夏天小罐子第一次亮相，2019年秋天回收咖啡空罐的"返航"计划正式启动。三顿半多出的半顿恰恰在当代年轻人的正餐之余，为其提供了一份独特的生活能量。从2015年三顿半刚成立时推出不温不火的品牌视觉，到2018年推出独一无二的包装设计，再到2019年获得全球食品饮料包装设计大奖（Marking Awards），2020年获得红点品牌与传达设计大奖中的包装设计奖，三顿半品牌和产品不断升级。

一个小罐子，如何携带最多的设计能量？

一个小罐子，可以被称为"社交货币""流量密码""接头暗号"，甚至限定版的空罐还有人出高价收。看似简单的小罐子，竟花费了近半年的时间来设计，其中形状、颜色和数字符号，每一个设计元素的运用都为品牌找到了差异化的视觉表现。

用形状和颜色跳出框架，拉近距离：三顿半的创始人吴骏谈起小罐子的包装设计时说，关键词是还原，即用咖啡杯本身的形状，帮助消费者理解它就是一杯好喝的咖啡。这些横空出世的小罐子完全跳出了之前市面上速溶咖啡一贯的条状/罐子/深色系的包装框架，也顺带将一些精品咖啡的优越感"拉下神坛"。可爱轻松的外形，明快鲜艳的底色，已经成为独属三顿半的设计符号。

用数字简化认知，增强传播：罐身上大大的数字也是内容符号化的范例，1～6数值从小到大表示烘焙度由浅至超深，口味由酸向苦逐渐过渡。不强制输出咖啡的产地故事和历史文化，而是用数字编号来降低认知成本，让消费者心理上也更轻松，也提升了社交传播效率（如图7-29所示）。

图7-29 三顿半咖啡数字编号包装

三顿半颠覆性地推出精品速溶咖啡粉，产品销售火爆。根据三顿半官方数据显示，2020年"双十一"期间三顿半交易额突破1亿元，成为天猫冲调类目TOP1和咖啡类目TOP1。三顿半的高销量离不开包装的创新造型。不同于传统咖啡的条状/罐子/深色系的包装，三顿半针对产品的优势和功能，配套设计了小巧可爱的外带咖啡杯造型包装。不仅便于携带，还能通过多种杯身颜色和数字体现不同的风味。高颜值的包装自带社交属性，有很多消费者会忍不住与三顿半产品摆拍，并发布在社交平台。甚至有淘宝店专卖喝过的三顿半产品包装，说明这个包装好看到有消费者愿意为包装单独付费。

在三顿半之外，旗下永璞的冻干咖啡区别于其他冻干品牌，以飞碟为造型，体现出冻干咖啡"航空冻干黑科技"的卖点，受到消费者的追捧（如图7-30所示）。与2019年同期相比，永璞2020年的销售额已经实现5倍左右的增长。

图7-30　三顿半咖啡飞碟造型包装

同时，三顿半打造了自己的空罐回收计划。针对消费者喝完咖啡不知如何处理空罐，扔掉又有点可惜的心理，三顿半索性来了一场回收咖啡空罐的长期计划，将消费者喝完的咖啡罐子统一回收，并做二次利用。由于物品回收本身并不具备可传播性，三顿半索性制造噱头，把空罐回收包装成一场有意思又有意义的活动，代号"返航计划"。光听这个名字好感度就增加了两成，将散落在星球的咖啡空罐进行回收，就像巡游太空的舰队返航，神秘又有趣，不仅吸引眼球，也容易被谈及和讨论。过程设计也很有仪式感。具体来说，就是每一次的空罐回收计划都会讲述不同的主题故事。很快，这个有点环保性质的活动就火起来了，从第一季的17个城市、29个空罐回收点，到2021年2月结束的第三季，已经扩展到43个城市、64个返航点，20 000名参与者，140.09万个空罐。经过两年经营，不同城市的年轻人在限定的时间、限定的地点，送回三顿半的咖啡空罐似乎已经成为一种时尚。

资料来源　毛毛. 三顿半的小罐子为何能成为年轻人的"社交货币"？［EB/OL］.［2022-03-02］. https：//baijiahao.baidu.com/s？id=1700960459900206987&wfr=spider&for=pc.

问题：

1）请分析三顿半咖啡包装的特点。

2）三顿半咖啡包装创新成功带给我们哪些启示？

7.2　网上调查

请在网上搜集10个富有创意的企业标志、3个包装更新的案例。

第 8 章

企业内部管理行为策划

学习目标 ◎

通过本章的学习，掌握企业内部管理行为策划的基本内容，并能参照本章内容，结合企业实际，进行局部或整体的企业内部管理行为的策划，从而提高企业内部管理行为策划的技能和能力。

引例 @　　　　**方太用现代儒家管理模式打造幸福常青的百亿企业**

方太每年销售增长率保持在 20%～30%，在 2017 年成为国内首家销售收入跨越百亿元的厨电企业，成功跻身 10 多个主要国家和地区的厨电市场，连续 6 年入选"亚洲品牌 500 强"榜单，持续领跑厨电行业，以"坚守"与"仁爱"的初心走出一条"为了亿万家庭的幸福"的方太之路。

方太的成功源于仁爱之道、向善之法和创新之术，以术载道，以法固道，以道驭术，实现了企品、人品和产品的三品合一（如图 8-1 所示），实现了论语与算盘的义利平衡。

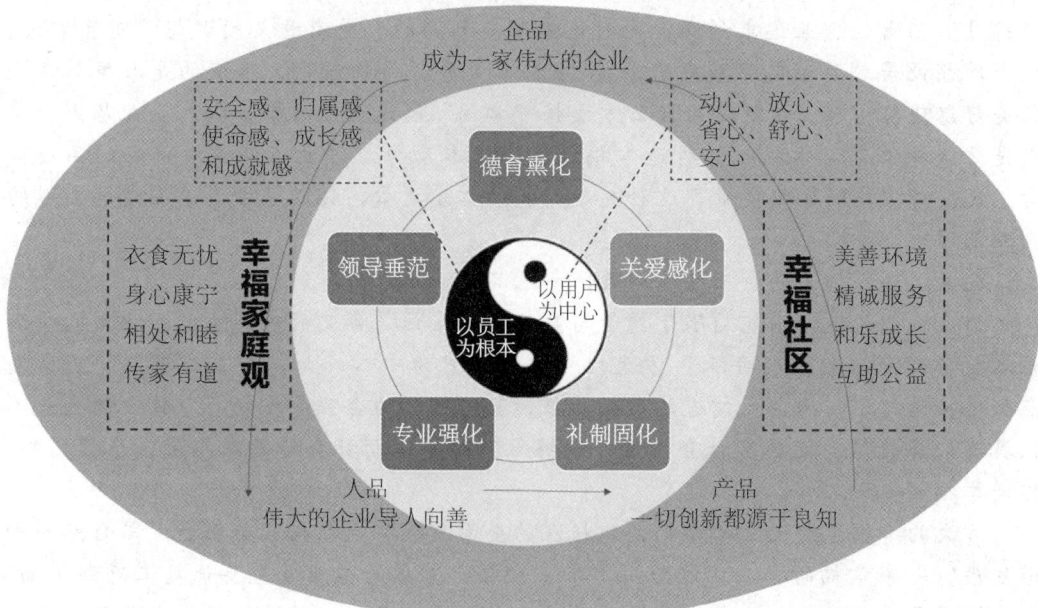

图8-1　方太的幸福生态

仁爱之道：因爱伟大——"企品"

方太始终秉持"让家的感觉更好"的初心，并在探索中不断坚定。1996年，茅忠群在创立方太时，为避免家族企业陷入人情管理、效率低下等弊端，在财务系统、生产制造、营销、人才管理等方面全面引入了现代西方企业管理制度，搭建了一套完整的管理体系，显著提高企业效率和业绩。

随着企业成长与壮大，遵循契约精神的西方管理模式难以对长期浸润东方文化的本土员工实行有效管理。茅忠群意识到"任何一种管理方式都是在一定的文化基础上创造出来的"，企业文化要根植于国家文化土壤中，中国企业必须要注入中国文化的内核，而儒家文化是中国优秀传统文化的代表。虽然我们已经进入现代社会，但是儒家的传统思想仍在潜移默化地影响我们的思维与行为。2008年，方太正式开始探索以儒道为核心经营理念的企业管理模式。

方太儒道经营理念的核心是"仁爱"，根本原则是"修己安人"，这也是儒家思想的精髓。茅忠群认为，过分关注利益而缺乏仁爱之心，忽视对"人"的关注是很多企业的同质性问题，与"修身，齐家，治国，平天下"的儒家思想相违背。

推及企业管理，这一思想有两层含义：一是企业存在的理由不只是获取利润，还应胸怀天下，主动承担社会责任。二是若想增进人类福祉，首先要修养自己的品性，最根本的便是要有一颗仁爱之心。这种仁爱之心不是压力之下的"被动"反应，而是发乎内心，对社会责任的主动承担，企业为员工着想，员工为用户着想，员工用心，用户安心，这种超越利益的责任感自然会为企业带来良好的效益；反之，本末倒置是做不好任何事情的。

2015年，方太提出"成为一家伟大的企业"的新愿景。

方太将"伟大"分解为4个特征：用户得安心，员工得成长，社会得正气，经营可持续。伟大的企业追求利润，同时追求超越利润的、更有意义的理想。对于方太，这个理想便是"为了亿万家庭的幸福"。技术更替，市场迭代，不变的是人类对幸福的美好愿望与追求，这就是为什么方太将"幸福"写进企业战略，融入企业基因，这也是方太树立家庭幸福观，打造幸福社区的根本动力。方太不仅要对产品的品质负责，还要对用户的幸福负责，这种超越利润的仁爱之心，铸就了方太"因爱伟大"的企业基因。

向善之法：伟大的企业导人向善——人品

伟大企业的使命不能局限于愿景与热忱，而应该是务实的理想主义。方太的儒道植入绝非心血来潮，12年来，方太以"要以用户为中心、要以员工为根本"为出发点，坚持进行了一场企业儒道的幸福长征，坚信伟大的企业导人向善。伟大的企业不仅具有经济价值，还具有社会价值，能够源源不断地向社会传播正能量，唤醒良知，传递幸福。

方太的幸福是广义上的幸福，包括人的全面发展，也包括人与社会、与自然的和谐发展。一家幸福的企业才能给用户带来幸福，幸福的企业首先要让员工感到幸福，为此，方太以"五法"使文化落地，营造仁爱向善的氛围，关注员工的成长与体验。

方太儒道的推广做法是徐徐图之，以利天下。方太将儒道融入员工培养的每一天、每一个环节、每一个层次。方太儒道的引入从展厅为孔子堂让路开始，在方太园区内儒家元素处处可见，就是要让员工在耳濡目染中形成仁者爱人的信仰。从一线员工到管理高层，方太人的一天从诵读儒家经典开始，从唤醒良知、敬畏道德开始。

"以员工为中心"便是要将员工当成家人，方太通过"关爱感化"，为员工营造具有安全感、归属感、使命感、成长感和成就感的软环境。实行"全员身股制"，让每一位员工凭"人力资本"入股，分享经营利润，让每一位方太员工都真正成为方太的家人。关于园区建设、福利薪酬、公司活动，更是广泛听取员工建议，以员工为中心，向员工传递爱与善意。

文化落地是长效工程，让全体员工接受并非易事。《论语》有云："为政以德，譬如北辰，居其所而众星共之。"方太的儒道推行从高层开始，通过"领导垂范"，形成上行下效的氛围。茅忠群以身作则，每天晨读经典一小时，坚持授课、撰文等，与员工分享感悟所得；建立"致良知"高管微信群，群内不探讨工作，只分享学习经典的心得体会；领导力不是讲出来的，更要格物致知，推行"三省"会议，规范管理者言行举止，形成"其身正，不令则行"的风气。

文化落地离不开制度的引导，完整的管理要德法平衡。方太将价值观形成标准，融入考核，奖惩分明，实现"礼制固化"。方太将员工所犯错误按严重程度分为A、B、C三类，推行儒道后，对C类错误取消罚款，取而代之的是主管谈话，激发员工心中的道德感与责任感，培养有耻且格的员工。新规实行后，员工C类错误大幅下降。在方太，惩罚从来不是最终目的，而是在员工心中形成道德红线，从而达到致良知的最高境界——从心所欲不逾矩。

一家伟大的企业自然不能只关注内部幸福，一直以来，方太秉持"让家的感觉更好"的初心，2018年更是明确提出新时代的"家庭幸福观"——衣食无忧、身心康宁、相处和睦、传家有道。2019年，方太又制定了更远大的目标，提出"幸福社区"——美善环境、精诚服务、和乐成长、互助公益，同时用行动向亿万家庭发出"幸福倡议"。"方太幸福家"从来不是营销的噱头，而是要实实在在地走近员工，走进亿万家庭，走向社会。

结束语

大道至简，止于至善。方太用一颗仁爱之心，润物无声地打造幸福生态，本身便是对儒家仁爱思想的最佳践行。格物致知，在管理模式上不盲目模仿西方现代管理方式，亦不跟风传统文化，而是在实践中，顺应本土文化的共享价值观，中西融合，打造方太儒道；仁者爱人，伟大的企业是使命驱动的企业，创新是方太的动力，仁爱是方太的基石，方太将"为了亿万家庭的幸福"融入企业基因，用极致的好产品征服用户，产品处处为用户着想，用户自然会选择方太。伟大的企业能够通过有效率、有意义的整合式管理，形成"效率、创新、幸福"三位一体的幸福生态，这样的企业值得基业长青。

资料来源　陈劲，国容毓. 方太：幸福常青的企业［J］. 清华管理评论，2020（9）：115-120.

本章主要介绍企业管理制度、企业组织行为等企业组织群体规范策划，企业员工工作规范、商务社交礼仪规范等企业员工行为规范策划，企业文化活动策划等内容。

8.1 企业组织群体规范策划

8.1.1 企业管理制度策划

企业管理制度是规范企业组织群体行为、塑造良好企业形象的主要约束机制。企业管理制度的策划和建立是一个系统工程，主要包括企业宏观管理制度和各职能部门管理制度两部分。

1）企业宏观管理制度策划

企业宏观管理制度策划主要包括以下几个方面：

（1）企业管理体制：以产权制度为核心的企业管理体制。

（2）企业领导制度：包括企业领导原则、体制和领导权限，其核心内容是解决企业内部领导权的归属、划分和如何行使的问题。

（3）企业规章制度：企业全体员工共同遵守的各种规则、章程、程序和办法。

（4）企业经济责任制度：以提高经济效益为目的，实行经济责任、经济权利和经济利益相结合的经济责任制度。

2）各职能部门管理制度策划

（1）计划管理制度策划。计划管理制度主要包括以下几个方面：

① 战略计划管理制度；

② 年度计划管理制度；

③ 经济合同管理制度；

④ 统计工作制度等。

（2）财务管理制度策划。财务管理制度主要包括以下几个方面：

① 企业内部经济核算制度；

② 成本管理制度；

③ 固定资产管理制度；

④ 流动资产管理制度；

⑤ 专项资金管理制度；

⑥ 投资管理制度等。

（3）人力资源管理制度策划。人力资源管理制度主要包括以下几个方面：

① 企业员工招聘录用制度；

② 新、老员工培训制度；

③ 员工考评制度；

④ 员工激励和奖惩制度；

⑤ 人才调配和流动制度；

⑥ 劳动定额和定员制度；

⑦ 工资管理制度；

⑧ 干部管理制度等。

（4）生产管理制度策划。生产管理制度主要包括以下几个方面：

① 生产作业计划制度；

② 生产作业准备制度；

③ 生产调度工作制度；

④ 在制品管理制度；

⑤ 生产协作制度；

⑥ 全面质量管理制度；

⑦ 产品检验制度；

⑧ 计量管理制度；

⑨ 设备管理制度；

⑩ 安全生产和事故报告制度；

⑪ 环境保护管理制度；

⑫ 物资采购申请和验收制度；

⑬ 仓库管理制度；

⑭ 运输管理制度；

⑮ 能源管理制度等。

（5）技术管理制度策划。技术管理制度主要包括以下几个方面：

① 科研和新产品开发管理制度；

② 科技情报管理制度；

③ 技术档案管理制度；

④ 设计管理制度；

⑤ 工艺管理制度；

⑥ 材料消耗定额制度等。

（6）营销活动管理制度策划。营销活动管理制度主要包括以下几个方面：

① 市场调研与预测制度；

② 目标市场管理制度；

③ 产品销售管理制度；

④ 价格管理制度；

⑤ 分销渠道管理制度；

⑥ 广告宣传和推广管理制度；

⑦ 销售人员管理制度；

⑧ 销售服务管理制度等。

（7）行政管理制度策划。行政管理制度主要包括以下几个方面：

① 医疗卫生管理制度；

② 房产、地产管理制度；

③ 行政生活管理制度；

④ 计划生育管理制度；

⑤ 治安保卫工作制度；

⑥ 消防安全管理制度；

⑦ 基本建设管理制度；

⑧ 文书档案与保密管理制度等。

【实例8-1】

华为的22个"不"

华为从创业到现在都在强调"不做"什么。古语云，"有所为有所不为"，先说"不做"什么再说"要做"什么的华为，重要文件和理念中有多达50多个"不"，这里简要介绍重要的22个"不"。

《华为基本法》里的11个"不"：

1. 永不进入信息服务业。

2. 不迁就有功员工。

3. 决不让"雷锋"吃亏。

4. 不单纯追求利润最大化。

5. 不单纯追求规模扩展。

6. 不从事非相关多元化经营。

7. 从贤不从众，议事不管事。

8. 不搞终身雇佣制。

9. 不牺牲公司长期利益去满足员工短期利益。

10. 没有周边或基层经验不能当干部。

11. 不能培养接班人的主动引退。

业务投资的5个"不"：

12. 不做应用，不碰数据。

13. 不开展以财务回报为目的的产业投资。

14. 不以公司风险投资部门的局部价值最大化为目标。

15. 不支持、不投资、不参与内部创业。

16. 不上市。

经营理念的6个"不"：

17. 不做"飞猪"做"象龟"。

18. 不做"老虎"做"群狼"。

19. 不做"牡丹"做"薇甘菊"。

20. 不做"水害"做"水利"。

21. 不做"圣人"做"商人"。

22. 不做"创新"做"创值"。

资料来源　杨杜. 华为公司"22个不"[J]. 企业管理，2021（9）：14-19.节选.

8.1.2　企业组织行为策划

组织是指为实现企业的目标及执行企业的战略策略，对企业的人力资源进行调配所建立的社会机构。企业组织行为策划主要通过组织设计，制定企业组织的目标，确定企业的组织结构等。

1）企业组织设计

企业组织设计是将组织内的人力合理分配于不同的任务，并通过对人员的分组取得协调一致的行动。企业组织设计主要包括以下几个方面的内容：

（1）劳动分工，即将某项复杂的工作分解成许多简单的重复性的活动，实施功能专业化。通过劳动分工，使每个员工都能发挥自己的专长，提高工作技巧，也有利于促进工具和设备的专门化，从而使工作效率得以提高。然而，长期从事简单、机械化的重复劳动，也可能会使员工因为感到乏味而缺乏工作热情和创造性。因此，组织往往通过轮岗等方式重新进行劳动分工。

（2）部门设计，即对专业人员进行归类，形成组织内部相对独立的部门。部门设计主要有以下几种方式：

① 功能部门化，即按照组织活动的功能划分部门，如企业可按照其功能划分为营销部、生产部、财务部、工程部、行政后勤部等。

② 产品或服务部门化，即按照组织的产品类型来划分部门。

③ 用户部门化，即按照组织所服务的对象特点来划分部门。

④ 地区部门化，即按照主要业务发生的地区来划分部门。

一些大型企业往往将以上几种方式结合起来，构成一个矩阵结构式的部门化组织形式。

（3）确定责任和权力：确定组织中各类人员需承担的责任范围，并赋予其使用组织资源所必需的权力。在组织中，往往是由上级对下级授予责任与权力。责任和权力必须明确，并相互适应。要避免双重隶属关系的授权。

（4）管理幅度和管理层次设计：管理幅度是指一个管理人员所能有效地直接领导和控制的下级人员的数目。管理层次是指组织内纵向管理系统所划分的等级数。一般情况下，管理幅度与管理层次成反比例关系，由于上层主要承担决策性、组织性工作，管理幅度可以较小，而下层主要承担执行性、日常性工作，管理幅度可以大一些。管理幅度的大小主要取决于领导者和被领导者的素质，以及管理业务的复杂程度等方面的因素。

2）企业组织目标设计

目标是一个组织通过实施战略、策略所要达到的目的和结果。企业组织目标的设计，可以从不同的角度来考虑：

（1）从目标实现的时间来考虑，分为长期目标和中短期目标。

（2）从目标实施者的类型来考虑，分为组织目标和个人目标。

（3）从目标的效用来考虑，分为计划目标和实施目标。

以上各类目标相互关联、相互渗透，企业进行设计时必须统筹兼顾，在调查研究的基础上，经过反复分析、比较后确定。

3）企业组织结构设计

企业组织结构是指组织内部的构成及运行方式。现代企业的组织结构一般有以下几种类型：

（1）职能式组织。职能式组织是按照工作过程的不同阶段和工作技能进行专业分工，设置各个职能部门的组织形式。企业高层领导按照分工，分别对各个职能部门进行领导、指挥和协调；各个职能部门在其业务范围内利用专业管理人员发挥专业管理职能的作用。

（2）事业部式组织。事业部式组织又称分权组织，是按照部门化结构（按产品、地区或用户结构）设置事业部，各个事业部实行相对的独立经营、单独核算，拥有一定的经营自主权的组织形式。各个事业部既是在总公司控制下的利润中心，又是产品责任单位和市场责任单位，拥有自己的产品和独立的市场。事业部式组织按照"集中政策，分散经营"的原则，公司高层管理机构掌握人事、财务控制、监督权，并规定价格幅度，利用利润等指标对事业部进行控制。这种组织形式适用于规模巨大、产品种类多、市场分布面广的企业。

（3）直线式组织。直线式组织又称军队式组织，是从最高管理层到最低管理层按照垂直系统建立的组织形式，由各层领导者统一指挥。这种组织形式结构简单、权责分明、工作效率高，适用于产品单一、规模小的企业。

（4）矩阵式组织。矩阵式组织是将按职能划分的部门和按产品或项目划分的小组结合起来组成矩阵，使同一个管理人员既与原职能部门保持联系，又能参加产品或项目小组的工作。这种组织形式适用于某些需要集中各个方面的专业人员参加的项目或业务。

（5）多维组织。多维组织又称立体组织，它由三方面的管理系统组成：一是按产品划分的事业部，是产品利润中心；二是按职能（市场研究、生产、技术研究、管理等）划分的专业职能机构，是专业成本中心；三是按地区划分的管理机构，是地区利润中心。在这种组织形式下，产品事业部经理不能单独做出决定，而是由产品事业部、专业职能部门和地区部门的三方面代表共同组成产品事业委员会，对各类产品的生产销售进行决策。这种组织形式适用于规模巨大的跨国公司或跨地区公司。

4）企业组织活动策划

企业组织活动是塑造良好的企业形象的动态行动，主要包括以下几个方面的内容：

（1）企业环境营造。企业环境包括物理环境和人文环境两个方面。

物理环境营造包括以下几个方面：

① 视觉环境设计，即对室内的采光、色彩，室外的招牌、指示牌等方面的设计。

② 听觉环境设计，即对声响、音乐等方面的设计。

③ 嗅觉环境设计，即用花卉、盆景、香料营造一个清香的环境。

④ 温湿度的设计，即根据工作性质不同，设计空气清新、温湿度合适的工作环境。

人文环境营造主要是对企业的领导风格的策划、民主气氛的营造，以及企业内部的合作与竞争氛围的营造等。

【实例 8-2】

组织管理整体论：以中国电科为例

中国电子科技集团有限公司（以下简称中国电科）自 2002 年成立以来，其组织系统经历了初创期、转型升级期、高质量发展期三个阶段的演化。经研究发现，中国电科组织系统涌现了以"战略定位""组织体系""创新工程""组织使命"为核心范畴的组织系统要素，经历了初创期、转型升级期、高质量发展期的三阶段演化，系统结构出现了由核心要素逐步复杂化、核心要素构成逐渐丰富化到核心要素逐步体系化的动态过程特征。

在整体层面，组织系统在初创期涌现了"战略定位"与"组织体系"两大核心要素和"创新工程"一个非核心要素的组合与协同。"以所为本"组织体系架构有效支撑"三二一总方针"与"军、民、贸"业务战略，实现组织系统要素组合与协同。在转型升级期，组织系统维持"战略定位"与"组织体系"两大核心要素和"创新工程"一个非核心要素的组合与协同，这符合组织系统要素的递进轨迹。"以所为本"组织体系架构持续支撑"军、民、贸"业务战略，但总战略方针由"三二一总方针"向"三三三战略"优化转型，这呈现出系统核心要素子要素的夯实轨迹。在高质量发展期，组织系统在原有两大核心要素基础上，将"创新工程"由非核心要素向核心要素转化，并新涌现了"组织使命"这一核心要素，同步嵌入核心要素的夯实（thickening：强化与优化现有要素）、修补（patching：创造新的核心要素或支持性要素）、递进（coasting：保持现有核心要素）等组织系统进化轨迹。相应地，中国电科在"战略定位"核心要素（即"一二五四三 + 一五五三方针""五大业务体系""领军人才"三大核心战略要素）的引领下，通过"集团主导，所为基础"的组织体系优化，建构以"三三三科技创新体系"与"研发与创新平台"等"创新工程"要素为基础的组织创新能力，并依托"量化有效型"等党建工作加强全集团层面的使命建设，在组织系统整体层面实现核心要素协同与组合优势。

关键系统要素自身的演化轨迹如下：

在战略定位方面，中国电科组织系统实现了战略方针的转型（三二一总方针→三三三战略→一二五四三 + 一五五三方针）与业务定位的逐步系统化（三大业务体系向五大业务体系的转化），并完成了人才战略的升级（在第三阶段人才要素由非核心要素转向"领军人才"的核心要素），系统要素演化呈现夯实、修补与递进的多重进化轨迹。

在组织体系方面，中国电科组织系统完成了由"以所为本"到"集团主导，所为基础"的组织架构调整，主要嵌入夯实与递进轨迹，并通过非核心子要素的补充、迭代、删减等，优化组织体系架构以适应集团整体发展需要。

在创新工程方面，中国电科组织系统完成了创新要素由非核心要素向核心要素的升级（表现为核心要素的修补轨迹），推动以特定创新工程为基础的创新建设向以

"三三三科技创新体系"与"研发与创新平台"等为核心支撑的创新体系化管理的重要升级（表现为子要素的递进与修补），实现以创新为驱动的组织发展。

在组织使命方面，中国电科早期将组织使命嵌入在战略发展之中，直至高质量发展期涌现出"量化有效型"等专项使命文化建设的组织系统核心要素，嵌入系统核心要素的修补轨迹以建构使命驱动的组织系统。

由此，中国电科组织系统逐步趋于体系化与全面化，实现组织系统要素动态共演与组合协同的发展目标。

资料来源　陈春花，梅亮. 组织管理整体论：组织系统演化的过程启示［J］. 科学学与科学技术管理，2021（10）：3-19.节选.

（2）员工教育设计。员工教育的目的是进一步规范企业员工的行为，包括领导干部教育和一般员工教育两个方面。

① 对领导干部的教育主要包括理论政策水平教育、法制教育、决策水平教育和领导作风等的培养教育。

② 对一般员工的教育主要包括企业经营宗旨、企业文化等企业理念的教育，服务态度、服务水平的教育，员工行为规范的教育等。

（3）产品和服务规划。产品和服务规划主要包括对新产品开发和产品组合方面的策划，对产品的品牌、功能、质量、包装、价格、营销手段等方面的策划，对售前、售中和售后服务的内容及水平的规定等。

（4）宣传活动策划。企业宣传活动策划主要包括广告宣传活动的策划，公共关系和社会公益活动的策划，展销、展示活动的策划，各类新闻发布会的策划，文化性活动的策划等。

【小思考8-1】

1.强调企业组织管理制度与人本思想是否矛盾？

2.企业组织行为如何创新？

8.2　企业员工行为规范策划

8.2.1　企业员工的工作规范

企业员工的工作规范策划是根据企业的现行制度和各部门、各岗位的职责，规划出员工共同遵守的行为准则及实现的条件。

1）员工行为准则设计

企业员工必须具有进取心、责任感和敬业精神，积极、热忱地做好自己的工作。具体来讲，应具有如下准则：

（1）团队意识。全体员工应以整体利益为出发点，通过沟通、协调达成一致，形成众志成城的力量。

（2）敬业精神。对工作兢兢业业，积极进取，具有百折不挠的毅力。

（3）创新观念。科技发展日新月异，市场竞争瞬息万变，企业员工必须接受新事物、新思潮和新观念，在不断创新中求发展。

（4）求知欲望。企业员工必须不断学习，充实自己，掌握现代化的知识和技能，促进事业的发展。

（5）专业才能。企业员工必须按照岗位职责的要求，熟练掌握业务技能，成为本业务领域内的专业技术能手。

（6）品德操守。企业员工必须具有良好的个人品德，遵纪守法、严于律己、诚恳待人，适应环境，生活有规律。

企业通过制定规章制度和合理、规范的奖惩措施，营造有利的个体工作环境和群体工作环境，来保证企业员工行为规范的实现。

2）个体工作环境设计

（1）影响员工行为的主要因素。从企业员工个体方面来分析，影响员工积极性、达到行为规范要求的主要因素为：

① 知识与技能方面的差异。企业员工在知识和技能方面的差异，表现为员工之间的体能、技能、智能结构方面的差异。在同一岗位上，对岗位职责的完成情况、对收入分配及福利待遇的满足情况也会有所差异。

② 对自身价值的实现和发展方面的要求的差异。在此方面，要求高的员工更注重通过行为规范获得更高的激励。

③ 对环境因素满意程度的差异。员工对于所处环境中的人际关系、自己受重视的程度等方面的满意度，也会影响员工的行为。

（2）个体工作环境设计。针对以上影响因素，设计个体工作环境应注意以下几个方面：

① 知人善任。通过轮岗、定岗制，发挥每个员工的最大潜能。

② 岗位培训。通过定期岗位培训和不同形式的继续教育，提高员工的思想素质和业务素质。

③ 强调各项工作的重要性和可鉴别性。这样使员工体会到自身所从事的工作的重要性和可鉴别性。

④ 发挥激励机制。从需要、目标、任务、组织、环境、荣誉等方面进行激励，促使员工达到行为规范的要求。

3）群体工作环境设计

一个企业往往由众多群体构成，高层决策层、各个科室、各个事业部、各个车间、各个班组、各个社团组织等都构成不同的群体，员工是各个群体的成员。员工的行为规范，不仅需要良好的个体工作环境，而且需要良好的群体工作环境。群体工作环境设计要从如下几个方面着手：

（1）民主型领导氛围。在放任型领导、专制型领导和民主型领导三种领导方式中，民主型领导具有成员自觉性强、工作效率高、工作质量好，成员间团结气氛浓厚等特点，有利于员工遵守行为规范。

（2）群体的凝聚力。群体的凝聚力来源于群体成员间强烈的认同感、归属感、后盾感和亲和力。一个具有凝聚力的群体，将使其成员感到自信、自豪，并努力按群体的行为规范行事，为群体增光。

（3）群体目标与个人目标的一致性。群体的工作任务和目标，要能最大限度地发挥每个成员的特长，有利于个人价值的实现。群体中的每个成员都能明确把握群体的目标，并在心理上予以认同。

（4）群体具有很强的适应外部环境变化和协调内部冲突的能力。

8.2.2　企业员工的礼仪规范

1）企业员工的仪表规范

（1）服饰规范。

① 服饰整洁、得体。

② 服饰协调：上衣、裤子（裙子）、帽子、鞋子及领带、手套、提包等搭配合适。

③ 服饰适合所处的地位和场合。

（2）仪容规范。头发护理、面部化妆等，都必须达到整洁、得体、协调的要求。

（3）姿态规范。

① 站姿挺拔、伟岸而不失谦恭；

② 坐姿端庄、优雅，且不随心态而变；

③ 行走姿态自然、大方、不扭怩；

④ 避免抓耳挠腮等不良体态。

（4）神态规范。凝神、关注、微笑的神态，将给人以自然、稳重、亲切和可以信赖的感觉。

2）商务社交礼仪

（1）见面的礼节。

① 介绍：见面之初，在被介绍、自我介绍或介绍他人的过程中，通过语言和动作表现出随和、可靠、自信、博学等特质，并努力记住初识者的姓名和相貌。

② 握手：注意"出手"的时机、握手的对象及顺序，握手时微微点头以示谦恭。

③ 寒暄：在握手时，针对不同对象，配之以"您好""欢迎""好久不见""很高兴见到您"等语言，更能协调气氛。

（2）迎送的礼节。

① 进、出门：一般情况下，请客人先行通过；陌生人或5个以上的人来访时，自己先进门带路；难以开启的门由主人代开。

② 让座、敬茶。

③ 配之以"请问""您好""欢迎""再见""走好""欢迎再次光临"等礼貌语言。

（3）宴请的礼节。

① 确定宴请形式：酒会、便宴、工作餐。

② 请柬的设计、发放。

③ 酒宴的安排和座次的安排。

④ 司仪和演讲人的安排。

【小思考8-2】

1. 你认为企业员工的工作规范主要强调哪些问题？

2. 礼仪规范对突出企业良好形象有什么作用？

8.3 企业文化活动策划

配合CI战略的企业文化活动，主要包括文艺演出、历史文化节、书画展览、企业展览、庆典活动等。企业文化活动的策划包括以下几个方面：

8.3.1 主要活动安排

1）准备活动

（1）计划安排。

① 活动目的；

② 活动时间、地点；

③ 活动形式；

④ 活动负责人（单位及联系电话）；

⑤ 可容纳来宾的最多数量。

（2）客人名单。

① 单位及负责人；

② 各单位应邀者（姓名、头衔、地址、电话号码、回复情况及时间）；

③ 接受邀请的总人数。

（3）请柬设计及发送。

① 请柬设计：设计师姓名、地址、联系电话，设计核准人及核准时间，设计完稿时间，请柬式样和内容。

② 请柬印刷：印刷数量、印刷者及联系电话、完工交货日期。

③ 请柬发送：邮寄或发送地址、经手人及监督人、邮寄或发送时间、回复时间。

（4）乐队、礼仪队、摄影师的确定及聘请。

2）核心活动

（1）活动（演出或参展）项目的审查、排序、预演及程序安排。

（2）活动场所的布置及接待工作：负责人、参与者、所需物资。

（3）开幕式及主持人的确定。

（4）演讲者、演讲稿的确定。

（5）导播台布置、直播安排。

8.3.2　基本预算

1）总额

核准金额、意外准备金。

2）具体预算

（1）请柬设计费、印刷费、快递费。

（2）场地租金、场地布置费、视听音响费、花卉租金。

（3）礼仪队、摄影师、保安人员及其他工作人员酬金。

（4）接送人员车费及代客停车费。

（5）演出（参展）单位酬金。

（6）直播设备租赁费用、直播人员费用和直播费用。

（7）餐饮及其他费用。

8.3.3　其他活动策划

1）新闻采访活动

（1）有关新闻单位的确定：单位、人数、名单、职责。

（2）企业负责联系和组织的人：姓名、单位、电话。

（3）新闻报道内容和个别采访者的确定。

（4）新闻报道形式的确定。

（5）本单位摄影、录影者的确定及资料汇集。

2）保安工作

（1）本单位值勤人员：名单、服饰、值勤地点及班次安排。

（2）临时外聘保安机构：单位、人数、联系电话、职责。

（3）当地公安机关协助。

【小思考8-3】

1.企业文化活动如何避免庸俗化？

2.企业文化活动的策划如何体现节约原则？

延伸阅读　方太茅忠群：传承中华文化　打造伟大企业

本章小结 ✎

企业管理制度是规范企业组织群体的行为、塑造良好企业形象的主要约束机制。

企业管理制度的策划主要包括企业宏观管理制度策划和各职能部门制度策划两部分。企业宏观管理制度策划主要包括企业管理体制策划、企业领导制度策划、企业规章制度策划、企业经济责任制度策划。各职能部门管理制度策划包括计划管理制度策划、财务管理制度策划、人力资源管理制度策划、生产管理制度策划、技术管理制度策划、营销活动管理制度策划、行政管理制度策划。组织是指为实现企业的目标及执行企业的战略策略，对企业的人力资源进行调配所建立的社会机构。企业组织行为策划主要通过组织设计，制定企业组织的目标，确定企业的组织结构等。企业员工的工作规范策划是根据企业的现行制度和各部门、各岗位的职责，规划出员工共同遵守的行为准则及实现的条件，主要包括员工行为准则设计、个体工作环境设计、群体工作环境设计。企业员工的礼仪规范包括企业员工的仪表规范和商务社交礼仪规范。配合CI战略的企业文化活动，主要包括文艺演出、历史文化节、书画展览、企业展览、庆典活动等。企业文化活动的策划包括主要活动安排、基本预算，以及新闻采访活动、保安工作等其他辅助活动安排。

主要概念和观念 ☐

☐ 主要概念

组织设计　管理幅度　管理层次　产品和服务规划　团队意识　群体工作环境设计
核心活动

☐ 主要观念

人本观念　集体观念

基本训练 ☗

☐ 知识题

8.1　企业管理制度包括哪些内容？

8.2　企业组织行为策划应从哪些方面入手？

8.3　企业员工工作规范包括哪些内容？保证措施有哪些？

8.4　商务社交礼仪包括哪些内容？

8.5　制订文化活动策划方案的过程有哪些？

☐ 技能题

8.1　指出下列某企业组织结构图（如图8-2所示）中的管理幅度和管理层次。

8.2　指出下列企业的组织结构最有可能属于哪一种类型？

1）宝洁公司

2）某校办工厂（共有员工40人）

3）云南红塔集团

4）可口可乐（中国）有限公司

8.3　企业员工的行为准则包括_____。

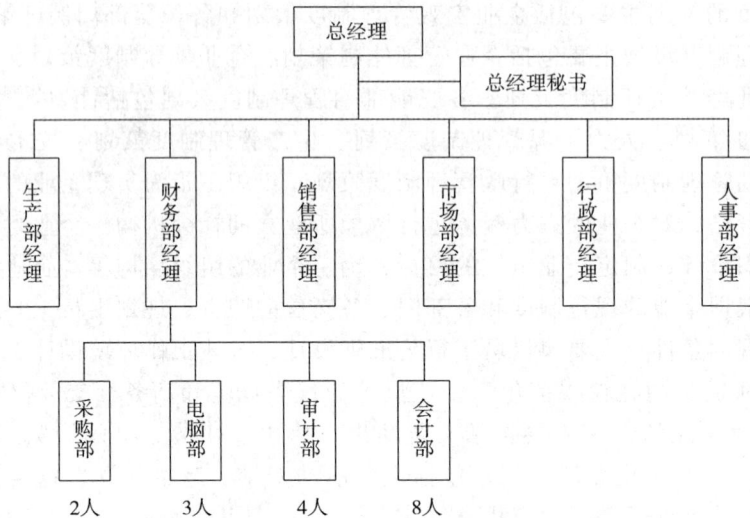

图8-2　某企业组织结构图

1）团队意识　　2）敬业精神　　3）危机感、压力感

4）专业才能　　5）爱国　　　　6）拼命工作、拼命玩

8.4　请看以下资料：

1）某企业销售总经理率数十人集体哗变到竞争对手麾下。

2）曾经有好几个经理被撤职后，还不愿走。他们表示，经理不能做，还可以做一般的管理工作。这样的情况不是一两个……我们的做法是撤职不开除，只要你愿意留下来，总会有适合你的岗位。

上述材料说明两家企业在群体工作环境上有何差别？

8.5　某鞋业零售公司拟举办开业五周年庆典活动，请为该公司的这次文化活动做计划安排。

8.6　要做好房地产投资咨询服务工作，需要设计、工程、估价、财务、成本会计、施工、营销、统计、法律、经济、市政交通等专业人员，任何一个人都不可能单独完成整个服务项目。必须根据项目的性质和客户的要求，成立项目小组或客户服务小组，各类专业人员共享知识和信息，密切合作，共同解决客户面临的问题。

请问：该投资咨询公司员工行为准则还须强调什么？

□ 能力题

8.1　案例分析

海底捞员工激励机制研究

海底捞董事长张勇认为，餐饮行业取胜的关键在于好的服务质量。这就要求把海底捞特色的服务理念灌输给所有的一线员工，要做到顾客满意度与标准的流程和一线员工的创造力结合起来。企业员工的创造力是激励出来的，而不是管理出来的。

1. "亲员工"制度

人力资源专家认为在一个公司中员工之间若是存在亲友关系会给企业带来诸多资源滥用、欺瞒上级等发展隐患。但是，海底捞的员工大多来源于在职人员推荐，因此更像是一个和谐的大家庭，海底捞董事长张勇把这种人性化的员工关系看作一种有利因素。与此相应的具体激励方案是：每到过年都给员工的父母发过节费；为员工重要的家人送上生日祝福；把员工工作获得的少部分奖励送到员工家人手中；员工的父母免费探亲；给其员工的子女提供良好的教育条件等。海底捞公司的"亲员工"制度就这样以现有的员工为中心在他们四海的亲人中宣传开来。

2.公平公开的晋升渠道

海底捞采取的公平公开的晋升制度让员工在工作中更具有积极性。对每一个海底捞普通员工来说，完全可以通过自身努力争取到优厚的待遇。员工通过企业对员工公平的态度感受到了自己被重视。与此相应的具体激励方案是晋升制度，每个员工在海底捞都能找到自己的位置。通过这样的制度，员工的工作期望得到了准确实际的回应。对新加入海底捞的员工来说，他们可以先由实习员工做到正式员工，获得肯定后成为管理者，也可以通过后勤服务获得晋升。这些对于员工而言都切实可行，这样的晋升制度也给员工的工作心态做出了一个积极的指导，照顾到了员工的自尊心，让员工产生只要努力就会有好回报的工作态度，同时避免了公司人才被埋没甚至流失现象的发生。

3.股票期权激励制度

员工拥有公司的股票期权之后会将自身的工作与公司的发展结合在一起。当员工得到企业的股票期权时，与之前的工资或者奖励不同，员工会形成一种主人翁意识，更关注公司的发展状况，工作积极性也得到了更有效的激励。在目前股票期权是被大多数企业采用的激励方法，海底捞运用股票期权等激励方法来促进员工更加努力地为公司的利益做出贡献。

资料来源　郝值.海底捞员工激励机制研究［J］.品牌研究，2019（19）：63-65.节选.

问题：

海底捞的员工培养方法对其他企业的内部管理有什么借鉴意义？

8.2　网上调查

请在网上搜集两种不同的企业组织机构及其相应的管理成效。

第 9 章

企业市场拓展行为策划

学习目标 ◑

通过本章的学习，明确企业拓展行为的三种战略选择，掌握依据企业的不同生存状态采取相应的策划方案的技能和能力。

引例 @　　　　　　　　　空中云汇的市场拓展策划

空中云汇（Airwallex）是一家构建数字化的全球金融基础设施，提供智能、无缝的跨境支付解决方案的金融科技公司，业务范围包括跨境交易中的收款、付款和多货币换汇，服务包括跨境电商、在线旅游、物流、教育与留学、金融机构、数字营销、线上娱乐等领域客户。

Airwallex品牌名

"Airwallex"是一个造出来的词：本来是要做一个多货币钱包的，也就是"wallet"；"x"代表多货币，又因为"exchange"中的"ex"代表外汇，所以就成了"wallex"；因为其业务是虚拟的，就在前面加了"air"，合起来就是"Airwallex"（如图9-1所示）。它整体传递的含义就是企业的口号：重新构想跨境支付。

Ⓐ **Airwallex**

图9-1　Airwallex

2021年9月，全球金融科技独角兽空中云汇（Airwallex）正式进军北美地区市场，旧金山正式成为Airwallex继墨尔本、上海、悉尼和阿姆斯特丹之后的又一全球技术研发中心。进一步提升全球化跨境支付水平之后的空中云汇，可为在亚马逊开店用户提供更加丰富的服务，让在亚马逊开店更轻松。2022年1月13日，Airwallex正式进军新加坡，在新加坡提供账户发放、国内和跨境汇款、商户收购和电子货币发行等金融服务。这也意味着Airwallex的全球客户将能够在当地以新加坡元收到资金，从而使他们的业务更容易进入新加坡市场。2021年12月，Airwallex连续两年入选由全球著名商业杂志《福布斯》所发布的2021年云计算企业100强。

通过安规认证打破技术性贸易壁垒

Airwallex自主研发的外汇引擎，直连银行间汇率市场，可提供最具竞争力的价格以及外汇交易与风险管理技术。Airwallex 可为客户提供灵活的 API 对接方案，并结合人工智能技术、高纬度数据优化与机器学习算法为客户打造高效低成本的支付解决方案。

在风控方面，Airwallex 运用智能化算法帮助客户更好地控制交易风险。Airwallex 与各国相关监管机构均有协作，并采用合规的反洗钱系统，可以有效识别各国家和地区的黑名单。安全合规方面，Airwallex 已在 6 个国家和地区获得当地金融服务牌照或注册登记。

拓展多种产品，打造多赛道共赢格局

Airwallex 与全球多家银行建立合作，并拥有全球各地的清算组织之间授信和系统对接，从而让清算速度更快，并能清晰看到资金流转情况。

1. 全球收款

在全球收款方面，Airwallex 为企业提供实名多币种账户，方便对账和财务控制，简化资金管理，帮助企业快速进入新的市场。同时，企业的客户可自由选择币种与支付方式，免去不必要的跨境交易费用。

2. 货币兑换

货币兑换是 Airwallex 的特色业务。Airwallex 通过外汇做市实时锁汇，辅以大数据及风控模型，能够减少汇率浮动的影响，获取全球最优实时报价，并保障所有时区的稳定交易环境。

3. 国际付款

在全球付款方面，Airwallex 推出了支持当日到账、全额到账的国际付款业务，企业可以选择 WebApp 客户端、API 两种方式实现支付批量高效自动化处理，每秒可以处理超过千笔业务。

4. Scale

Airwallex 还可以针对全球化的平台型企业输出集成式支付方案。2019 年年初，Airwallex 上线针对平台型客户的集成式支付产品 Scale，通过提供智能 API 帮助客户对接现有金融支付系统，对上下游合作伙伴和客户进行中心化管理。无论是买家、卖家、客户还是供应商，Scale 均可将其纳入以企业为核心的统一平台体系，通过标准化方式处理收款、兑换、转账和支付，实现资金的自动无缝流转，提升企业平台的整体用户体验。

5. 全球收单

Airwallex 提供覆盖全球的本地化收单方案，在全球范围内提供多种支付方式，支持 VISA、MasterCard 及微信收单，支持人民币提现入境，依托自主研发的汇率产品，帮助客户控制跨境业务的外汇风险。

6. "无界" 虚拟卡

作为 VISA 全球战略合作伙伴和全球发卡机构，Airwallex 推出 "无界" 虚拟卡产品，实时按需生成虚拟卡，企业可在数秒内完成多币种支付，并支持查询各项交易记录、动态管理额度、设定账户的开支和对账。它将与 Airwallex "电子钱包" 绑定，支持 API 直连，批量实现多币种付款。结合 Airwallex 在汇率方面的优势，"无界" 虚拟卡可进一步帮助企业节约跨境支付成本，为企业提供一站式的跨境支付解决方案。

7.一站式产品组合，服务中小企业与跨境电商卖家

对于中小企业而言，收付款场景是小额且高频的，传统跨境汇款的成本显得太过高昂。因此，面向中小企业客户，Airwallex于今年一季度推出跨境支付一体化解决方案，将全球收款、货币兑换、国际付款业务整合到同一平台，帮助中小企业降本增效。

针对中小跨境电商商户，Airwallex的产品具有独特的优势：

• 多平台：支持亚马逊北美、欧洲、英国、澳大利亚、日本站收款，还支持Shopify、eBay收款等，以及支持PayPal收款。

• 多币种：美元、英镑、欧元、日元、澳元等。

• 多店铺：一个主账号可设置多个币种账户，一个币种账户又可生成不同号的收款账号用于多店铺收款，账号独立防关联。

• 全链条：收款、换汇、提现入境一站式服务，还支持向海内外供应商付款，如VAT缴税。

客户在选择跨境收款平台时，由于Airwallex对于新手玩家来说相当友好，前期零手续费，可以帮客户省不少钱，所以会得到客户的青睐。另外就是通过汇率的实时抓取，能够帮助客户锁定最合适的汇率时段进行交易，可以帮助客户节省大量成本。Airwallex的操作界面简洁易懂，客服服务相当专业，为使用者省去了不少学习时间，可以说作为跨境收款平台，Airwallex帮助全球卖家通过新金融服务获得了巨大的收益。

资料来源　WallTech上海沃行．Airwallex空中云汇，全球金融科技独角兽企业！［EB/OL］．［2022-03-02］．https://www.sohu.com/a/421678274_99959978.

拓展市场是企业成长过程的必然行为，对企业市场拓展行为的策划是企业形象策划的不可分割的部分。企业美好形象的确立是企业提高知名度、信任度和美誉度的过程。拓展市场、扩大市场占有率是企业提高"三度"的前提和必由之路。企业市场拓展行为依据企业战略取向的差别会产生不同的途径和策略，企业市场拓展行为策划将针对不同的企业状况展开。

9.1 企业专业化成长的市场拓展行为策划

9.1.1 企业专业化成长战略

企业专业化成长战略亦称为企业集中化成长战略，是指企业将全部资源集中用于最能代表自身优势的某一技术、某一市场或某种产品上的一种战略。它既是企业在成长过程中逐渐分离成许多独立企业的过程，也是同类产品由分散生产趋向集中生产的过程。

专业化成长战略往往是企业普遍采用和首选的战略，因为它是企业提高产品市场占有率的有效途径。企业或是通过增加主要业务的销售量，或是通过增加产品线，扩

张满足同类产品不同规格、型号需求的子市场，来提高市场占有率。

专业化成长的核心是生产过程、营销过程、管理过程的协同效应。所谓协同效应，是企业生产、营销、管理的不同环节、不同阶段、不同方面共同利用同一资源（原材料、设备、信息、技术、渠道、管理等）而产生的整体效应。从生产技术方面看，它指资源共享，减少投资，节约开支，降低成本；从营销方面看，它指新老产品交替上市，相互促进，减少费用；从管理方面看，它指管理决策的基准相同，手法、手段一致。

专业化成长战略不是所有企业不论在什么情况下都适宜的战略选择。企业只有在下述条件下才适宜采用专业化成长战略：

（1）市场需求具有较大规模；

（2）生产技术特点适宜于专业化经营；

（3）严格按标准生产的企业。

企业专业化经营具有资源集中、保证生产技术优势、活动范围缩小、有利于科学管理、经营方向和目标十分明确、风险较小等积极意义，但存在竞争范围狭窄、应变能力较差等局限性。

企业专业化成长就是要充分发挥专业化的优势，尽量避免其局限性，因此市场拓展是企业专业化成长的必然要求。

【实例9-1】

萨兰特聚力功能+审美，做专业化成长性品牌

2018年，宝达陶瓷实现了几亿元的销量、85%的增长率，纳税额在全产区陶企中排名第一。宝达陶瓷之所以能逆势攀升，源于2016年，销售低迷的宝达陶瓷制定的2016—2018三年转型计划。该计划的核心就是引入了以张刚为核心的技术派精英管理团队。张刚团队接手宝达陶瓷后，以生产双零吸水率通体质感瓷质釉面砖为切入点，从产品、营销和服务方面全面提升企业运营层级。

尤其是在产品方向上，定位为"意大利方向+意大利水准呈现"，以满足差异化、高端化、规模化和前瞻性市场需求。而这一点，也正是张刚和宝达陶瓷赢得行业产品经理们普遍认可的关键。

长期专注于生产、专注于产品的强项，让张刚决心在宝达陶瓷实行产销分离的运营模式，因为他相信未来陶瓷行业是高度分工的。一个行业就是一个大生态，而在产品开发、制造上，最专业的宝达陶瓷也可以创造一个小的生态环境，让优秀的品牌可以来找宝达，生产原创产品。而最终，订单制的高度弹性的产销分离模式也极大地提高了宝达陶瓷的运营效率。

另外，为更好地自主研发、平衡产销、掌控发展节奏，张刚团队依托宝达集团倾力打造托托贝尼、桑科、萨兰特三大瓷砖品牌。其中，前两个属于集团与品牌经营团队组成的股份制企业的品牌，而萨兰特则属于集团独资品牌。

这三个品牌，正如张刚所言，它们是整个宝达集团产销分离制的压舱石。

作为集团直属品牌，萨兰特品牌目前由张刚亲自领导，萨兰特也因此成为宝达集

团对标意大利逻辑的"结构成长型产品"呈现的主要载体。

在国内经销体制上，张刚也大胆放弃传统的以资源垄断为特征的区域总代模式，而是采用不同资源禀赋企业代理不同萨兰特系列产品的"意大利模式"。

2020年7月20日，萨兰特带着"结构成长型产品"首次在潭州展亮相，引起媒体关注。

2021年同一时间，萨兰特再次在潭州展亮相。张刚力推的"结构成长型产品"，不仅吸引了许多来自全国各地的"专业材料商"（优秀经销商），也吸引了广州、佛山的产品经理们纷纷前来打卡。

资料来源　老牛．宝达集团张刚：萨兰特聚力功能+审美，做专业化成长性品牌 [EB/OL]．[2022-03-02]．https://baijiahao.baidu.com/s？id=1707695824996564246&wfr=spider&for=pc．

9.1.2　企业专业化成长的市场拓展策划思路

企业专业化成长的市场拓展策划思路主要围绕以下问题展开：

1）企业的市场定位和目标市场确定

首先，要对企业所处的行业进行论证和判断，确定其是朝阳行业还是夕阳行业。若是朝阳行业就有继续往下策划的必要，若是夕阳行业就应果断地做出转向的策划。像知识经济、高新科技、环保用品等产业无疑都是朝阳行业；像传统小化工、小造纸、小建材，毫无疑问是在被淘汰的行列，处于这类行业的企业要谋求新的出路；有些传统产业如建筑业，虽属传统型，但仍有其生命力，一时未落入夕阳行业之列，策划过程中要在用现代科技手段改造传统型行业上多做努力。

其次，要对企业所处的区域的经济发展级次进行论证和判断。企业所处的区域的经济发展级次不同，企业生存发展的空间也就不同。就我国而言，经济发展处于多级次的状态。东部沿海地区，经济发展处于领先水平，西部边远地区经济发展滞后，处于不同地区的企业其生存发展的现状和前途是不一样的。有的传统企业在西部地区有很大的成长空间，但在东部地区可能难以发展下去；有的新兴企业很适合在东部地区发展，同类企业在西部地区的发展却举步维艰。因此，准确地判定企业的行业性质和发展前景与所在的区域市场的条件和状态是否适应是十分重要的。

再次，对企业的发展态势进行定位，即从企业专业化经营的发展趋势看，企业在同行业中将处于什么样的地位：领先者？挑战者？追随者？补缺者？对经营规模大的企业来说，它应定位于前两种，对经营规模小的企业来说，它宜定位在后两种。在这个前提下考虑企业的产品定位。一般实行专业化经营的企业，其产品的专业化程度应该较高，有专门的技术和专门的技术人才，并非任何企业可以轻易进入的。企业专业化经营条件下的产品定位重点是突出产品的特色。产品的特色定位包括产品属性定位、产品特殊用途定位、产品质量/价格定位、产品文化内涵定位、产品利益定位等。

最后，根据定位确定目标市场。专业化经营的目标消费者群是众多普通消费者群中的一类特殊群体，对于这类特殊群体要罗致于企业的大旗下，瞄准他们的爱好、偏向、习惯，采取相应的策略。例如，武汉太和服饰公司定位于"中国高级女装品牌"，倡导"为时尚优雅的女人而设计"的理念，它所选择的目标市场就是在证券、金融、高级酒店、外贸等企业工作的白领女士，所认定的潜在市场是大专院校的女生。那么，它在进行市场拓展策划时就应瞄准这两个层次的消费者群和潜在消费者群。

2）专业化经营市场拓展的步骤策划

专业化经营市场拓展的步骤应循序渐进地展开。

第一步，确定最适合企业拓展市场的经营方式，各企业具体经营方式的选择视企业情况而定，一般有：

（1）定点生产经营方式，即企业对整体市场进行统筹部署，分别在不同的战略要地进行布点，如海信科龙的生产基地分布于顺德、青岛、北京、成都、南京、湖州、扬州、芜湖、营口等城市。

（2）专卖经营方式，即在全国市场寻求代理商，以专卖经营方式在全国市场布点。

（3）特许经营方式，即以特许合同方式寻找受许方，以特许方的商号、商标、专利转让等方式由受许方经营，受许方严格按特许方的有关规范经营并向特许方交纳合同规定的管理费。

第二步，确定企业资源允许的市场拓展范围。从企业拥有的资源条件出发，对国内外整体市场进行规范，一般遵循由近及远、由小到大的规律逐步扩展市场，即先开发国内区域市场，继而开发国内大市场，最后拓展国际市场。企业在什么阶段拓展市场、达到什么程度、选取什么时机启动拓展市场方略，是这一步的关键问题，也是要依不同企业的具体情况灵活掌握的问题。

第三步，对扩展后的目标市场的经营业绩进行考核、总结经验并适当调整。经营业绩的考核分不同的区域市场进行，考核可依据销售额、同期销售增长率、利润额、同期利润增长率等指标，一旦发现某几个子市场经营业绩不佳，应分析原因并做出适当调整。同时，要对整体目标市场的成败得失予以评价总结，找到成功的经验和不利的因素，以便进一步推进企业的市场拓展。

3）专业化经营市场拓展的策略策划

专业化经营的市场拓展宜采取品牌营销策略。品牌营销策略是围绕产品的品牌而开展市场营销活动的策略，其中包括品牌创立、品牌拓展、品牌延伸几个环节。

（1）品牌创立策略的策划主要包括以下内容：

① 命名。要求品牌名称铿锵响亮，富有音韵美，简洁明了，易识易记，富有内涵，引人联想。

② 循名求实。提出对品牌涉及的有关产品的质量要求，包括对产品的内在质量、外在质量、服务质量等的全面要求，同时树立营销质量观，即从市场、时尚、消费需求变化等因素把握产品质量。

③ 宣传。利用包装、广告、公共关系等多种手段宣传品牌，使之深入人心。宣

传手段既可是现代的，也不排斥传统的。

（2）品牌拓展是在已创立的品牌具有一定的知名度后，以品牌为龙头进行资本重组，通过联合、兼并、收购等方式，扩大品牌所拥有的资产存量、提高资产增量，以谋求品牌经营的规模扩张。在品牌拓展过程中对品牌的经营相应采取以下措施：

① 品牌异地注册。为防止侵权，品牌除创立之初在本地申请注册商标外，要申请更大范围的国际市场注册，并实施防御性注册，如"娃哈哈"，同时要注册"哈哈娃""娃哈娃"等音近、形近的商标。

② 品牌认证。要进行同行业的国际质量认证。有条件的企业可以进行ISO 9000质量体系认证和ISO 14 000环保体系认证。

③ 品牌维护。认真对待冒用自己品牌的不法行为，对此进行严肃的处置直至采取司法手段，以保护品牌的专利免受侵犯。

（3）品牌延伸策略。品牌延伸包括品牌系列延伸和同品牌产品品种延伸。品牌系列是以原品牌为龙头对相关产品启用与原品牌相近的品牌并与原品牌形成一个品牌系列的做法，如四川宜宾酒厂在"五粮液"的基础上推出"五粮春"等。

同品牌产品品种延伸，是指同一生产线生产的不同品种和规格的产品或具有某些相关性的产品采用同一品牌，使新投入市场的产品借助原品牌的知名度拓展市场，如金利来西服、衬衣都是沿用金利来领带的品牌。

专业化经营市场拓展策划还要配套设计产品的定价策略和促销策略。采取高价位策略还是低价位策略，要根据企业的整体战略而定。企业促销方式的选择也应相机而行。

【小思考9-1】

1.专业化成长是不是企业发展的唯一选择？为什么？

2.中国中小民营企业为什么更适合于专业化发展？

9.2 企业多角化成长的市场拓展行为策划

9.2.1 企业多角化成长战略

企业多角化成长战略亦称企业多元化成长战略，是指企业在成长发展时期进行跨地区、跨行业经营，同时生产和提供两种以上基本经济用途不同的产品、劳务的一种经营战略。

企业多角化经营往往是许多企业发展到一定的阶段而采用的一种经营战略，当企业存在以下情况之一时即可采用多角化经营：

① 企业所有产品都处于市场生命周期的同一阶段；

② 企业所有产品都是风险产品或是滞销产品；

③ 企业所有产品都存在对某种资源的严重依赖。

企业多角化经营的核心是分散经营风险，通过避免产品高度相关的组合，使产品的风险隔离开来；同时多角化经营通过内部各项功能高度分化和专业化而在统一协调之中对部分产品加以组合，从而既追求市场份额的扩大，又排除风险业务对正常发展业务的负面影响。

从纵向看，多角化经营经历了4个发展变化阶段：

① 发散阶段，即跨行业经营、混合型企业形成阶段。例如，美国曾有8家食品、机电企业渗透到244个行业，其中107个行业的产值的30%以上为这8家公司所占有。

② 组合阶段，即波士顿投资组合矩阵适应时代的需要而问世。这一营销方法帮助企业科学地实现资源配置，使不同的业务能有效地采用不同的方式进行管理，从而避免了千篇一律的管理方法。1979年美国《财富》杂志对500家企业的抽样调查表明，采用波士顿投资组合矩阵方法对企业的多角业务进行组合的比例达45%。

③ 核心业务阶段。有些企业因选择行业或整体经营不善，造成组织成本高、效益低下，使部分人产生对多角化经营的怀疑，于是对多角化经营的企业实行剥离——剥去某些辅业而重点保住核心业务，从而出现了世界性的资产重组的第一个高潮。

④ 核心业务集中化阶段。在这一阶段人们更强调企业的核心能力、协同整合和优势逻辑，从而掀起了更大规模的资产兼并、联合、重组，尤其是世界巨型跨国公司的强强合作更引人注目。

从横向看，多角化经营包括以下类型：

① 不相关多角化。一个企业的主要业务收入低于全部收入的70%，而且其他业务与主业务之间不具备相关性。

② 相关-关联型多角化。主业收入占总收入的比例低于70%，但与其他相关业务（与主业非直接相关）总共所占的比例超过70%。

③ 相关-延长限制型多角化。主业收入不超过70%，但与其他直接与主业相关的业务一起所占的比例超过70%。

④ 优势-垂直型多角化。垂直整合的业务收入占总收入的比例在70%以上。

一个企业，根据其成长阶段的客观条件和企业持续发展的需求，会采取不同的发展战略，一般而言会遵循集中化战略→一体化战略→多角化战略的轨迹，即多角化战略是企业进入成长期和成熟期的一种选择（如图9-2所示）。

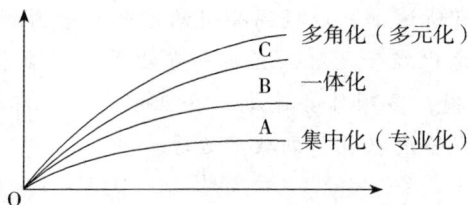

图9-2 企业发展阶段战略选择

企业对各个阶段战略的选择，尤其是对专业化还是多角化的抉择，除了考虑企业的资源条件和市场条件外，还要考虑如下因素：

① 环境因素，即看企业的地域环境、外部人文环境是否适合其他辅业生长和发展。例如，长虹集团在广东、江苏、吉林、安徽等地建立了数字工业园区，在深圳、上海、成都等地设立了创研中心，同时在美洲、澳大利亚、东南亚、欧洲设立了子公司，在美国、法国、俄罗斯等10多个国家和地区开设了商务中心，已成为集军工、消费电子、核心器件研发与制造为一体的综合性跨国企业集团，并正向具有全球竞争力的信息家电内容与服务提供商挺进。

② 动机因素，即看企业制定战略的动机是为了适应产品市场生命周期的更替，还是为了实现产品战略的转移。例如，2014年格力电器明确提出"将格力电器从一个专业生产空调的企业发展成一个多元化的集团性企业"，发展热水器、净水器等产品，再到后来的格力手机，今日的新能源汽车，一直在其他领域进行尝试。发展新能源产业，是社会进步、人民生活水平不断提高的需要。新能源产业的竞争优势和发展潜力是格力选择新能源汽车的主要原因。

③ 时机因素，即企业实行多角化经营要抓住企业发展进入新阶段的时机和社会经济发展有利于企业所进入的行业发展的时机。对市场准入的时机把握不好，会带来失误。深圳万科在20世纪90年代末涉入房地产业，此时正是国家扶持住宅建设的好时机，万科顺利地通过投资房地产业实现了第二次扩张。

【实例9-2】

雏鹰农牧的多元化之困

雏鹰农牧初始的主要业务是养猪，所属行业是养殖业。自雏鹰农牧上市之后，雏鹰农牧就以生猪养殖为起点，开始不断扩大自己的经营范围。首先，公司向产业链上游拓展，投资了饲料原料领域，保障公司饲料原料的供给，减少上游市场带来的不稳定性。接着，公司推进向下游产业扩张，投资建设冷鲜肉屠宰加工项目，同时开始发展农产品，涉足了绿色蔬菜、肥料、物流等领域，并打造了自己的终端销售品牌"雏牧香"。随着互联网的推进，电子商务交易规模逐渐增大，雏鹰农牧尝试将传统农业与电子商务相结合，成立了微客得（北京）信息科技有限公司。随后，雏鹰农牧创建了新融农牧这一服务平台，使用对象为生猪养殖业及其上下游领域的经营主体，主要是提供资源与服务的一个平台。雏鹰农牧的规模越来越大，为了更好地经营发展，公司开始涉足金融领域，主要体现在办理贷款业务、成立担保公司、投资产业基金等，多元化经营的业务种类有所增加，以提高公司的综合竞争力和盈利水平，为公司强大做贡献。看似成功的多元化经营之路，其实一直处于资金紧张的局面，自2018年起，雏鹰农牧被爆出巨额亏损，多项债务逾期，企业经营陷入了困局。多元投资未出成效，错估市场盲目扩张，雏鹰农牧已到破产边缘。

资料来源　关靖.雏鹰农牧多元化经营失败案例研究［D］.开封：河南大学，2020.节选.

有些企业由于经营不善在实行多角化经营后业绩下降，于是就有人否定多角化经营战略，这是一种误解。这里必须明确多角化战略是一回事，如何实施多角化战略则是另一回事，不能因实施不当而否定所实施的战略本身。事实上实施多角化战略取得成功的企业比比皆是。海尔的发展是很好的例证。它从一个亏损147万元的企业，经过近40年的发展，成为全球营业收入达到3 327亿元（2021年），同比增长10%，利税总额415亿元，同比增长14.3%的跨国集团。目前，海尔在全球布局了10+N创新生态体系、29个工业园、122个制造中心和24万个销售网络，深入全球160个国家和地区，服务全球10亿+用户家庭，在全球范围内已实现设计、制造、营销"三位一体"的网络布局。除了生产白色电子产品外，它还进入黑色电子产品、医药等领域。海尔的多角化经营非但没有影响企业的发展，反而推动和促进了企业的壮大。

9.2.2　企业多角化成长的市场拓展策划思路

企业多角化成长是要通过横向的资本扩张和市场拓展来扩大市场份额，为此，策划要按以下思路展开：

（1）对企业资源进行内部分析，从而确定能否实施多角化经营。对企业资源的分析按以下程序进行：

① 分析企业成长的历史资料，从而认清企业的优势、劣势；

② 分析企业的经营实力，包括分析技术实力、财力、物资设备承受能力、经营管理能力等；

③ 分析企业的潜力，包括分析企业的市场扩展空间、企业可以挖掘的生产潜力；

④ 分析企业的人力资源状况，包括分析人力资源的构成、高级人才的比例及专长、可能发挥的特长等；

⑤ 分析企业成长的态势，包括分析是否具有实施多角化经营的基础、可能的倾向性是什么等。

（2）对企业进入的行业进行机会和威胁分析。机会是指对企业营销行为有吸引力的领域，在这一领域里该企业将拥有竞争优势。机会的大小可按图9-3来分析。

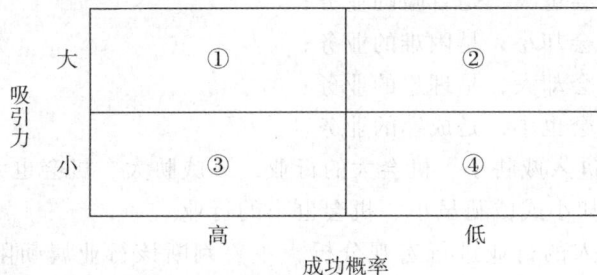

图9-3　机会矩阵图

机会矩阵图显示：

① 吸引力大，成功概率高；

② 吸引力大，成功概率低；

③ 吸引力小，成功概率高；

④ 吸引力小，成功概率低。

分析机会的同时要对威胁进行分析。威胁是指环境中一种不利的发展趋势所形成的挑战。威胁的程度可按图9-4来分析。

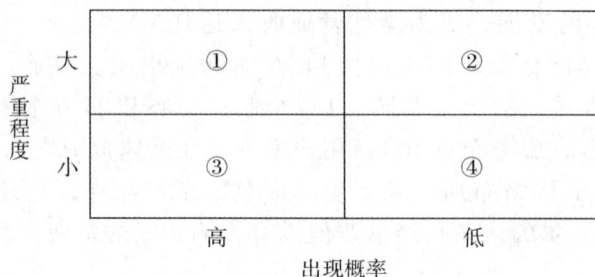

图9-4　威胁矩阵图

威胁矩阵图显示：

① 严重程度大，出现概率高；

② 严重程度大，出现概率低；

③ 严重程度小，出现概率高；

④ 严重程度小，出现概率低。

然后，将机会和威胁进行综合分析，分析方法也用矩阵图法，如图9-5所示。

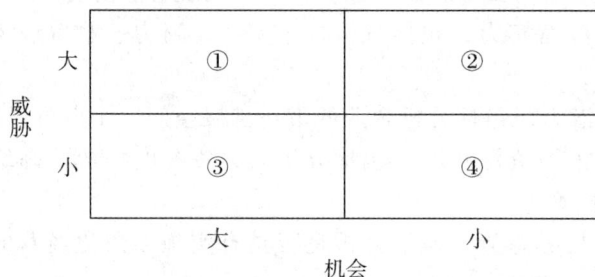

图9-5　机会-威胁矩阵图

机会-威胁矩阵图显示：

① 威胁大，机会也大，是冒险的业务；

② 威胁大，机会却小，是困难的业务；

③ 威胁小，机会却大，是理想的业务；

④ 威胁小，机会也小，是成熟的业务。

通过分析确定进入威胁小、机会大的行业，或威胁大、机会也大的行业，而拒绝进入威胁大、机会却小或威胁虽小、机会也小的行业。

（3）对准备进入的行业进行宏观分析，主要判断该行业属朝阳行业还是夕阳行业。如果是朝阳行业，前途可观；如果是夕阳行业，则要慎重介入。同时，要对介入的时机做出判断，要抓住宏观大势好的时机，回避宏观大势逆转的风头。

（4）对所介入的行业进行可行性分析排序。排序可按以下条件综合评价：

① 行业的时尚性；

② 业务发展机会的大小；

③ 业务发展所遇威胁的大小；

④ 预测的市场份额大小；

⑤ 预测的经营业绩等。

然后根据综合评价的优势依次选取可实行多角化经营的行业。

（5）对企业主业以外的辅业进行市场发展规划，其顺序按国内区域市场、国内大市场、国际市场的层圈展开，如图9-6所示。

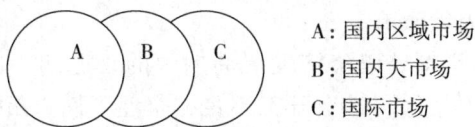

A：国内区域市场
B：国内大市场
C：国际市场

图9-6　市场拓展层圈图

辅业的发展可采取以下策略：

① 借冕开路，即借主业的市场声誉开发辅业市场。

② 搭船出海，即借主业的设备、设施和渠道进入市场。

③ 乘势扬帆，即乘企业的主业经营兴旺之时，发起辅业市场的拓展攻势。

【小思考9-2】

1. 多角化成长是不是企业发展的必由之路？为什么？

2. "巨人"的失败是不是其实行多角化的结果？

9.3 企业危机的市场拓展行为策划

9.3.1 企业危机的市场症状分析

企业危机的市场拓展策划是对企业在面临产品积压、市场萎缩的形势下，千方百计地排除危机并进而拓展市场的方法的谋划。这是一种对企业处于逆境状态的诊断性策划。

企业危机是企业产品在一定时期积压、滞销，企业的扩大再生产难以继续，企业的运行出现停滞或迟缓的危机。企业的这种危机是在市场销售中反映出来的，也可称企业的市场危机。

企业危机在市场上表现为如下症状：

① 市场沉寂、冷清，购买者明显减少，人气不旺；

② 中间商兴趣转移，促销乏力；

③ 营销网络出现中断、破损，承销商疏离、转向；

④ 企业产品的市场占有率和销售额都呈明显下降趋势；

⑤ 经营方式单一，经销和代理方式萎缩；

⑥ 企业销售人员队伍溃散，管理不落实；

⑦ 企业的后续服务和追踪信息工作不力；

⑧ 企业管理层没有对营销渠道和具体工作进行规范与策划，销售行为处于传统销售状态；

⑨ 企业全员观念陈旧等。

企业上述危机症状的出现，其原因可能是多方面的，有宏观上带有共性的原因，也有企业自身的原因。对企业进行市场拓展策划既要找准宏观原因，更要找准微观原因。

一般而言，宏观原因大致有三条：

① 整个国家的经济状态处于经济发展周期中的衰退期，由于经济衰退，政府采取紧缩政策，致使企业不景气，社会开工不足，企业下岗人员增多，市场出现疲软。

② 产业结构的调整引起某些传统产业中的企业不适应新形势的要求，而处于被淘汰或即将被淘汰的地步。这些传统企业在面对经营方式转换的形势时缺乏思想准备，造成观念陈旧、应变乏力，无法摆脱传统的生产惯性。

③ 宏观政策制约了某些行业的市场扩展等。

这些宏观原因是企业难以控制的，我们分析它，是为了在策划过程中采取有效措施适应它。这些宏观原因是共性的，对同类企业而言都是不可回避的，但是还有许多则是企业自身的原因。企业自身的原因大致有以下几个方面：

① 企业观念陈旧，仍用传统的生产观念和推销观念对待企业的销售活动，不分析市场，不研究市场，盲目生产，盲目销售。

② 经营方式单一，不能适应市场的要求。有的企业只知道采取小商品经济条件下的自销方式，直接组织推销员向市场推销，不知道运用经销和代理等多种销售方式。

③ 目标市场的范围狭窄，不利于扩大销售。有的企业确定目标市场只盯着眼前的一小块市场，如武汉的企业只盯着武汉市场，对武汉以外的市场，像整个湖北省市场以及更大范围的全国市场则不去谋划。

④ 企业短期行为。企业没有长远的战略眼光，也不做战略谋划和安排，"脚踩西瓜皮，滑到哪里算哪里"。

⑤ 营销网络不配套或残缺不全。没有完善的营销网络就会造成商品流通不畅，出现阻滞和堵塞，造成积压。

⑥ 销售员队伍建设缺乏严格的规范制度和企业文化的武装。有的销售员队伍既没有经过严格的培训，也没有进行规范管理，队伍不稳定，进进出出，松松垮垮，不能形成强有力的销售力量。

企业危机状态下的市场拓展策划是以对企业危机的症状分析为切入点的，只有找准了病症才能对症下药，才能论及在此基础上的市场拓展。上述分析正是进行企业危机状态下的市场拓展策划的基础和前提。

9.3.2　企业危机市场拓展的诊断、策划思路

从三星手机电池爆炸，到碧桂园项目事故频发，再到女乘客搭乘滴滴顺风车遇害事件、特斯拉刹车门事件等，企业危机似乎总是在不经意间降临，而且带来的打击往往都非常沉重。

如何提前做好应对危机的准备？如何在危机来临时做好决策渡过难关？企业在面

对危机时，应该勇于承担责任，而不是推脱。海底捞的"老鼠门"事件就是一个很好的例子：海底捞被爆出后厨老鼠乱窜、用漏勺掏下水道等一系列卫生问题，在事件被曝光后海底捞第一时间承认自己的错误与责任，没有解释推诿，连发两封致歉信，明确是公司管理问题，确定处理方案并主动向公众通报事件后续处理细则，不到三小时，将一场危机转变成一场营销互动。针对企业出现的市场危机或销售危机，策划者在帮助企业走出困境进行市场拓展时，可从以下几个方面进行诊断、策划：

1）"卖点"研究

企业出现销售危机，在很大程度上是因为抓不住商品的"卖点"。"卖点"应包含以下内涵：

（1）商品进入市场的"切入点"；

（2）最容易引起消费者欲望的"敏感点"；

（3）本企业产品、经营方式与竞争对手的"区别点"；

（4）卖方与买方之间心灵的"沟通点"或"认同点"。

对"卖点"的研究，就是循着切入点、敏感点、区别点、认同点去思考、琢磨，进行独特的创新，以寻求那些未被其他人注意的、谁也不曾考虑过的东西，那些迄今为止从未有人做过的事情。

2）消费者心理与行为研究

随着消费者消费水平的变化和消费结构的调整，消费已呈多样化、差别化、细分化态势，人们的消费行为和消费心理也是千差万别、多种多样的。保守型、传统型、稳健型、超前型消费者群同时存在，求廉、求实、求美、求名、求新、求华的心理各有所属。企业进行危机市场拓展策划时要把面对的消费者群分析透。只有分析透了，才能因人而异，因群而异，有针对性地推出适销对路的产品。

3）致力于观念创新

企业销售出现危机往往是由于企业决策者和管理者的营销观念陈旧，这就需要在更新观念上下功夫。要从企业文化这个层面研究企业的危机，同时积极设计、策划适宜于企业发展的优秀文化，并以优秀的企业文化不断吸引优秀人才，使企业观念通过优秀人才的加盟得到彻底更新。要摆脱企业危机并进而扩大市场份额，就需要大力加强企业潜在人力资源的开发。

4）融智方式研究

融资是企业解决资金不足的需要，融智则是企业战略策略谋划的需要。融智就是要善于借用"外脑"，千方百计地聚集精英，为企业构筑一流的"专家支持系统"。其方式既可是固定地形成顾问、社会董事、咨询等特约专家组，也可一事一议地聘请市场调查公司、信息咨询公司、投资管理公司等专业咨询机构帮助企业开展市场营销、投资理财、资产运作等各种经营活动。

5）对企业市场营销前期行为的检验、分析和矫正

企业销售危机如果是由市场营销组合决策失当造成的，则要对企业市场营销的前期行为通过检验、分析做出准确的判断。这是一个调研、取证、分析、诊断的过程。比如，某咨询公司在对武汉市某公司进行排除销售危机的策划时，就亲自到该公司的

经营点、生产基地、管理处所进行了大量调查，才找出该公司出现销售危机的症结，并给出了这样的诊断：目标市场狭窄，营销网络残缺，产品认知率低，促销措施不力。接着，该咨询公司对这些问题进行了深入具体的原因分析并开出了治疗这些病症的药方，拟订了市场营销策划方案。

【小思考9-3】

　　1.企业危机是否可以避免？

　　2.如何防范企业危机的发生？

延伸阅读　传音控股的海外市场拓展

本章小结 ✎

　　企业是在不同的生存状态下去拓展市场的。当企业按照专业化成长战略拓展市场或按照多角化成长战略拓展市场时，企业应依据二者不同的发展趋势及要求分别采取具有针对性的市场拓展行为策划。企业出现危机面临市场萎缩时更要进行市场拓展策划。企业危机的市场拓展策划要在分析危机的市场症状及宏观和微观的原因之后，对症下药地进行。其中，有关"卖点"研究、消费者心理与行为研究、融智方式研究、营销观念的更新等方面是策划的主要思路。

主要概念和观念 ⬜

□ **主要概念**

　　企业专业化成长战略　产品的特色定位　特许经营方式　品牌延伸　企业危机机会-威胁矩阵图　企业多角化成长战略　"卖点"　融智

□ **主要观念**

　　企业发展观念

基本训练 ⚒

□ **知识题**

　　9.1　企业在何种情况下适宜采用专业化成长的市场拓展战略？其策划思路主要围绕哪些问题展开？

　　9.2　什么是企业多角化成长战略？多角化经营从纵向上经历了哪几个阶段的变化？从横向看包括哪些类型？

9.3 企业实施多角化成长战略要依据什么样的发展规律？要考虑哪些影响因素？

9.4 企业销售出现危机在市场上的症状有哪些？一般而言企业危机出现的宏观、微观原因各是什么？

9.5 企业危机市场拓展的诊断、策划的思路是怎样的？

□ 技能题

9.1 下列情况_____属于品牌拓展，_____属于品牌延伸。

1）海尔彩电、海尔冰箱、海尔微波炉

2）TCL王牌彩电、TCL电脑、TCL国际电工

3）宝洁公司的海飞丝、沙宣、潘婷、飘柔洗发香波

4）四川宜宾酒厂的五粮液、五粮春

9.2 20世纪90年代海尔提出了"东方亮了再亮西方"的理念，逐步从单一的电冰箱产品、制冷家电到包含白色家电、黑色家电的系列产品，成功地实施了多元化扩张。伴随着多元化经营不断取得成功和企业的发展壮大，海尔确信自己已经拥有强大的综合实力，因此开始向非相关多元化领域进行扩张，相继迈入医药、电脑、金融、房地产等领域。试问海尔的多元化属于何种类型？

9.3 海尔的辅业发展是_____策略。

1）借冕开路 2）搭船出海 3）乘势扬帆

9.4 牛奶是营养丰富的饮品，我国居民对奶制品的认识也正在加强，奶制品市场潜力巨大。但我国的乳糖不适应症人群高达36%，而活性乳酸菌饮料较好地解决了这个难题。以高科技手段生产的"××牌"××奶口感明显强于配制乳酸奶，在销售上采用不同于竞争对手的"零风险经营"，只用两三个月时间就占领了全国市场，3年后实现销售额8亿多元，成为唯一列入"国家火炬计划"的奶饮料品牌。

试分析该产品的"卖点"。

9.5 以当地较熟悉的企业为例，分析出现危机的宏观原因和微观原因。

9.6 你最可能属于哪一类型的消费者群？作为消费者，假如你去买奶茶，你在购买时的心理是求廉、求实、求新还是求华？以自己的切身体会谈谈奶茶卖家是如何吸引你这个目标消费者以达到市场拓展的目的的？

□ 能力题

9.1 案例分析

中国青岛啤酒横向拓展战略行为的案例研究

一、产品与市场细分

经过深入细致的市场调研，对产品和市场进行详细分析。

（一）产品分析

青岛啤酒采用优质的麦芽、大米、酒花和水，经过糖化、过滤、冷却、发酵、包装等工序精制而成，主要的产品有以下几类：

1.优质酒系列

优质酒系列产品是青岛啤酒的传统产品，是这些产品铸就了青岛啤酒的声誉。

2.金质酒系列

金质酒系列产品采用出口美国啤酒的配方，选用上等原材料精心酿制而成。

3.新开发品种

极品青岛啤酒、青啤王等新品种，是为不同地区、不同需求的消费者设计制作而成的。

（二）市场分析

青岛啤酒从1994年起开始大规模的国内扩张，在2001年的时候已布局形成以山东为根据点向外辐射的局面，新增啤酒厂覆盖了全国除部分西部地区以外的几乎所有省份。在几年的大规模收购兼并和新建之后，管理开始陷入混乱，管理控制明显跟不上规模的扩大，管理费用、营业费用大增，负债率攀新高，导致主营业务利润增速缓慢，资产负债率远远高出同行业。青岛啤酒提出了新的运营战略方针，由"做大做强"改变为"做强做大"，以提高内部核心竞争力为首要任务。2007年，青岛啤酒进行了以优化价值链为主的组织变革和业务流程再造，成立投资、营销和制作三大中心，建立"结构一体化、资源集约化、分工专业化和执行一致性"的组织体系。

二、优劣势分析

（一）优势与机会

（1）青岛啤酒在发展过程中，经历了多次市场洗礼，消费者对"青岛啤酒"的字样已经产生了较高的定位。

（2）青岛啤酒提出了高、中、低端品牌定位。青岛啤酒确定高端品牌，主要是以高端技术、高端服务、高端质量打开市场，树立品牌形象，如果中端品牌、副品牌出现了失误，也仅仅是青岛啤酒其中的一个品牌之一，影响力相对较小，并不会对青岛啤酒造成根本性打击。

（3）青岛啤酒高端品牌除了"青岛"自身的品牌之外，还包括一些扩张企业的品牌，这些企业在当地大多都具有辉煌历史，其品牌在当地有着很大的竞争力。

（二）劣势及其原因分析

（1）目前，青岛啤酒盈利产品主要是集中在高端、低端产品系列中，但是高端品牌营销体系尚未成熟是不争的事实。纯生、奥古特等产品虽然在市场中已经占有一席之地，但是依然不断受到其他品牌的挑战与冲击。同时，全麦白啤、皮尔森、枣味黑啤等高端品牌尚未打开高端市场或者没有站稳脚跟，并没有充分体现出对其他产品的拦截作用。

（2）品牌盈利水平遭受瓶颈，青岛集团为了能够打开市场高端品牌渠道，将营销业务重心放在了高端品牌当中，此时中、低端品牌势必会受到一定影响，在短期整体盈利水平上受到制约，这就需要将高、中、低端品牌进行协调，保证整体的盈利空间，让不同层次的品牌协调发展。

（3）相比国际啤酒大厂，青岛啤酒在家饮、夜店销售渠道方面还有待进一步提升，例如百威等竞品主打夜店饮品，高端品牌尚未渗入其中，在此方面销售还有很大的提升空间。

三、青岛啤酒市场拓展方略

说明：本方略为短期应急方案，时限为两年；市场的全面拓展是企业整体发展战略的组成部分，必须按现代营销的要求从总体上解决企业文化的建立、企业系列管理制度的建立、企业行为规范和组织机构调整等一系列问题。

（一）巩固已有的目标市场

（1）注意消费者习惯的差异，满足消费者的不同需求，开发新品种，例：根据南方消费者偏爱酒精含量低、清淡型的酒，青岛啤酒推出了清爽型8度、10度系列酒。

（2）根据消费水平的不同，推出适合低档消费的大众酒，形成高、中、低档次分明，品种齐全的产品组合，为消费者提供宽泛的选择余地。

（二）目标市场的拓展

1.国内市场的渗透、辐射，提高市场覆盖率

（1）青岛啤酒在中国开展了一场收购大战，将包括上海嘉士伯和北京五星啤酒等在内的外资控股的啤酒生产企业纷纷收入囊中，前后收购的啤酒企业不下30家。

（2）青岛啤酒考虑到消费者的不同需求，将产品细分为以下几类：

① 优质酒系列；

② 金质酒系列；

③ 新开发品种。

2.国际化市场布局

（1）在整合和扩张并举的发展战略指导下，实施国际化营销战略规划，实现了优势互补、强强联合。

（2）科学制定产品、定价、渠道、促销等营销策略，进一步开拓青岛啤酒的高端市场，提高青岛啤酒营销活动中的整体功能，增强企业的国际竞争力。

3.横向拓展

运用战略管理领域内的制度基础观、产业基础观、资源基础观等基础理论进行分析，并引进性地创新应用了全球化战略内的一些理论工具如企业国际化战略选择、行业的全球化潜力等，研究发现在其他条件相同的情况下，企业的资源和能力对企业战略行为的调节作用。

（1）跨区域战略，保证在国内市场较高的占有率和稳定的主营业务增长率。

（2）在相同的市场结构特征下、相同的行业全球化（全国化）潜力下，企业的资源与能力包括成长路径、战略思维模式、组织性资源对企业的横向拓展战略选择起调节作用。

（三）产品改进

（1）地区细分。不同地区的人们喜好不同的啤酒口味。

（2）人口细分。不同的年龄段的人群需求不同。

（四）促销措施

1.广告

在广告投放媒体的选择上，除了电视广告外，青岛啤酒还选择公交车、网络、报刊等，画面是一瓶啤酒，一杯满满的啤酒，细腻的泡沫在往外溢，装满的一杯啤酒给

人一种惬意的感觉，让人联想到在酒场上与朋友畅谈的惬意心境，以及在商务洽谈宴会上，生意洽谈成功的豪爽心情。

2.公关

在公共关系方面青岛啤酒主要运用"政府"营销、"奥运"营销来吸引消费者的眼球，搭奥运的顺风车来达到自己的目标。

3.营业推广

青岛啤酒在促销方面不如其他啤酒的"买赠政策""有奖活动"力度大，但为了更好地销售产品，凡购买青岛啤酒满××元会赠送一瓶新研发的产品给顾客，这样不仅可以增加销售，还可以推销新产品给顾客。

4.人员推销

青岛啤酒很少进行人员推销，对高品质、高品位的产品进行推销有时会降低品牌的形象。

资料来源　胡雅静. 企业横向拓展战略行为的研究：中国青岛啤酒行业的案例研究［D］. 广州：华南理工大学，2016.

问题：

1）这属于市场拓展行为策划中的哪一种策划？

2）青岛啤酒的市场拓展应从哪些方面持续发展？

9.2　网上调查

请在网上搜集企业实施专业化发展和多角化发展的实例。

第 10 章

企业公共关系行为策划

通过本章的学习，掌握企业公共关系行为策划的一般程序、公关专题活动策划和公关新闻策划，具备企业公共关系行为策划的技能和能力。

引例 @　　　　　　　拼多多"新品牌计划"双年度策划方案

拼多多是一家专注于C2B拼团的第三方社交电商平台。通过"社交+电商"的模式，拼多多的用户通过发起和朋友、家人、邻居等的拼团，以更低的价格，拼团购买优质商品。其中通过沟通分享形成的社交理念，形成了拼多多独特的新社交电商思维。拼多多致力于将娱乐社交的元素融入电商运营中，让更多的用户带着乐趣分享实惠，享受全新的共享式购物体验。

2019年，创始人黄峥带着拼多多首次参加电商平台年中大促，面对日益复杂化的"满减套路"，拼多多率先推出百亿补贴计划。参与计划的国内外品牌超过2 800家，热门补贴商品超过23 000款。通过百亿补贴，拼多多试图建立中高端市场用户的购买心智。2020年，拼多多继续在用户参与度方面进行投资来推动月活跃用户数量。随着越来越多的品牌商家入驻拼多多，以及百亿补贴等活动的持续投入，截至2020年，拼多多第三季度财报显示其GMV达14 576亿元，年度活跃买家数直达7.313亿个。

一、项目调查

通过二手数据收集、网络调研、市场调研、企业调研等形式获取相关信息，分别就拼多多目前存在的问题、企业战略、受众及偏好进行了分析。

（一）企业目前存在的问题

从2019年第四季度到2020年第三季度拼多多财报显示，因百亿补贴为拼多多引入了大量用户，而其他竞争平台也纷纷推出了百亿补贴活动，例如，淘宝重启了聚划算，京东推出了京喜，也先后推出了百亿补贴等，所以拼多多靠补贴获取的流量，一旦补贴停止或与市场上其他平台价格平齐，会不会一地鸡毛？进入百亿补贴2.0时代，提高用户留存率是拼多多目前面临的问题。而且，原来不走品牌路线的拼多多，用品牌馆百亿补贴引来的用户，对平台的信任程度影响用户留存依旧是问题。

（二）企业战略

2020年10月，拼多多在上海宣布全面升级"新品牌计划"，提出2021—2025年扶持100个产业带，订制10万款新品牌产品，带动1万亿元销售额。实际上，早在2018年，拼多多就推出了"新品牌计划"，帮助中小企业以低成本对接平台消费者真实需求，培育新品牌。新的"新品牌计划"将继续加大力度扶持新品牌，并联合产业带商家摸索出"拼品牌"模式，从而进一步降低自主品牌打造的成本和风险，帮助中国制造企业和产业带商家找到一条"从中国制造走向中国品牌"的自主品牌打造之路。

（三）受众及偏好

1.公众分析

目标消费者：拼多多2020年第三季度财报及《2020新青年新国货消费趋势报告》显示：在三大电子商务平台中，拼多多年轻人比例最高，"95后"用户比例达到32%，比阿里巴巴系的淘宝和天猫高出3个百分点。可以得知，目前"95后"已经成为拼多多乃至整个电商行业十分重要的受众群体。作为"95后"，他们在网上使用、消费、创造自己的价值。"90后"和"00后"对互联网的黏性更强，热衷于使用短视频等新的内容平台。他们成为在新媒体中更容易受到影响的"新国货"的目标群体。"95后"对网络的使用主要集中在娱乐、学习、休闲、审美等方面。"95后"在网上组成了不同的"圈子"。每个圈子都有自己独特的文化和语言。这些"95后"的特性为电子商务的引流提供了温床。另外，"95后"擅长使用互联网包装自己，成为新的圈子中的意见领袖，比如在B站上的各区UP主和微博上的"大V"KOL。"95后"的"国潮"消费正演绎着一种新的生活与消费方式。《2020新青年新国货消费趋势报告》显示"年轻人更爱拼国货"，由此，消费者对中国品牌的自豪感大大增强，民族自豪感内化为消费者的选择机制。

内部公众：包括出席活动的拼多多内部高层以及相关部门负责人。

名流公众：主要包括对公众舆论和社会生活有较大影响力的沈腾、贾玲、周深等合作明星，以及合作的自媒体账号、网络红人等。

媒体公众：主要有《中国消费者报》、中央人民广播电台、湖南卫视、腾讯新闻、新浪新闻、新华社等。

同行公众：商家、供应商、合作品牌、行业内同行。

2.受众偏好

"95后"是拼多多的主体市场群体，这部分群体对品牌化商品有很大的需求，对国货商品表现出一定的兴趣，2020年10月《中国青年报》的问卷调查结果显示：79.83%受访大学生愿意支持国货，对国产品牌发展怀有期待；在购买产品时有41.42%的学生会优先考虑国货。可见，"95后"消费群体对国货表现出很大的认可和喜爱。

综上，拼多多的公关策划主要围绕拼多多建立平台信任，提高用户黏性、提高用户留存率，抓住通过百亿补贴引流进来的用户，建立品牌信任度，再通过品牌和已有用户及受众最喜爱的国货为切入点，将拼多多与国货形成紧密链接，紧跟拼多多"新品牌计划"，为拼多多品牌形象的树立和国货品牌策略打下基础。

二、公关策划及实施

（一）目标与主题

任务破解：以受众最喜欢的国货为切入点，用能保证品质的品牌与国货双效背书、多维赋能，提升大众对拼多多信任度。

ToC：买国货品牌就上拼多多，传播拼多多更加品牌化、品质化的品牌形象。

传播目标：将"国货"和"品牌"与拼多多进行深度链接。

公关主题：以"拼多多，和国货一起拼"为主题，从"国货""品牌"两个切入点解决问题。将"国货"和"品牌"与拼多多深度链接，分3个板块达成对受众的沟通。双效背书、多维赋能，提升大众对拼多多的信任度。传递"买国货品牌就上拼多多"，传播拼多多更加品牌化、品质化的品牌形象。

（二）传播策略与执行

本策划方案将主要开展3个活动，3个阶段分别达到"品牌"和"国货"与拼多多初链接、强链接以及深度长效链接。"品牌"和"国货"与拼多多初链接将通过拼多多的受众"95后"聚集地B站作为切入点，冠名合作B站国货品牌产品榜单及晚会活动。之后将开展"拼多多红箱子-国货开箱召集令"活动，用拼多多红箱子开箱，赋能红箱子"国货"和"品牌"力量，实现与拼多多的品牌联想，多角度触达，多频次互动，将"国货"和"品牌"与拼多多强链接。最后通过系列 social 活动，链接国货情怀，实现理念认同，加强"国货"和"品牌"与拼多多深度长效链接。

活动一：拼多多×bilibili China-Z 100

时间：2021年10月—11月末

活动性质及内容：冠名合作——携手 B 站 China-Z 100 活动（选出为中国年轻人创造的百大国货产品）

目标：以拼多多的受众"95后"聚集地B站作为切入点，进行"国货"和"品牌"与拼多多初链接。

内容说明：线上评选榜单阶段，使用展示型广告通过开屏/焦点图/通栏等曝光凸显、信息流 GD/圈层定投等原生覆盖。拼多多国货品牌馆与榜单产品结合，通过活动页面展示/跳转入口等到达拼多多站内落地页，向拼多多引流。颁奖晚会现场广告通过舞台舞美、口播、片尾压屏、品牌专区、现场联合门票、弹幕抽奖等多种展现形式直播+录播全方位露出。颁奖晚会现场通过 UP 主弹幕抽奖，拼多多形象代表与品牌方代表互动等，借力国货品牌方与 UP 主，为拼多多国货品牌馆赋能，多重玩法，携手国货品牌方和 UP 主与"95后"玩在一起。

要点解读：

1.在受众（"95后"）喜爱的平台作为切入：B站用户契合"拼多多'95后'用户比例高达32%"，用"年轻人更爱拼的国货"从B站切入，达到流量嫁接。

2.三效背书：用受众喜爱的平台与 UP 主+能保证品质的品牌官方，为拼多多国货品牌馆三效背书，提高受众对拼多多的信任度。

3.品效合一：多重玩法，深度种草，实现链路营销，向品牌馆引流，达成购买，品效合一。

资料来源　张歆雨，张然，唐洪娟，等."拼多多，和国货一起拼"——拼多多"新品牌计划"双年度策划方案［J］.公关世界，2020（5）：46-50.节选.

企业形象策划包含企业公共关系行为策划的内容，同时企业形象的宣传和确立不得不仰仗成功的公共关系策划。公共关系策划是对企业开展各种公共关系活动的谋划、运筹，主要围绕公关目标、公关计划、公关时机、公关技巧、公关效果等问题展开。企业公关策划应纳入企业形象整体策划之中，以便首尾照应、行动统一。

10.1 企业公共关系行为策划的一般程序

10.1.1 公关策划的范畴

"公共关系"一词是舶来品，其英文为"public relations"，缩写为PR，简称公关。公共关系常被解释为"争取对你有用的朋友""一门研究如何建立信誉，从而使事业获得成功的学问""旨在影响特殊公众的说服性传播"。美国公共关系研究与教育基金会所下的定义是：公共关系是一种独特的管理职能，帮助组织与公众之间建立和保持相互沟通、了解、接受与合作的渠道，参与问题和纠纷的处理，将公众的意见传达给管理部门并做出反应，明确与加强为公众利益服务的管理责任；它还作为监视预警系统，帮助管理部门预先做好应变准备，与社会动向保持一致并有效地加以利用，它用调查研究和正确并合乎道德的沟通技术作为主要工具。

公共关系有3个基本要素，即公关主体——组织或个人，公关对象——公众，传播媒介——载体。公关行为是企业与社会沟通的行为，也是把企业的经营理念、经营主旨等向社会传播并获得认同与好感的行为。公关的成功需要事先策划。

公关策划是公关人员通过对社会公众进行系统分析，利用掌握的知识和手段对公共关系的整体活动及所采用的战略、策略进行运筹规划。它不是具体的公关业务活动，而是公关决策的形成过程。它由策划者、策划依据（信息和知识）、策划方法（手段）、策划对象（公众）、策划效果测定和评估等5个要素组成。

公关策划在企业整个公关活动中居于核心地位。公关的全过程包括公关调查、公关策划、公关计划、公关行动和公关效果测定5个部分，公关策划处于承前启后的中心环节（如图10-1所示）。

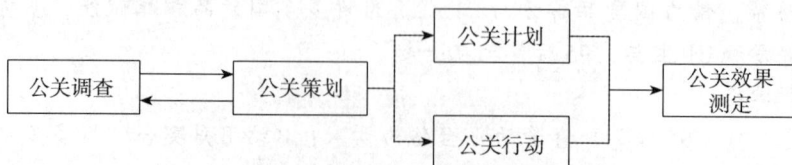

图10-1　公关策划在公关全过程中的地位

公关策划是企业公关活动的原则、对象、方向、战略、策略、媒体选择等重要内容的源头。只有通过公关策划，才能产生公关活动的这一系列要素（如图10-2所示）。

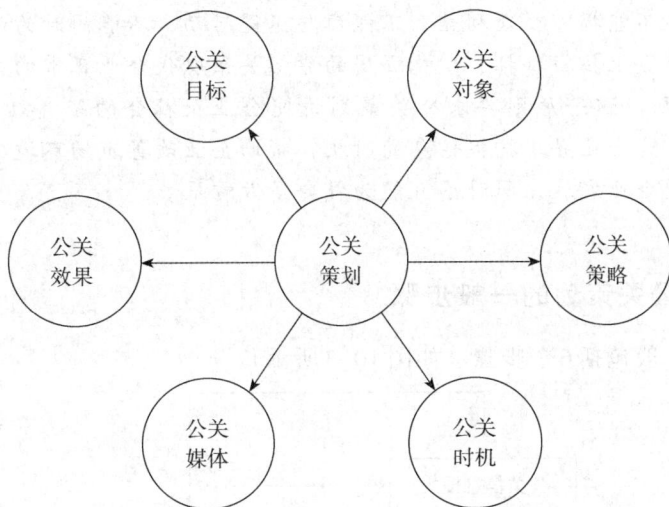

图10-2 公关策划在公关活动系统中的源头地位

【小资料10-1】

公共关系的含义

　　北欧航空公司公共关系部的一位经理在向公共关系培训班的学员讲解什么是公共关系时，这样说道："好比一名青年要追求伴侣，可以有许多办法，大献殷勤就是一种，这不是公共关系，而是推销；努力修饰自己的外貌和风度，讲究谈吐举止，也是一种吸引人的办法，不过这也不是公共关系，而是广告；如果这位青年经过周密的研究思考，制订个计划出来，而且埋头苦干，以成绩来获得他人的称赞，然后通过他人之口将自己的优良评价传递出去，这就是公共关系了。"显然，这位公共关系部的经理试图通过比喻的形式，向人们说明公共关系的含义。

　　公关策划要遵循以下原则：

　　① 求实原则。这一原则要求公关策划必须建立在对事实的准确把握的基础上，掌握真实的信息，然后做决策。公关策划首先考虑的不是技巧，而是对事实的准确把握，要通过种种办法搜集关于公众情况的资料，搜集关于组织与环境的互补情况的资料，搜集双方可能存在的不平衡、不协调的种种事实。只有掌握了足够的事实，才能进而策划公共关系的行动计划。

　　② 创新原则。这一原则要求公关策划打破思维定式的束缚，刻意求新，别出心裁，使公关活动进行得生动活泼，给公众留下难忘、深刻、美好的印象。创新策划常采用"头脑风暴法"（或称"脑力激荡法"），这是一种集思广益的方法，一般是5～10人聚集在一起，形成一种特别放松的环境和自由思考的气氛，提倡出奇，不加限制，不加批评，不过早下结论，相互启发迸发思想火花，形成好的创意。

　　③ 弹性原则。这一原则要求公关策划必须对所策划的公关活动留有余地，便于机动调节，做到"取法乎上，得乎其中；取法乎中，得乎其下"。

　　④ 伦理道德原则。这一原则要求策划公关活动时遵循道德规范和行为准则，即

不能弄虚作假，不能损害公众利益，不能参与隐匿活动，不能同时为两家竞争对手服务，也不能用社会上拉拉扯扯、吃吃喝喝的庸俗关系取代企业正常的公共关系。

⑤ 效益原则。这一原则要求公关策划讲究企业及社会的经济效益与社会效益。通过公关策划，为企业寻求捕捉信息的时机，帮助企业改善市场环境，通过与竞争对手的比较，促进企业发展，同时尽可能为社会多做贡献。

10.1.2 公关策划的一般步骤

公关策划一般包括6个步骤（如图10-3所示）。

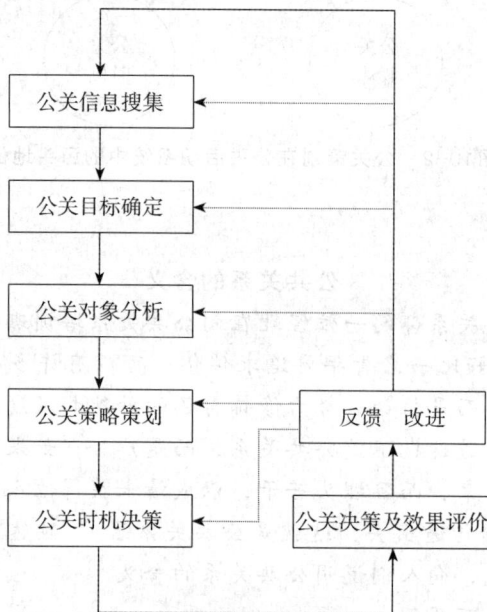

图10-3 公关策划步骤

（1）公关信息搜集。公关策划主要搜集政府决策信息、新闻媒介信息、立法信息、产品形象信息、竞争对手信息、消费者信息、市场信息、企业组织形象信息、流通渠道信息等，然后对搜集的信息进行整理、分析。

（2）公关目标确定。公关目标有长期目标、近期目标、一般目标、特殊目标之分。公关目标是一个复合目标系统，其内容包括：

① 提高企业的知名度、信任度和美誉度；

② 使企业与公众保持沟通，并完善其渠道；

③ 依据社会环境的变化趋势，调整企业行为；

④ 妥善处理公关活动中的纠纷，化险为夷；

⑤ 帮助企业提高产品及服务的市场占有率等。

可见，公关目标的确定是在大量的调查研究和运用各种科学方法的基础上确定公关所要达到的目标的过程。公关目标的确定既要使公关目标与企业的整体目标相一致，又要兼顾公关主体和公关对象双方的利益，还要对公关目标的轻重缓急排序，并使目标尽量具体化。

（3）公关对象分析。企业由于本身的业种和业态的不同，因此分别有不同的特定公众。公关活动是针对不同的公众以不同的方式展开的。针对公关对象的策划首先要鉴别不同对象的权利和要求（见表10-1），然后对其进行分析，找出共性和个性，分别采取一般性和特殊性的对策。

表10-1　　　　　　　　　　　　**公关对象的权利和要求**

企业的公关对象	公关对象对企业的权利与要求
员工	就业安全和适当的工作条件，合理的工资和福利，培训和上进的机会，了解企业的内情，社会地位、人格尊严和心理满足，不受上级专横对待，有效的领导，和谐的人际关系等
股东	参加利润分配，参与股东表决和董事会选举，了解企业经营动态，优先试用新产品，有权转让股票，有权检查企业账目和资产清理情况，有合同所确定的各种附加权利等
协作者	遵守合同，平等互利，提供技术、信息和援助，为协作提供各种优惠和方便，共同承担风险等
消费者	产品质量保证及适当的保证期，公平合理的价格，优良的服务态度，准确解释各种疑难和投诉，提供完善的售后服务，获取必要的产品技术资料及各项服务、消费教育和指导等
竞争者	由社会或本行业确定竞争准则，平等的竞争机会和条件，竞争中的相互协作，竞争中的现代企业家风度等
社区	向当地政府提供生产性的、健康的就业机会，保护社区环境和秩序，关心和支持当地政府，支持文化和慈善事业，赞助地方公益活动，扶助地方企业发展等
政府	保证各项税收，遵守各项法令、政策，承担法律义务，公平竞争，保证安全等
媒体	公平提供消息来源，尊重新闻界的职业尊严，有机会参加企业重要的社交活动，保证记者采访的独家新闻不被泄露等

（4）公关策略策划。公关策略是为实现企业的公关目标所采取的对策和应用各种方法的总称。常用的公关策略有社会性公关、维系性公关、矫正性公关、新闻性公关。公关策略策划，就是围绕企业所因时因地使用的公关策略进行创意性的谋划。

社会性公关策划是对不以营利为目的的社会公益性公关活动的谋划，如为公众服务，开展普及性的教育，开拓社会福利，以及开展其他的文娱、体育、环保等活动。

维系性公关策划是一种维系企业良好形象的渐进式的策划。当企业处于外界环境不利的形势时，企业为了维护自身的形象和稳定发展态势，需要对外界进行不知不觉、潜移默化的公关活动，以稳定各方面的关系，阻止外界环境继续恶化，从而维系企业的生存与发展。

矫正性公关策划是当企业蒙受损害时而采取的拯救性策划。矫正性公关，一是矫正有关部门对企业的误解，二是矫正企业偶然失误或受挫给社会各方面造成的不良印象。对于社会的误解要有针对性地澄清事实、说明真相、沟通思想，从而挽回不良影响；对于自身的失误或受挫要冷静分析问题，树立重振雄风的坚定信念，勇于承认失误并以强有力的措施纠正失误，从挫折中奋起。

新闻性公关策划是调动新闻舆论界为宣传本企业的良好形象而进行的策划。新闻宣传比起商业广告的社会震撼力更大、效果更好，而且不需花费巨额广告费用。做好新闻性公关策划对于提高企业知名度具有事半功倍的效果。

（5）公关时机决策。"机不可失，时不再来"，公关时机的选择很重要。公关的最佳时机是在潜在公众向知晓公众转化之前。公共关系学中把公众分为非公众、潜在公众、知晓公众和行动公众4个级次。之所以说从潜在公众转向知晓公众这一时期是最佳时期，是由于一方面企业有时间来进行公关策划和开展公关活动；另一方面，此时企业公关人士如果主动提供必要的真实情况，可以避免公众产生偏见和误解，从而避免公众做出不利于企业的偏激行为。

企业常利用的公关时机有：

① 企业创办或开业之际；

② 企业推出新产品和新的服务项目之际；

③ 企业发展很快但声誉尚未树起之际；

④ 企业更名或与其他企业合并之际；

⑤ 企业出现局部失误或遭某方面误解之际；

⑥ 企业遇到突发性危机事件之际。

（6）公关决策及效果评价。公关决策是对公关活动方案进行优化、论证与决断。方案优化主要从增强方案的目的性和可行性、降低耗费上下功夫。方案论证包括对目标的分析、对限制性因素的分析、对潜在问题的分析以及对预期效果的评价。

公关策划效果的评价方法包括定量分析和定性分析。定量分析主要分析公众对企业的兴趣度、企业活动的参与者人次、公关活动中接触的各阶层人次及其对企业公关活动的认同比例。定性分析主要分析企业公关活动产生的社会影响、各阶层的反应、活动的意义、对企业产品营销带来的影响等。

公共关系效果评估分4个阶段，即重温公关目标，搜集公关活动资料，分析资料、评估成果，给工作主管和全体公关人员做总结报告。

【小资料10-2】

危机事件公关策划的基本原则

第一，公众利益第一原则。所谓公众利益第一原则，就是指危机事件的公关策划，必须把公众的利益放在第一位。只有公众利益不受损害，才能得到公众的支持，从而最终才会给企业带来声誉和效益。

第二，及时沟通原则。所谓及时沟通原则，是指必须让社会公众及时了解危机的真实情况和正在采取的各种处理办法，主动争取内外公众的理解、援助和支持；同时，要及时掌握社会公众的各种反映、意见和建议。只有上下内外及时沟通，才能有助于危机更快、更好解决。这里尤其要尽快地协助新闻媒介参与。当新闻媒介及时地获得了有效信息后，危机所引起的不妥就可降到最低限度，这就为处理危机创造了一个良好的氛围。

第三，勇于决断原则。所谓勇于决断原则，是指抓住机遇、机智勇敢、坚定刚毅做出决断，制定对策，引导舆论，稳定人心，化险为夷。勇于决断，应不断找寻新信息、搜集新情况，应增强及时变通和随时调整的弹性，应建立权威中心，必要时有壮士断腕的行动。

第四，领导者负责原则。所谓领导者负责原则，是指在解救危机时，首先得从领导个人抓起、从决策层抓起，任何一个领导者面对危机，应能从自身查起，想方设法战胜它；能从大局出发，发动群众、宣传群众、组织群众；能抑制恣意横行之人，劝戒傲慢任性、骄矜自满之人，重用忠厚诚实之人，帮助取得进步之人。

企业公关行为的策划是对从企业公关行为的指导思想到公关方式的一系列行为的策划，最后对公关策划效果的评估是一个总结、反馈、改进的过程，通过评估可以充分认识公关策划在公关活动中的成效，找到问题、纠正偏差，并为今后进一步策划其他公关活动积累经验教训，不断提高策划水平。

【小思考10-1】

1. 如何在公关策划中掌握公关的分寸？

2. 如何审时度势抓住公关的时机？

10.2 企业公关专题活动策划

10.2.1 公关专题活动策划的内容

公关专题活动是指服务于组织整体公关目标的各项专题活动的总称。公关专题活动策划是对公关专题活动的5W进行策划。5W即何事（what）、何时（when）、何地（where）、何人（who）以及为什么（why）等5个方面。

（1）What即公关专题活动策划的内容，大致有以下活动：

① 典礼仪式，如奠基典礼、落成典礼、开幕典礼、就职仪式等。

② 周年志庆，如一周年、十周年、二十周年、一百周年……纪念日。

③ 展销会，通过实物（新产品）的展示与示范表演来配合宣传企业的形象和产品。

④ 专题喜庆活动，如消费者联欢会、军民共建联合会、招待会、舞会、大型文艺演出等。

⑤ 专题竞赛活动，如各种由企业冠名的体育比赛、演唱比赛、征文比赛、智力比赛等。

⑥ 学术研讨会，赞助和承办全国性、地区性的专题学术研讨会，通过理论界的传播扩大社会影响力。

⑦ 社会公益活动，如赞助办学或社会募捐活动等。

⑧ 各种经贸活动，如举办商品交易会，以"文艺搭台，经贸唱戏"的文化艺术

节等。

（2）When即公关专题策划的时机。较好的时机是：

① 重大事件发生的自然时间，如企业股票上市的时间、企业推出新产品的时间等。

② 社会生活中的节日和企业的纪念日，如国家规定的节日及企业的周年庆等。

③ 企业运行过程中所蕴含的时机，如企业主营业务升级换代时期、企业发展受挫或危机转换时机等。

（3）Where即公关专题活动举办的地点。可选择的地点是：事件发生地，目标公众所在地，交通便捷、人口流动较多的地点，以地利为佳。

（4）Who即参加公关专题活动的人员及规模。以扩大影响为最终目的，以经济有成效为原则，根据专题活动的具体需要确定人员及规模。

（5）Why即创造良好氛围的策划。为专题活动的开展进行必要的预报、铺垫、宣传、广告，使活动能形成良好的氛围。

10.2.2 公关专题活动策划的要求

公关专题活动策划要符合以下要求：

（1）诚信可靠。公关专题活动策划要保证活动举办者的动机单纯、可靠，不带商业欺诈的成分，不设圈套，不做笼子，不隐瞒事实真相，不引人误入歧途。

（2）富有吸引力。公关专题活动策划应富有文化内涵，能抓住大众心理，同时具有启发性和趣味性，能引人注意，使人产生心理共鸣。

（3）新颖别致。公关专题活动策划切忌步人后尘，一味模仿，而要独辟蹊径，花样翻新，以形式上的多样化和手法上的奇特化显示其特色。

（4）影响力大。所策划的专题活动要产生一定影响，影响越大，表明活动办得越成功。

（5）切实可行。不搞花架子，而从实际出发，充分体现可行性。在活动经费方面要考虑举办单位的承受力和活动的投入与产出比。

除了满足这些要求以外，还要注意以下几点：

① 明确策划专题活动的目的，制订周详计划；

② 要对计划进行可行性研究；

③ 要设计令人耳目一新的标题和宣传口号；

④ 组织精明能干的班子实施；

⑤ 编制预算，控制经费开支；

⑥ 注意做好时间安排；

⑦ 制订传播计划；

⑧ 加强活动前宣传等。

【小思考10-2】

1.公关专题活动如何突出主题？

2.如何体现公关专题活动的别具一格？

10.3 企业公关新闻与谈判策划

10.3.1 企业公关新闻策划

企业公关新闻是指对有利于一个企业的建立、维持、发展和完善其形象的新近发生事实的报道。其职能主要是：

（1）帮助企业加强与社会公众之间的沟通和理解；

（2）矫正或纠正企业在社会公众心目中的不利、片面或失真、误识的形象；

（3）扩大企业的影响，维护和完善企业的整体形象。

企业公关新闻策划，是在服务于企业的公关总目标的原则下，以事实为依据，对最新信息的选择、加工、编辑、传播、反馈等一系列活动以及新闻媒体关系的决策和谋划。就其广义而言，它包括新闻选择、制作、传播的全过程，以及与企业打交道的新闻媒介关系的策划；狭义的公关新闻策划则仅指策划具有新闻价值的活动或事件，即制造新闻。

企业公关新闻策划主要包括：

（1）新闻媒体的策划；

（2）新闻稿件的策划；

（3）新闻报道的策划；

（4）新闻活动（或事件）的策划等。

下面将围绕这些内容做简要叙述：

1）企业公关新闻媒体的策划

新闻媒体包括印刷类传播媒体（如报纸、杂志）和电子类（如视听类、广播、电视）传播媒体。公关新闻媒体的策划就是选择合适媒体的谋划。各类媒体各有特点，对新闻媒体的策划就是在充分认识各类媒体的优缺点的基础上，对企业所需要的媒体进行选择，选择时一般依据企业公关目标、新闻传播内容以及社会效益和经济效益等方面，力争切合实际、经济、可行，并收到预期的效果。

2）企业公关新闻稿件的策划

企业公关新闻稿件的策划，是对企业的大量信息进行挖掘、筛选、加工、编辑的过程，包括印刷类（如报纸、杂志）公关新闻稿件策划和电子音像类公关新闻稿件策划。策划内容包括：

（1）新闻题材的策划，即要选取最富有代表性、最具有新闻价值的题材。在选材上不拘泥于一点而要多角度、全方位地着眼于企业发生的新事物、新情况、新成就、新气象。例如：

① 企业发展史中的阶段性纪念；

② 企业新技术的实施、新产品的开发、新成果的获得；

③ 企业获奖的新情况；

④ 企业开展合作、合资，取得重大突破；

⑤ 企业人事变动、英雄模范人物新业绩；

⑥ 企业参与有意义的社会活动及贡献等。

（2）新闻结构（布局）的策划，即对新闻材料的组合、安排的总体设计。常见的新闻结构有3种：

① 本末倒置型结构，即先写事件的高潮及结果，然后倒叙回溯事件发生的原因和经过，以起到先声夺人、引人注意的作用。

② 并列双峰型结构，即所报道的几个内容处于相同重要的位置，报道时两条线并行，然后在适当地方交代其相互的关联性。

③ 顺流直下型的结构，即完全按事件发生的先后顺序，从源头写起，顺流直下，最后交代结尾。

（3）新闻结构中重要成分写作的策划，即对新闻中标题、导语、背景、主体、结尾等5个部分的策划。

① 对新闻标题的基本要求是准确、创新、鲜明、简练、生动，要有画龙点睛之妙。

② 新闻导语包括叙述式（概括式、结果式、对比式）、描写式（人物描写、事物描写、现场描写）和议论式（结论式、评论式、提问式、引语式）3种。新闻导语的写作要求凝练、醒目、明快、生动，突出最主要、最新鲜的事实，或提出问题，制造悬念，以吸引读者，要力求简洁，切忌冗繁。

③ 新闻背景材料要写得既全面、周详，又言简意赅；既简明、准确，又引人入胜。其目的是为读者读正文打下思想基础，扫清障碍，引起读者关注，产生欲罢不能的效果。

④ 新闻主体的策划，即指新闻中的主要部分，对导语中已披露的新闻要素做进一步的叙述，它是发挥主题的关键部分。其结构顺序一般采取时间顺序、逻辑顺序、时间顺序和逻辑顺序相结合3种写法。主体写作的策划要围绕新闻的主题进行，应圆满地说明和回答导语中提出的问题，与内容和背景材料相呼应，所用的材料要真实、具体、充实并富有典型意义。

⑤ 新闻结尾的策划。结尾可采取小结式、启发式、号召式、展望式、分析式等，无论采取何种方式，都要力求简明扼要、明确有力、富有内涵、引人思索。

3）新闻报道的策划

企业策划公关新闻就是要最大限度地利用新闻媒体进行报道，扩大企业影响，提高企业的知名度、信任度和美誉度，使更多的公众对本企业产生良好印象。新闻报道是将企业具有新闻价值的新闻准确、及时和最大限度地传导给新闻界，引导新闻界加以报道，常用的方法是举行记者招待会、新闻发布会和接受新闻采访。

（1）记者招待会的策划。企业一般在有重大事件发布，如澄清某重大事件真相、郑重地宣布企业的某项发明时召开记者招待会。企业开好记者招待会一般要做好以下几方面的工作：

① 确定主题；

② 确定应邀记者名单；

③ 选择适当的时机；

④ 做好请柬发放工作；

⑤ 确定主持人；

⑥ 准备充分的发言提纲和报道内容；

⑦ 选择会议的工作人员；

⑧ 布置会场；

⑨ 准备好通信设施；

⑩ 安排好会议程序。

（2）新闻发布会的策划。企业一般通过新闻发布会向社会公布重大决策和重大发明，对其策划要掌握好分寸，既要引起轰动，又要注意保密。开好新闻发布会还要注意以下几个方面：

① 邀请函件要送达同议题有关的人士手中；

② 选择好场地，配备好通信设施；

③ 时间安排不要与重大节日冲突；

④ 设置登记处，并有导引生服务；

⑤ 备好新闻文件包，逐一发给来宾；

⑥ 会议时间不要太长，控制在30~60分钟；

⑦ 会前、会后约请有关记者做进一步采访；

⑧ 对来宾要一视同仁，不能分亲疏、贵贱；

⑨ 要有正式的结尾，不能草率收场；

⑩ 做好会后工作，整理记录，总结经验。

（3）接待新闻界的参观访问策划。企业与新闻界的联系，可以是新闻界主动的，也可以是企业邀请的；可以是有特定目的的，也可以是无特定目的的；可以是定期的，也可以是不定期的。企业接待新闻界的策划一般要做好以下工作：

① 明确目的，以邀请目的来决定对象、规模和接待方式。

② 确定邀请对象及规模，视目的不同而做适当安排。联络感情式的邀请，一般范围广、规模大、对象多；具体目标式的邀请，对象相对集中。

③ 安排接送。接送时，细节考虑周到，态度热情，服务到位。

④ 制订详细计划，对有关活动的细节进行细致的安排。

⑤ 配套服务，如提供工作场所，完备的资料，交通、通信设施等。

4）新闻事件的策划

制造新闻事件必须遵循的原则是真实和不损害公众利益。一般要对一定时期内的热门话题制造新闻，要抓住"新、奇、特"去创意，并要善于利用特殊节日、社会名流散发的光环来借冕获誉、借光生辉。

【实例10-1】

阿里的主动性公关

2020年年初，线上工作在短时间内被应用到各行各业，其中大量的学生群体因为疫情无法回到学校上课，为了教学能够正常开展，学生能够按时完成学业，线上教学被迅速推广，钉钉作为学校广泛使用的线上教学平台之一，成为了学生发泄不满情绪的攻击对象。应用商城一星的评分让企业形象受到了严重的威胁，如果按威廉·班尼特的观点来看，个人或组织最重要的资产就是声誉，那钉钉在此次的危机中已经处在了破产的边缘，亟待一次卓越的公关活动力挽狂澜，挽回其在受众心中的企业形象。2020年2月14日开始，钉钉在B站发布了一系列贴近学生群体兴趣爱好的"求饶"视频，其中2月16日发布的一则《钉钉本钉，在线求饶》的短视频，截至9月23日，共有2 779.3万次浏览量，收获了高达180.8万个赞和82万次的转发量，娱乐轻松的鬼畜短视频风格，得到了广大青少年用户的理解，纷纷表示要去应用商城多评几星。

除了在B站上的系列鬼畜短视频，3月27日，钉钉又在抖音平台上开始发表最"嚣张"的程序员系列视频。程序员小哥真实出镜，聊天风趣幽默，与B站互相配合，其受众覆盖了大量青少年群体，投其所好进行公关，并与这一群体建立良好关系，双向对称性互动交流。至此钉钉一星危机基本解除，评分也回归了正常，不过钉钉的B站和抖音账号依然在不断更新，保持与受众的联系。拥有更多的媒体渠道可以为企业不断增强危机预警管理，持续推广企业文化与经营哲学，使企业形象深入人心。

资料来源　钟蓉蓉. 阿里主动性公关案例应用分析研究——以"钉钉""蚂蚁金服"为例［J］. 公关世界，2021（8）：80-81.节选.

【实例10-2】

老乡鸡董事长手撕员工联名信

2020年2月8日元宵节，不少企业面临着疫情防控和复工的双重压力。晚间，一段题为《刚刚！老乡鸡董事长手撕员工联名信》的视频通过微博、微信朋友圈等平台广为流传。视频中束从轩称由于受疫情严重影响，老乡鸡保守估计会有5个亿的损失，为了帮助企业渡过难关，员工提出疫情期间不拿工资，并签字按手印提交联名信。束从轩对此的回应是直接撕掉，并喊话员工，哪怕卖房子、卖车子，也会千方百计确保员工有饭吃、有班上。强硬的手撕联名信行为，在餐饮业界普遍哭穷哭惨声中独树一帜，该视频迅速出圈，刷屏网络，在抖音平台的浏览量高达500万人次。该事件也被认为是餐饮业困境之下品牌公关传播的范本。

资料来源　佚名. 2020年最新十大经典成功公关案例［EB/OL］.［2022-03-02］. https：//baijiahao.baidu.com/s？id=16901841076076144679&wfr=spider&for=pc.节选.

10.3.2　企业公关谈判策划

企业公关谈判策划是指对谈判双方为了各自特定的利益目标，遵循互利原则，通过对话沟通方式达成协议的过程的谋划。公关谈判是现代社会市场经济条件下具有特定含义的商务活动。企业公关谈判策划主要围绕以下问题展开：

1）对谈判双方情报的调研、分析

企业公关谈判调研活动的内容主要包括甲方情况、乙方情况、背景情况。

（1）对甲方情况的专题调研。围绕谈判内容对甲方的谈判目标、优劣势、与对方的实力比较、谈判中可能让步的上限和下限等进行调研。

（2）对乙方情况的专题调研：

① 生产能力、生产布局及近期发展计划；

② 对资金的需要程度，营销力量及在市场上的地位，是否还与其他竞争者谈判；

③ 优势与劣势，在谈判中可能亮出的"王牌"和运用的实力；

④ 人员素质，包括人员结构、知识与经验结构、人际关系、性格及情感特性；

⑤ 主管部门及主要拍板人物。

（3）对背景情况的调研，主要着眼于同行业的生产能力、原材料供应、运输条件、价格、贷款利率、交货时间的可靠性、有关法规等。

其他方面的背景，如政治、法律、文化、宗教、历史、道德、风俗、语言等，也是在某些谈判中要关注的情况。

2）谈判班子的策划

谈判班子一般由 3～5 人组成，其构成包括行政负责人、业务专家、法律专家等。对进入谈判班子的人员要加以遴选，谈判人员必须具备以下素质：

① 在公众中有良好的形象和较大的影响力；

② 有较强的应变力、判断力，睿智、敏捷；

③ 积累了丰富的谈判经验，对业务情况熟悉；

④ 知识素养好，具备渊博而又专业的知识；

⑤ 对有关法律知识掌握较好。

3）精心进行谈判计划的设计

谈判计划设计周密与否是决定谈判成功与否的重要条件。企业较强的实力和谈判人员良好的素质这两个决定谈判成功的条件是要靠谈判计划的优良设计和实施来体现的。设计谈判计划主要是认真、周到地安排如下内容：

（1）实事求是而有分寸地确定谈判目标。为了留有余地，一般要确定下限目标、上限目标和区间目标。

（2）设定谈判策略和应变措施。谈判策略主要是解决争取主动权的问题，如什么时候应速战速决，什么时候采取拖延方法，怎么选择谈判时机、谈判地点，除场内谈判以外还是否进行场外非正式接触等。应变措施主要是面临突发情况时要相应采取的措施。

（3）选择有利的谈判地点。谈判地点的选择依据"天时、地利、人和"的原则确定，这是出于对谈判人员心理因素的考虑。对谈判地点做出的有利选择，可带来心理优势，形成一种无形的力量。

（4）谈判相关活动的策划。对谈判所涉及的有关商品实物、图表资料、证明材料等的准备，对新闻媒体报道活动的引导和解释等。

4）模拟谈判预演设计

模拟谈判预演设计是对谈判计划的假设执行活动的设计，其目的是检验谈判计划是否周密，谈判人员是否能适应。模拟谈判预演要假戏真做，以便暴露己方谈判计划中的薄弱环节和疏漏之处，锻炼和提高谈判人员的技巧与心理素质，使谈判人员能娴熟自如、信心百倍地投入正式谈判。

5）正式谈判环节的策划

谈判由开局、概谈、报价、交锋、妥协、签约等6个环节组成。对正式谈判环节的策划就是要对这6个环节的具体细节进行事先谋划。

（1）开局。简洁明快而又有分寸、有礼貌地进行己方介绍，并用真诚的话语营造和谐气氛。

（2）概谈。己方有所保留地让对方了解自己的既定目标和总体想法。这种简明扼要、用语干脆的概谈具有较大的探测作用，概谈中不乏对对方发出引导性的意见。

（3）报价。这是核心。视谈判进展情况，或直接报价，连带解释其有关条件和要求，或迂回报价，通过对相关或同行产品的价格比较，报出谈判商品的价格。

（4）交锋。这是高潮。谈判双方围绕各自的谈判目标和报价等核心问题进行讨价还价，或对有关条件进行协商、调整，这是一个充分体现谈判人的智慧和应变能力的阶段。

（5）妥协。双方进行有条件的让步，互相主动满足对方的条件并相应争取对方的优惠。

（6）签约。设计有关合同。

6）评估和总结的策划

评估活动主要包括：

（1）成功率及目标分析：目标实现的程度。

（2）情报准确性及使用情况分析。

（3）谈判策略分析：策略是否恰当？

（4）谈判队伍分析：整体配合情况和个人素质。

【小思考10-3】

1.制造新闻事件应遵循什么原则？

2.如何巧妙矫正企业某方面的失误？

延伸阅读　2021年公关公司Top50

本章小结

公关行为是企业对外宣传自身形象的重要行为。公关行为策划是企业形象整体策划的组成部分。公关行为策划依次有六大步骤，并要按求实原则、创新原则、伦理道德原则、弹性原则和效益原则展开。企业公关专题活动、新闻发布和商务谈判活动是公关行为策划中个案策划的内容，同样是企业公关整体行为中不可分割的部分，因而要按公关整体行为策划的要求，对每一次活动进行缜密的策划。

主要概念和观念

□ **主要概念**

公共关系　公关策划　公关专题活动的5W　公关新闻策划　公关谈判策划
谈判环节

□ **主要观念**

社会营销观念

基本训练

□ **知识题**

10.1　什么是公关策划？公关策划要遵循哪些原则？

10.2　公关策划一般包括哪些步骤？

10.3　公关专题活动策划大致有哪些内容？

10.4　企业公关专题活动策划要满足哪些要求？

10.5　企业公关新闻策划的职能及内容各是什么？

10.6　企业公关新闻策划主要围绕哪些问题展开？

□ **技能题**

10.1　"舒蕾群星耀千禧——聚焦舒蕾世纪星全国总冠军电视评选"这则新闻体现了公关新闻的什么职能？

10.2　公关谈判班子一般由_____组成。

1）行政负责人　　　2）法律专家　　　　3）秘书、翻译

4）业务专家　　　5）财务专家

10.3　某企业生产的饮料通过试产试销，反响不俗，企业决定于近期举办正式投产典礼，试依据5W为此专题活动做策划。

10.4　请看以下案例：

1）某正版软件刮起"红色风暴"，以28元的低价销售3天，3天后恢复定价168元。

2）美国强生公司不惜代价向全美公众公开其产品"泰诺"的中毒事件。由于操作得当，挤走了这个市场上的竞争对手。

3）某百货商场有计划地定期请专家为顾客进行免费美容、保健讲座。

4）吸烟有害健康。某香烟制造商频频赞助拉力赛、篮球赛等体育赛事。

5）某酒业集团巧借山西假酒案进行公关活动，各大媒体纷纷转载。

请问：以上案例分别采取的是_____策略。

A.社会性公关　　　　　　B.维系性公关

C.矫正性公关　　　　　　D.新闻性公关

10.5 "麦当劳叔叔"在美国儿童心目中是仅次于圣诞老人的重要人物，在遍布全球的每一家麦当劳餐厅门口都有一个身着小丑服的或站或坐卡通式人物——"麦当劳叔叔"在招徕顾客。本来经营快餐，为何要放一个卡通人物在门口？

10.6 "知己知彼，百战不殆""天时、地利、人和""取法乎上，得乎其中；取法乎中，得乎其下""机不可失，时不再来"分别道出了企业公关行为中的哪几个环节？为什么？

□ 能力题

10.1 案例分析

中车株洲所全球首列"智能轨道快运列车"发布传播案例

中车株洲电力机车研究所有限公司（以下简称中车株洲所）精心策划了全球首创"智能轨道快运列车"产品发布会、新闻发布会及相关传播活动，既充分展现全球首创的产品魅力，又在国内外展开了有效的营销推广。

公关策划活动通常试图影响某一具体受众的特定行为。为达到此目标，必须全面了解目标受众。因此，正确地识别和了解目标受众对策划宣传活动至关重要。本次活动中将目标受众界定为政府公众、顾客公众（包括企业客户和城市管理者）、媒体公众和其他社会公众等。本次策划活动采取整合营销的传播方式，综合协调地使用各种形式的传播方式，以统一的目标和统一的传播形象，传递一致的产品信息。在新闻发布会的策划与实施中有以下可圈可点之处：

（一）在充分的调查研究基础上开展策划和实施

举办新闻发布会需要投入大量的人力、物力、财力，为了使"产出"即"传播效果"达到最优，前期需要进行充分的调研准备工作。经过前期调研发现，随着城市化进程的快速推进，交通拥挤成为城市"顽疾"，"出行难"不仅困扰着市民，也困扰着城市主政者。传统轨道交通建设周期长、成本较高，而现有城市公交又因载客量小无法缓解上述问题，而"智能轨道快运列车"兼具轨道交通大运量和城市公交灵活性特点，将有效缓解出行问题。科研成果转化为产业成果可能性很大；可得到国家、本地政府以及中国中车的资源支持；同时，随着"一带一路"倡议的实施，存在很大国际市场需求潜力。因此，选择合适的时间节点举办新闻发布活动来进行新产品推广是必要的。

（二）明确的目标

中车株洲所在开展此次发布会时，有明确的目标（动因）——"提升产品科技形象，促进产品走向产业""提升中车全球化品牌形象，让产品走向全球""增强市场号召力，提升核心竞争力"。明确的目标为发布会传播口径确定了基调，确保相关传播的媒体引导。同时，这些目标突破了企业话题的局限，具有从企业向行业，从国内向国际公共话题转化的特性，引发公众和新闻传播媒体的关注与报道。

（三）传播内容策划与实施的创新

中车株洲所在传播内容策划方面，确立了"颠覆传统认识，改变出行方式"这一主题，具有新奇性和生活贴近性；提炼了下列"热点"和"关键词"作为传播点——"全球首创""虚拟轨道列车""解决城市交通拥堵难题""地铁""公交结合体"。"智能轨道快运列车"作为"全球首创"，具有"重大性"；"虚拟轨道列车"和"公交结合体"具有新奇性，引发公众的好奇和探究心；"解决城市交通拥堵难题"和"地铁"与公众日常生活和需求贴近。这些"热点"和"关键词"，有的很重大，有的很平常，有的通俗易懂，有的新奇独特，不仅有效调剂了公众心理认知的距离，也容易激发媒体报道的兴趣。中车株洲所在文稿表述中，尽可能使用公众熟悉的事物来描述专业性术语，例如，在描述"转弯半径"这一专业术语时，与普通公交车相比，让公众容易领会；在提到"自由编组"时又举了高速动车组的例子；在表达"智轨车辆虽然庞大但是转弯灵活"这一特点时，将智轨形象地称为"灵活的胖子"，拉近了与受众的心理距离。

（四）做足"媒体内容供应链"、后续传播和舆情监控

公关策划活动的传播效果很大程度上取决于媒体报道的广度与深度。本次新产品策划活动邀请了51家主流媒体进行现场报道，数量可观。一是在"媒体内容供应链"方面下足了功夫，根据媒体公众的不同需求准备了各种类型的信息资源——"资料袋"，包括通稿、背景材料、速记材料和多媒体素材等，为媒体充分准备传播资料，做好媒体高质快速发布的内容供应工作。二是从后续传播来看，中车株洲所在发布会之后，继续组织媒体的后续跟踪报道和举办各类体验活动，使"热点"持续甚至"升温"。三是效果预测、导向监测方面把握很好，技术含量高，依此搜集舆情进行反馈和回应，有效引导舆论。本次新闻发布会实现了很好的会中控制和后续管理，取得了较好的传播效果。

（五）全媒体、全球发布

在互联网时代，大众媒体向融媒体转型，具有"全媒体"特性，可以为受众个体进行超细分服务，实现任何人、任何时间、任何地点、以任何终端获得任何想要的信息。本次活动运用了"全媒体"传播方式，大大加深了传播的广度和深度。不仅以文字、图片、视频等各类形式在报纸、电视、网络、微信公众号、App、微博等进行全媒体发布，而且网易、新浪、腾讯、搜狐四大门户网站均在首页头条位置显示报道，增强了信息传播的速度、广度和互动性。在国内传播中，新华社向全国各大媒体提供了"视频通稿"；在国际传播中，主导的海外（英语）直播活动，在Facebook、Twitter、YouTube的平台播出，得到了数百万计粉丝的关注和讨论，是中国媒体对接海外社交媒体融合报道的创新性探索。在全球新闻发布中，"推"与"拉"共同发力——人民日报、新华社、中国日报均在海外版发布报道，此为"推"；德国电视台、俄罗斯之声、美国杂志、新加坡联合早报也前来采访报道，此为"拉"。通过上述媒体报道，迅速增加了"智能轨道快运列车"在海外媒体的曝光度，有效提升了"智能轨道快运列车"的海外知名度。德国电视台、俄罗斯电视台、澳大利亚新闻网及外国网友等均给予了高度评价，并对该产品的应用表达了期待。从后期效果看，包括纽约、墨

尔本等在内的全球50多个城市与中车株洲所联系洽谈合作，新闻发布会开展的品牌传播有力推动了新产品的国际化推广。

（六）现场活动强调权威性、仪式感和体验感

该发布会通过"院士站台"，借助"意见领袖"——中国工程院院士的专业分析与点评，充分体现发布会的权威性、产品质量的可靠性及创新性。有关学者认为，从社会角色的归属上看，专家学者等意见领袖介于支配阶级和社会大众之间，他们的独立身份并非静止不变，可以充当前者的旗手，也可以被后者纳入"我们"的阵营。"院士站台"为新产品背书，符合品牌调性和产品调性，说服力强，影响力大。人类需要仪式感，面对以"人"为主体的营销活动同样需要重视"仪式感"，选择在发布会上进行首条线路签约仪式，体现该新产品的市场前景，积极引导舆论。发布会中安排了乘车体验环节，增强参与者的感性认识，形成立体、深刻的亲身体验，使报道具有现场感。借助新闻媒体报道，社会公众虽然未到现场，也产生了"心理参与感"。

此外，这则案例中，新闻发布会的时机选择、媒体组合信息发布范围和节奏都有很精巧的考虑。新闻发布会的时机一般要避免与重要节日和国家重要会议时间重合，这样媒体才能留足版面进行报道。该发布会选择在2017年6月2日举办，不但与两会、十九大拉开距离，而且在"六一"之后的第二天举办，不仅当天获得媒体的充分报道，而且为后续报道留足了时间段。该发布会在"时间控制""节奏控制""集中性传播与日常性传播"方面做得较好，在话题设计方面也很有特点，取得了较好效果，不过，仅从策划案文本来看，话题的创意性、议题设置的连贯性方面还有进一步提升的空间。

资料来源　张景云，宋佳. 如何借助新闻发布会传播中国品牌——兼评中车株洲所全球首列"智能轨道快运列车"发布传播案例［J］. 公关世界，2018（3）：69-75.

问题：

此案例的创新点是什么？

10.2　网上调查

请搜集中外企业以下方面的公关策划案：

（1）开业新闻发布会公关策划；

（2）矫正企业某方面失误的公关策划。

第 11 章

企业广告行为策划

学习目标 ◎

通过本章的学习，掌握与企业形象识别系统有关的企业广告行为策划的步骤与方法，并能初步运用该理论与方法制订企业广告策划案，提高判别企业广告策划案的优劣的能力。

引例 @

中国银联：我们都是答卷人

2020年新冠肺炎疫情暴发，中国银联也将视线转移到了此处，关注疫情生活问题，制作了《我们都是答卷人》的广告短片。不同于之前我们对银联的印象，这次不是长达十几分钟的微电影广告，也没有发射催泪炮弹，而是用一句"先干了再说"挑起我们的情绪。

视频开头给我们抛出了"现在还能找到工作吗"。因为疫情的影响，不仅找工作难，各行各业都面临着这样或那样的困境，养殖户鸡出不了栏、书店无人上门、饭店生意惨淡……广告视频中从多个行业出发，以他们的视角向我们发问，映射当下每一个你我的真实境遇。

在前半部分交代沉重氛围的现状后，后半部分给予我们以希望。虽然受疫情影响，各行各业都很难，但我们能迎难而上：鸡卖不出去，老大爷就直播带货，直播成为农产品零售和消费的新趋势；年轻人求职受阻，就一边求职一边开网约车，也不失为人生的一种体验；书店无人上门，就借外卖小哥送到顾客手中，为考生加油打气；饭店没有生意，就换成平价菜市场，维持居民日常生活。将"办法总比困难多"贯彻到底，总会有希望的，呼应主题——稳住生活的你，不会被生活问住。

以新冠肺炎疫情造成的困境引出银联活动，重振引擎助商惠民计划，助力商户开展线上运营，实现"普惠利民，全力拉动消费内需；全面助商，重振实体经济活力"。

银联从关注民生角度，以面临的困境，推出相关公益活动，给在疫情期间迷茫的大众以鼓励：稳住生活的你，不会被生活问住，给银联以温暖治愈的品牌形象。

资料来源　广告头条. 银联这次很刚，先干了再说 [EB/OL]. [2022-03-02]. https://www.socialmarketings.com/articldetails/3840.

本章主要介绍企业形象广告的概念及类型、企业广告策划的工作程序及广告计划系统、广告创意必须遵循的原则、广告创意的方法、广告创意的表现形式、企业选择广告媒体的依据、企业的广告媒体策略等内容。

11.1 企业广告行为策划的程序

11.1.1 企业形象广告的概念与类型

1）从产品广告到企业形象广告

随着20世纪80年代CI战略的导入，企业广告由单一的产品广告发展到整体的企业形象广告。

（1）产品广告。产品广告是以促进产品销售为目的，围绕着产品的功能、个性、特色及品牌形象而设计的广告。随着市场的发展、竞争的激烈，产品广告的重点也有所不同。根据广告目的和广告内容的不同，企业的产品广告可分为以下3种类型：

① 介绍性广告。在新产品投放市场之时或产品差异较小的情况下，为了帮助消费者了解产品的存在及基本功能，促进产品的销售，企业的产品广告往往以介绍产品的构成、价格、质量以及带给消费者的效用等为主要内容，广告手法单一，差异小。

② 定位性广告。随着竞争的加剧、企业产品定位战略的实施，市场上产品的差异化程度提高，个性化、特色化加强。为了满足消费者的不同心理需求，争取目标顾客，企业的产品广告往往突出产品的特色和差异化，侧重对目标顾客的消费心理的满足。

③ 印象性广告。随着生产技术的日臻成熟，同类产品的质量、性能、价格的差异愈来愈小。为了培养和提高顾客的忠诚度，使之成为企业的长期顾客，企业的广告重点往往是突出企业的声誉和品牌形象，给目标顾客留下深刻、良好的印象。印象性广告虽然也注重企业的形象，然而它只是以促进产品销售为目的，对企业的局部形象所做的宣传。

（2）企业形象广告。企业形象广告是以塑造和提升企业的良好形象、提高企业无形资产的价值为目的，配合CI战略的导入，而对企业的理念以及体现企业理念的行为、视觉识别系统的宣传。它侧重对表现企业的人才、资金、技术、产品、管理的企业整体形象的宣传，而不是局部的产品宣传。

2）企业形象广告的类型

（1）企业实力广告。企业实力广告是展示企业的人才、技术、质量、管理、成就等综合实力的整体形象广告。它可以利税、股息、规模等表现企业实力的指标为广告内容，并配之以企业的标志（图案、符号或标准字）。

（2）企业观念广告。企业观念广告是宣传企业的整体理念、经营宗旨和价值观念的广告。它以广告形式传播企业理念精神，对内使全体员工树立共同的价值观念，培养和增强员工的凝聚力和向心力；对外在广大社会公众心目中形成良好的印象，以得到社会公众的理解和支持。这类广告具体示例如下：

① 海尔的"海尔，真诚到永远"的广告；

② 澳柯玛的"没有最好，只有更好"的广告；

③飞利浦的"让我们做得更好"的广告等。

（3）企业公益广告。企业公益广告是表明企业对公益活动的倡导和对某些公共事业及社会性活动的支持、赞助的广告。它包括通过对环境保护、科教兴国、精神文明等涉及人类社会进步与发展的重大问题的宣传和倡导，通过对教育事业、城市建设、文艺体育活动等的支持、赞助与宣传，向社会公众表明企业热心公益活动、积极承担社会责任、以社会营销理念为指导的良好的企业形象。前者主要是通过制作灯箱、霓虹灯、路牌等方式进行广告宣传；后者则是结合捐赠、赞助等公共关系活动进行广告宣传。

【实例11-1】

银联诗歌POS机&《普杰的冬天》

主题：关于贫困山区儿童的教育问题

广告词：让才华不被雪藏，让冬天只是季节

《普杰的冬天》的故事背景在青海山区，普杰来自普通的牧民家庭，每天过着读书和放羊的日子，却喜欢与山区格格不入的诗歌，只能把诗歌念给羊听。只有人才能听懂诗歌，但那里的人却不愿意听，呼应广告主题"让山里的才华被看见"，传达了银联"付出必有回报"的理念，让其成为银联的坚守和愿望。

【实例11-2】

腾讯基金会&《一块钱》

主题：大山里的留守儿童问题

短片中的两个兄弟和小卖部老板约定，在罐子中攒满一百块钱老板就把二手手机卖给他俩。为了完成"一百块钱"的目标，兄弟俩为村子里的人帮忙，一块钱一块钱地赚取报酬。通过展示兄弟俩的攒钱过程，将留守儿童的生活环境和状态一一展露。短片的最后，哥哥拿钱给弟弟买了因为玩水而弄丢的鞋，小卖部老板将二手手机以一块钱卖给了兄弟俩。在结尾，兄弟俩拿着手机对着手机另一端的妈妈说："妈妈，想你了。"完美体现了留守儿童的孤独感，极具情感冲击。

对于大山里的孩子来说，一块钱意味着希望，也体现了腾讯基金会"99公益日，一块做好事"的主题。

（4）企业招聘广告。企业在向社会广泛募集优秀人才之际，往往通过招聘广告大力宣传企业的成就和整体优势，在社会公众心目中树立良好的形象。企业招聘广告，一方面，通过广告宣传吸引有志者踊跃应聘，以优越条件募集优秀人才；另一方面，通过广告宣传，促使社会公众进一步了解企业的整体风貌，也起到了宣传和提升企业形象的作用。

（5）企业事故广告。在企业经营过程中，由于一些不可预测因素的影响，发生有损企业形象的突发事件在所难免。在事故发生之时，企业若能以对社会公众高度负责的积极态度及时进行处理，补偿对社会和消费者造成的一切损失，并以此为鉴，改进企业的工作，消除一切隐患，同时以广告宣传的形式真诚地向社会公众赔礼道歉，并结合公共关系宣传，报道事故发生和处理的全过程，必将变坏事为好事，取得社会公众的谅解和赞赏。这样一来，不仅不会使企业形象受损，还会进一步提升企业形象。

（6）企业庆典广告。企业庆典广告是在庆祝企业成立××周年、企业成功进行××、企业销售收入（利税）突破××亿元、企业荣获××称号等庆典活动之际，以广告宣传的形式向社会公众进行报道和表示谢意的广告。例如，"在××之际，感谢××人民对××企业的支持与厚爱"等。

11.1.2　企业广告策划的程序

广告策划集谋略与科学程序于一身。一个完整的广告策划周期由数个不同阶段组成，不同阶段策划工作的对象、内容、目标均有所不同。根据这种不同对广告策划运作过程加以把握，有助于抓住中心，突出重点，明确各个阶段不同方面的特殊性，保证策划工作有条不紊进行。

1）广告策划的5个阶段

通常情况下，一个规范的广告策划过程可分为组织准备、市场调研、战略规划、制订计划、实施与总结5个阶段。

（1）组织准备阶段。

① 成立广告策划小组。策划小组应由客户主管、策划创意、文稿撰写、设计制作、摄影摄像、市场调研及媒介公关等方面的人员组成。成立策划小组是用集体智慧来完成广告策划工作，是广告策划活动由经验化向规范化、科学化发展的有效途径。

② 规定工作任务，安排时间进程。

（2）市场调研阶段。广告调查是广告策划的前提与基础。

① 调查、搜集市场信息和相关资料。其中包括品牌及产品调查、品牌形象调查、消费者状况调查、竞争者状况调查等内容。此调查既要详细了解品牌各构成要素的具体内容，又要详细了解产品的外观、结构、功能、原理、材料、技术、质量、价格、制作工艺、使用方法及保管、养护、维修措施等。

② 分析、研究相关资料数据。对调查、搜集的全部资料和数据进行归纳、总结、分析、研究，要求能够描述现状，揭示趋势，为下一步制定策略提供参考依据。

（3）战略规划阶段。战略规划是整个广告的核心与主体。

① 根据前期分析研究的成果，做出决定性、战略性选择。

② 进行战略规划。以策划创意人员为中心，结合相关人员对广告目标加以分析，根据目标市场策略确定的广告定位策略和诉求策略提出广告创意与表现策略，根据产品、市场及广告特征提出合理的媒体组合策略、促销组合策略等。

③ 这一阶段的规划还涉及初步的广告机会选择、广告计划制订以及有关广告预算和策划报告写作等。

（4）制订计划阶段。

① 把战略规划用具体系统的形式加以规范，不仅要确定广告运作的时间和空间范围，还要对媒体的选择和运用做出限定，包括用怎样的媒体组合比较合理，广告的

频率如何，需要多少经费预算才能支持这样的频率等。

②编制广告策划文本，即策划书。策划书既是策划成果的集中体现，也是策划人员向客户说明并争取广告业务的文本依据，因而必须经过认真修改与审定之后才能完成。

③与客户进一步沟通，并对策划阐释说明，最后就广告策划方案达到一致意见。

（5）实施与总结阶段。

①计划的实施与监控。广告策划小组分工合作，按照计划要求，对广告进行创作、设计，进行媒体发布，并对整个过程进行监控和调节。

②评估与总结。

2）企业广告计划系统

世界著名的广告公司——日本电通广告公司——提出了一套制订企业广告计划的系统方法，称为"D-MAP系统"（电通营销广告策划系统）。该系统包括 6 个组成部分：

（1）消费者或市场问题。

①今后的动向；

②商品普及状况及预测；

③畅销地区；

④消费者概况；

⑤消费者购买动机；

⑥消费者购买行为；

⑦下一期的目标销售额及市场占有率。

（2）商品及流通问题。

①企业或商品形象；

②包装或商品名称；

③价格是否合适；

④流通渠道如何。

（3）促销方法问题。

①有无人员推销；

②营销信息情况；

③大众传播媒介情况；

④促销预算是多少。

（4）广告计划的制订。

①广告对象；

②广告地区；

③广告预算；

④广告目标。

（5）媒介计划的制订。

①报纸或杂志计划；

②电视或广播计划（哪个台、哪个时段）；

③计划播出次数；

④大众媒介以外的其他媒介计划。

（6）创作计划的制订。

①诉求点是否合适；

②传达量如何；

③表现构思如何；

④表现效果如何。

3）制订广告计划的具体工作[①]

利用"D-MAP系统"制订广告计划分为4个阶段、19项工作：

（1）构思阶段——确定整个广告计划的基本方针。

①确定目标消费者。

②决定针对市场的基本方针。

③确定市场目标。

④制订构思计划预备方针。

⑤决定构思计划。

（2）确定课题阶段——确定具体的广告策略和广告内容。

⑥制订促销组合预备方案。

⑦按促销组合效率标准排列预备方案。

⑧最终决定促销组合。

⑨广告计划与其他促销计划的联系。

⑩确定不同广告地区的目标值。

⑪决定诉求内容。

（3）实施阶段——决定广告的表现方式和发布方式。

⑫确定广告表现。

⑬制作广告作品。

⑭决定不同地区的广告媒介的目标值。

⑮限定广告作品规模。

⑯限定各种媒介和不同地区广告发布的规模。

⑰确定最适当的媒介组合。

⑱执行广告实施计划。

（4）评价阶段——测定和检验广告效果。

⑲广告效果评价。

"D-MAP系统"虽然是针对产品广告设计的广告计划系统，但对企业形象广告有一定的参考价值，为企业制订广告计划提供了一个标准化的系统模型。

---

① 汪洋，苗杰. 现代商业广告学［M］. 北京：中国人民大学出版社，1996.

【小思考11-1】

1. 请说出3个公司的企业形象广告。

2. 你认为近期中央电视台播放的最有价值的广告有哪些。

11.2 企业广告创意设计

11.2.1 广告创意及其原则

1) 什么是广告创意

创意，即具有创造性的构思。构，是指构建、结成；思，是指思考、思索、主意、想象、念头、点子。美国著名广告专家大卫·奥格威认为：好的点子就是创意。因此，创意就是通过精心思考、构建和创造意境来表现某一主题的活动过程。

广告创意是指广告设计人员根据广告主题的要求以及广告诉求对象的心理特征，经过精心思考，将广告诉求内容以艺术化的手法表现出来的过程。美国广告界权威人士詹姆斯·韦伯·扬认为，"广告创意是一种组合商品、消费者以及人性的种种事项。真正的广告创作，眼光应放在人性方面，从商品、消费者以及人性的组合去发展思路"。

精彩的广告创意往往具有以下一些共同的特点：

(1) 以出人意料的、有趣的，甚至惊人的方式来表现广告主题。

(2) 主题鲜明，整个创意清晰、明了，不拖泥带水。

(3) 确立独特的广告形象，使社会公众便于识别，而竞争者却无法模仿，如独特的语言、独特的音乐或独特的造型等。

(4) 亲切、自然，使受众喜闻乐见。

2) 广告创意的原则

广告创意既不能简单了事，用干巴巴的语言向诉求对象传递广告主题的有关信息，又不能主观臆断，不着边际地卖弄艺术手法，使消费者不得要领。广告创意不仅需要广告设计人员运用自己的心智和聪明才干，发挥丰富的想象力，做出别具一格的创意，而且需要紧扣主题，充分反映广告内容，并与广告诉求对象的特点、广告定位和广告总体战略保持一致。因此，广告创意必须遵循以下原则：

(1) 事实性原则。真实是广告的生命，要保证广告的真实性，广告创意就必须以事实为依据，以新颖的手法反映出广告事件的实质内容。

(2) 艺术性原则。一条好的广告必须具有艺术感染力，可以选用联想、夸张、幽默、变形等手法，采取图文结合、声像交融的方式来表现广告主题。

(3) 独特性原则。创意的关键在于新奇、别具一格。面对千篇一律的说教式的广告，或似曾相识的缺乏个性的广告，人们往往会熟视无睹。只有那些具有独特创意的广告才能使人印象深刻、回味无穷。

(4) 科学性原则。广告创意必须以科学的态度、运用科学知识来进行。色彩、声响、造型等都要按照诉求对象的心态进行科学的设计；创意的内容必须富有科学性、逻辑性，不允许用反科学的荒诞、迷信的东西去蒙骗社会公众。

【实例11-3】

"辛巴直播带货即食燕窝"事件

广州和翊电子商务有限公司作为涉事直播间的开办者，受商品品牌方广州融昱贸易有限公司（以下简称融昱公司）委托，于2020年9月17日、10月25日，安排主播"时大漂亮"通过快手直播平台推广商品"茗挚碗装风味即食燕窝"。在直播带货过程中，主播仅凭融昱公司提供的"卖点卡"等内容，加上对商品的个人理解，即对商品进行直播推广，强调商品的燕窝含量足、功效好，未提及商品的真实属性为风味饮料，存在引人误解的商业宣传行为，其行为违反了《中华人民共和国反不正当竞争法》第八条第一款的规定。根据《中华人民共和国反不正当竞争法》的规定，市场监管部门对其做出责令停止违法行为、罚款90万元的行政处罚。

资料来源　吕加斌. 十大重点领域典型虚假宣传、虚假违法广告案例［J］. 现代广告，2021（1）：24-26.节选.

11.2.2　广告创意的过程与方法

1）广告创意的过程

詹姆斯·韦伯·扬将广告创意的过程精辟地概括为5个步骤，被众多成功的广告人广为采用。

（1）尽可能地搜集资料。信息资料是成功创意的基础。广告创意者必须广泛地搜集资料，既要搜集与广告主题相关的"特定资料"，又要注意积累生活中一切能引起自己兴趣的"一般资料"。

特定资料的搜集是一项目的性、针对性很强的工作。广告创意者要围绕广告主题，通过实地调查和文献调查等方式，广泛搜集与之相关的各类资料，从中发现其相互关联性或特殊性，作为创意的依据。

核心资料主要来源于UGC（user generated content），即用户原创性内容，泛指以任何形式在网络上发表的由用户创作的文字、图片、音频、视频等内容，是Web2.0环境下一种新兴的网络信息资源创作与组织模式。它具有以下特征：内容生产的主体是非专业人士，即一般公众；内容的制作渠道是非专业化的；内容的传播渠道是网络平台；用户内容生成是一种创造性劳动，劳动成果具有使用价值。UGC模式下，用户可以生成自己的内容，促进信息的积累和传播。但是，UGC缺乏把关，会造成一些虚假信息在网络上传播。

UGC主要可以分为以下5类：

第一，以社交为目的的自媒体平台，如微信朋友圈、Facebook、QQ空间等。

第二，以内容分享为目的的网络平台，文字类的UGC网站，如博客、百度文库、新浪爱问等；视频类的UGC网站，如YouTube等；图片类的UGC网站，如Instagram等。

第三，以知识共享为目的的网络平台，如百度知道、知乎、百度百科、维基百科等。

第四，以兴趣讨论为目的的网络平台，如贴吧、豆瓣等。

第五，以自我表达、公共议论为目的的网络平台，如BBS、微博。自媒体的出现为公众的自我表达和利益诉求提供了可能性，天涯论坛、凯迪社区、新浪微博等网络平台发挥着类似于公共领域的作用。

一般资料的搜集是一项终身性的工作。广告创意者必须具有广泛的兴趣，注意浏览各个学科的资料，并养成以卡片索引、分类文件夹或资料剪贴簿等方式广泛积累资料的习惯。

（2）信息的咀嚼。广告创意人员要用自己的心智去整合，运用不同方法来研究、分析所搜集到的信息资料，探索其含义和内在联系。通过对信息资料的综合汇集，往往会得到一些新的启示，在头脑中形成某些新的概念。然而，在这一阶段，还无法清晰地明了信息资料组合而成的核心内容，还不能形成创意。

（3）信息的消化。通过认真地分析研究以后，广告创意人员将进入"冷处理"的信息消化阶段，即有意地丢下这一课题，不做任何努力，完全顺其自然，将问题置于下意识的心智中，让它在无意中去发挥作用。在这种完全放松的情况下，新的组合才会明朗化。

（4）创意的出现。广告创意往往是在前3个阶段的基础上"突然出现"的。广告创意者要及时抓住这一创意的"火花"，记载下来，以免一闪而过，前功尽弃。

（5）创意的发展。对前一阶段获得的初步创意进行加工处理，使其更加完备。通过同行们的评价、修正，通过权威人士的批阅、润色，通过实际制作过程中的不断修订、完善，使原有的初步创意得到发展和提升，成为符合实际要求的新颖、独特的广告创意。

2）广告创意的方法

（1）头脑风暴法。头脑风暴法是组织一批反应敏捷的专家、创意人员和其他相关人员，发挥集体智慧，针对广告主题进行不拘形式的漫谈，相互激发思想火花，从而产生广告创意。

在讨论过程中，必须保持平等、和谐的气氛，使与会者都能无拘无束地畅所欲言；必须指派高水平的专业人员做好记录，并整理归纳出可供选择的若干广告创意。在此基础上，召开专业人员会议，进行评判、综合，得出最终创意。

（2）"二旧化一新"法。"二旧化一新"法是指将两个互不相干，甚至相互抵触的事件结合在一起，形成一个全新的广告创意，如"古有千里马，今有丰田车"的广告创意。

（3）水平-垂直思考法。水平思考法与垂直思考法是完全不同的两种思考方法。前者又称跳跃性思维，即不受传统观念的制约，从全新的角度去思考问题，提出超越常规的结论。后者是一种逻辑推理方法，即根据现有的理论、知识、经验和观念，从正面层层深入地进行剖析，得出结论。

广告创意往往是两种思考方法的结合，即水平–垂直思考法：首先，运用水平思考法获得某种满意的新构思；其次，运用垂直思考法进行深入分析，使这一构思继续深化，得出既新颖又具有逻辑性的广告创意。

11.2.3　广告创意的表现形式

1）表现广告创意的主要手段

（1）语言表现。广告语言包括无声的文字和有声的语言，如平面广告中的广告标语、广告标题、广告正文、广告附文等，广播广告中的有声语言，电视广告中的文字说明和旁白等。通过语言，能够准确、精炼、完整地传达广告信息，引起人们的注意、联想和记忆，它是表现广告创意的最主要的手段。

（2）非语言表现。它主要包括画面、色彩、人物的体态等。

2）广告创意的表现原则

概括来讲，广告创意在内容上要求真实、准确、公正，在形式上要求鲜明、醒目、简洁、通俗、统一、均衡、创新、变化。美国广告大师大卫·奥格威提出的广告表现原则有11条：

（1）广告内容比广告表现方法更重要。

（2）若你的广告的基础不是上乘的创意，它必遭失败。

（3）讲事实。

（4）使人厌烦的广告是不能促使人买东西的。

（5）举止彬彬有礼，但不装模作样。

（6）广告宣传要具有现代意识。

（7）委员会可以批评广告但不会写广告，单枪匹马创作出来的广告似乎最能发挥推销作用。

（8）若是创作了一则很好的广告，就不妨重复地使用，直到它的号召力减退。

（9）千万不要写那种连你也不愿让你的家人看的广告。

（10）广告是对形象和品牌做贡献。

（11）不要当"文抄公"（包括"模仿"这种"最真诚"的抄袭形式）。

3）广告创意的表现形式

（1）直陈式表现，即直接说明广告主题。

（2）比较式表现，即与相关事物相比较，以突出自己的个性。

（3）实证式表现，即以奖励、赞誉等事实加以说明。

（4）示范式表现，即以一定的手法展示其个性、特征。

（5）幽默式表现，即通过幽默人物或幽默情节来表现。

（6）悬念式表现，即根据广告主题，制造一定的悬念，引起公众的好奇心。

4）创意的组成

广告创意由两部分组成，即广告诉求和表现形式，分别表示"说什么"和"怎么说"，反映内容与形式、现实需求和艺术表达的融合。

（1）广告诉求是创意主题的内容确定，是广告创意中很重要的部分，体现的是整个广告的宣传定位，是广告成功的关键，主要可以从以下方面确定广告诉求：

① 消费者购买动机和行为目的分析。

② 产品卖点、消费者痛点、消费者利益点分析。

（2）表现形式则是强调如何表现主题内容，常见的表达手法有幽默式、承诺式、情节式、联想式、比喻式、夸张式、超现实式、名人推荐式等，结合新媒体的互动性、个性化、分众化、及时性特征展开创作，利用新兴技术给人以视觉感官上的享受。

【小思考11-2】

1.举出几个你认为最具创意的广告。

2.举出你认为近期媒体播出的最差的广告。

11.3 企业广告媒体选择

11.3.1 企业广告媒体选择的依据

1）广告媒体的种类

人们每天都接触到各种媒体传播的广告。据调查，美国消费者平均每天接触到15 000条广告信息。广告媒体非常多，归纳起来主要有以下几种类型：

（1）印刷媒体，主要包括报纸、杂志、广告画册，以及刊登广告的挂历、各种书籍等。

（2）电子媒体，主要包括广播、电视、电影、计算机网络等。

（3）户外媒体，主要包括广告牌、路牌、霓虹灯、灯箱、橱窗、旗帜等。

（4）交通工具媒体，包括汽车等交通工具的外部和内部。

（5）其他媒体，如作为礼品的休闲衫、扇子、提包，还有气球、飞船等。

2）企业选择广告媒体的依据

企业选择广告媒体时，既要考虑媒体的特征，又要考虑广告主题及企业自身的情况，进行综合分析。

（1）媒体特征，包括媒体的发行量、涵盖率、受众层次、媒体价格等。

（2）广告主题，包括广告主题的诉求对象及其接触媒体的习惯、广告主题适合的表现形式等。

（3）企业自身的情况，包括企业的战略目标、经济实力等。

11.3.2 企业广告的媒体策略

企业的广告活动往往不是一个单一的活动，而是配合企业形象战略的实施和企业经营目标的实现，进行的多个地区、多种媒体、多个时段的广告活动的组合。企业必须依据以上因素，制定出合理的广告媒体策略。企业的广告媒体策略主要考虑以下几个方面：

1）广告媒体的地区分布

对于广告媒体的地区分布有以下3种可供选择的策略：

（1）全部投入全国性的媒体。

（2）全国性媒体与地方性媒体相结合。

（3）使用全国各地或某些地区的地方性媒体。

2）目标受众的媒体比例

企业广告的目标受众往往可以细分为具有不同特色的几个群体，不同群体接触媒体的习惯和频率也不相同。制定广告策略时，必须确定对每个群体的相对侧重比例，以确定不同媒体的广告投入。

3）媒体的广告时间

任何企业都不可能全年占用各种媒体进行连续不断的广告宣传，必须有计划地分配媒体的广告时间。一般情况下可以选择以下几种策略：

（1）连续发布策略。在节假日或企业开展重大活动时，可以采用集中广告，在一定时期连续不断地发布广告。

（2）周期发布策略。将广告周期分为几个阶段，间隔一定时间发布一次广告。

（3）脉冲式发布策略。虽然不中断广告，但不同时间广告量的大小有所不同，一般是以低量广告维持，以周期性广告加强效果。

4）媒体广告的达到率和频率

根据不同情况，安排媒体广告的达到率和频率。美国知名广告研究专家赫勃·克鲁曼认为，消费者是在漫不经心中接触广告的，广告效果与人们接触广告的次数有关：第一次接触，只会了解广告的大概信息；第二次接触，就会考虑广告内容与自己有无关系；至少接触3次才会加深印象，才有效果；最佳接触次数为6次；若接触次数超过8次，人们就会产生厌倦情绪，导致效果递减。

5）媒体组合方式

企业往往采用多种广告媒体。一方面，不同媒体的受众可能不同，采用多种媒体可以扩大接触面；另一方面，采用多种媒体，可以发挥每种媒体的特长，加强广告效果。进行媒体组合时应注意：

（1）相互配合，强弱搭配。以一种媒体为主，其他媒体补充、配合。

（2）扬长避短，相互补充。各种媒体各具特长，可以相互补充，如可以用报纸等以文字见长的媒体登载叙述性、说明性信息，以补充电视广告信息深度不够的缺陷，而以电视广告补充其他广告不够生动、形象的缺陷。

【小思考11-3】

1.依据广告诉求如何选择媒体？

2.广告连续重复是否就有效果？

延伸阅读　企业品牌推广渠道

本章小结

　　随着20世纪80年代CI战略的导入，企业广告由单一的产品广告发展到整体的企业形象广告。产品广告是以促进产品销售为目的，围绕着产品的功能、个性、特色及品牌形象而设计的广告。企业形象广告是以塑造和提升企业的良好形象、提高企业无形资产的价值为目的，配合CI战略的导入，而对企业的理念以及体现企业理念的行为、视觉识别系统的宣传。企业形象广告包括企业实力广告、企业观念广告、企业公益广告、企业招聘广告、企业事故广告、企业庆典广告等。企业广告策划的5个阶段包括组织准备阶段、市场调研阶段、战略规划阶段、制订计划阶段、实施与总结阶段。广告创意，是指广告设计人员根据广告主题的要求以及广告诉求对象的心理特征，经过精心思考，将广告诉求内容以艺术化的手法表现出来的过程。广告创意必须遵循以下原则：事实性原则、艺术性原则、独特性原则、科学性原则。广告创意的方法有头脑风暴法、"二旧化一新"法、水平-垂直思考法。广告创意的表现形式有直陈式表现、比较式表现、实证式表现、示范式表现、幽默式表现、悬念式表现。企业选择广告媒体要依据媒体特征、广告主题、企业自身的情况。企业的广告媒体策略要考虑广告媒体的地区分布、目标受众的媒体比例、媒体的广告时间、媒体广告的达到率和频率、媒体组合方式。

主要概念和观念

□ **主要概念**

　　企业形象广告　企业实力广告　　"D-MAP系统"　广告创意"二旧化一新"法广告策划书　水平-垂直思考法

□ **主要观念**

　　时效观念

基本训练

□ **知识题**

　　11.1　什么是企业形象广告？它包括哪几种类型？

　　11.2　企业广告策划的工作程序如何？

　　11.3　什么是广告创意？试说明企业广告创意的原则及方法。

　　11.4　企业广告媒体选择的依据有哪些？

11.5 企业的广告媒体策略有哪些？

□ **技能题**

11.1 企业形象广告的类型有＿＿＿＿＿＿。

1）实力广告　　　　2）介绍性广告　　　　3）公益广告

4）庆典广告　　　　5）招聘广告

11.2 某品牌的汽车广告主要以自然景观作为主题，如一片朦胧的垂柳或雨丝飘在池塘里，再衬托极富磁性、低沉的男性配音，强调人与自然的和谐，整个广告很少有汽车的影像，给人一种虚无缥缈的神秘感。

请问：这则广告的表现形式是什么？

11.3 "广告是推销技术，不是抚慰，不是纯粹美术，不是文学，不要自我陶醉，不要热衷于奖赏，推销是真枪实刀的工作。"

"每一个广告，都是商品形象的长期投资，丝毫不允许有冒渎印象的行为。"

以上所述印证了广告创意的哪些表现原则？

11.4 广告的最佳接触次数是＿＿＿＿＿＿次。

11.5 ＿＿＿＿＿＿广告适合在中央电视台播出？

1）香皂　　　　　2）感冒药　　　　　　　3）某门户网站

4）彩电　　　　　5）某地一经济型住宅小区

11.6 "西门子　博大精深"

"有形世界无限风光　中国中央电视台"

以上两则广告属于＿＿＿＿＿＿广告。

11.7 广告中为什么经常见到婴儿、美女和动物？

□ **能力题**

11.1 案例分析

隆基全球品牌传播策划

在一个崭新的历史时代，东西方智慧交融，科技谋求可持续共生，隆基将借此迈向世界舞台。隆基即将进入一个陌生的环境，接触不同的跨国文化，应对一种全新的思维理念。

1.全球品牌传播面临的挑战

（1）文化差异的挑战：尊重各地文化差异性，要融入情景，做好跨文化的管理和沟通。

（2）用户思维的挑战：洞察用户心态，深入了解用户的个体习惯、文化特征以及组织行为，做一个善解人意的品牌。

（3）市场竞争的挑战：避免"交易价值"的单线竞争，以建立品牌认知为契机，加快"交易价值、情感价值、关系价值"的三线作战步伐。

（4）传播共鸣的挑战：用全球思维讲好中国故事，实践本地化行动。

2.2020年隆基的全球传播大主题

Propelling the transformation！（化可能为可行！）

（1）推动能源转化。践行"Solar for solar"，运用现代方法"点石成金"，将光能转化为电能，减少过度开采和浪费，为地球增添健康和美丽。

（2）推动效益转化。运用尖端的行业领先科技，带来更高的转化效率，降低高额的投入和运营成本，为用户增加高收益的投资回报。

（3）推动生活转化。运用可持续智慧，转变人们的观念以及对于生活的态度，遵循自然法则，追求一种可持续、积极向上、有意义的生活状态，增进人与人、人与物的联结，让世界更加生机勃勃。

3.隆基品牌传播路径

（1）品牌传播对象。各大利益相关方：政府（行业管理部门、协会组织）、行业专家、媒体、客户（最终客户、经销商）、学术机构、员工、股东/投资机构、合作伙伴、竞争对手等。

（2）品牌传播路径。

口碑传播：专业销售人员、客户推荐、意见领袖、专家口碑等。

广告传播：直邮（direct mail，DM）、专业杂志、户外广告、电视广告、网络视频等。

公共关系及政府传播：沙龙、峰会论坛、俱乐部、培训、电视新闻等。

自身传播：数据报告、企业手册、品牌手册、产品手册、画册、书籍、期刊、声频和视频出版物等。

教育传播：期刊、研讨会、教育工具、学术机构合作研发等。

事件传播：有利于企业、公司产品、人物的事件，比如社会责任等。

会展传播：展会现场、新闻发布会、研讨会、大型论坛等。

网络传播：垂直门户网站、e-mail、网络社区、网络广告、网络链接等。

有形展示传播：公司基地、公司展厅、企业文化相关活动、文化物料等。

渠道传播：经销商展厅布置、专营店布置等。

4.隆基品牌全球传播思路

传播对象：社会大众。

主要诉求：在全球范围内推广"Propelling the transformation！"大主题以及三大核心传播关键词"可信赖（reliability）、持续创新（innovation）、可持续（sustainability）发展"。

传播思路：围绕核心传播关键词及传播大主题，以画面、视频等有效冲击力的形式进行触达，加强品牌认知。

产出方案：全球主题平面战役、全球品牌短视频战役、地标性广告投放。

5.全球传播主题活动示意——全球平面广告战役

以下广告战役的考查点均是：受众对隆基的知晓率是否提高？对隆基的传播主题的了解情况如何？能否产生关键印象？

（1）1+N全球主题平面战役。

目的：提升受众对隆基品牌的认知度。

做法：通过"1+N全球主题平面战役"，以社会公众为传播对象，在全球范围内推广"Propelling the transformation！"大主题。

（2）全球传播主题活动示意——全球品牌短视频战役。

目的：对隆基全球传播主题做出诠释，提升受众对隆基品牌的认知度，引发受众的共鸣。

做法：全球品牌短视频战役，围绕核心传播关键词及传播大主题，以画面、视频等有效冲击力的形式进行触达（如图11-1所示）。

图11-1 品牌主题广告片

（3）全球传播主题活动示意——地标性广告投放（地标建筑、机场）。

目的：提高隆基受众群的层次，加深其对隆基的品牌印象，成为社会热门与焦点。

做法：在目标城市的机场、地标位置投放户外广告。

6.针对社会大众的传播——围绕"阳光"开展三大主题系列公益活动

（1）呼吁阳光、自然、健康的生活方式。

目的：宣传隆基阳光、健康的生活方式，展示积极、正面的社会形象。

做法：在核心城市/展会，举办或赞助体育相关活动，例如"与太阳一起奔跑"5公里马拉松活动，联合威阳科技的50公里徒步活动。

（2）"阳光+教育"理念，关注下一代成长。

目的：为隆基品牌赢得良好声誉，给公众留下可以信任的美好印象，提高企业知名度，增加经济效益。

做法：关注青少年健康成长的活动，例如参与VR校车巡展——上学路上很无聊？身临其境体验"Solar for solar"；贫困山区中小学光伏电站捐赠；UNICEF（联合国儿童基金会）资助。

（3）关注气候、环境、能源的公益活动。

目的：为隆基品牌赢得良好声誉，给公众留下可以信任的美好印象，提高企业知名度，增加经济效益。

做法：与WWF（世界自然基金会）等第三方知名机构开展合作，参与公益项目，可以包括气候与环境、恢复森林、改善人类生计等主题。

综上所述，隆基相信，与世界永续共生，才是能源的最终解决之道。

资料来源　根据隆基提供的资料编写.

问题：

1）隆基品牌全球传播的广告策划还可以从哪些方面入手？

2）隆基品牌全球传播的广告策划还可以与哪些宣传策略相结合？

11.2　网上调查

请在网上搜集3~5个广告策划成功的案例。

第 12 章

企业形象策划与企业经营业绩

学习目标 ◎

通过本章的学习，明确企业形象策划成功与否直接关系着企业形象的确立，并进而影响企业的经营业绩；掌握企业形象策划效果的评估方法，提高成功地进行企业形象策划的能力和带动企业经营业绩提升的技能。

引例 @   李宁品牌通过塑造良好的企业形象提高经营业绩

1990 年，由"体操王子"李宁创立的运动品牌公司在广东三水起步，同年，"李宁牌"运动服被选为第十一届亚运会指定服装，至此"李宁牌"伴随亚运圣火传遍全国。李宁作为国内最早的一批运动品牌之一，以"一切皆有可能"为口号，主要提供休闲运动鞋、服装、器材和配件产品，现已拥有完善的品牌营销、产品制造研发和经营销售能力，在中国建立了庞大的零售分销网络和供应链管理体系。

我国早期的运动品牌市场，以耐克、阿迪达斯为主导的国际运动品牌为主，随着安踏等国民运动品牌的兴起，"90 后"成为运动品牌消费的主流人群，李宁逐渐被市场遗忘，市场份额受到威胁，发展受到限制，急需改变其品牌发展战略。

2017 年，李宁品牌开始结合国潮文化元素，挖掘品牌内在故事，重塑品牌形象，打破消费者对品牌的固有印象。2018 年，李宁品牌以"悟道"为主题登上了纽约时装周的国际舞台，以红、黄、黑为主色调，将我国传统文化元素与世界潮流相结合，充满着高级感的设计，定义着属于李宁品牌的运动时尚潮流，以独特的视觉冲击震撼着世界，也真正地掀起了"国潮运动"。

至此，李宁对于其品牌也有了明确的定位，把品牌定位于"专业运动+时尚潮流"，同时以"体育明星+娱乐明星"的品牌代言模式，强调其专业运动、时尚潮流的双品牌属性，也带动了国际市场的开发和粉丝引流的效应。这次的品牌重塑让李宁重新回归大众的视野，实现大额盈利。数据显示，李宁 2018 年实现营业收入达到105.11 亿元，2019 年营业收入大幅提升了 31.96%，2020 年因为新冠肺炎疫情营业收入增幅放缓，但仍突破百亿元，实现经营业绩的稳定发展。

资料来源　侯鹏飞. 李宁品牌年轻化策略研究［D］. 哈尔滨：黑龙江大学，2021.节选.

企业形象策划是为提升企业形象服务的。企业形象的提升有助于提高企业经营业绩，提高企业的经营业绩正是进行企业形象策划的最终目的。本章着重研究企业形象策划与提高企业经营业绩的关系及企业形象策划效果的评估方法。

12.1 企业形象与企业经营业绩

12.1.1 企业公共形象的优劣及企业形象控制

2017年12月，国家统计局根据工业和信息化部、国家统计局、国家发展和改革委员会、财政部《关于印发中小企业划型标准规定的通知》（工信部联企业〔2011〕300号），以《国民经济行业分类》（GB/T4754-2017）为基础，结合统计工作的实际情况，对2011年制定的《统计上大中小微型企业划分办法》进行修订，形成《统计上大中小微型企业划分办法（2017）》。就工业企业而言，营业收入在40 000万元（含）以上、从业人员在1 000人（含）以上的为大型企业，营业收入在2 000万元（含）以上40 000万元以下、从业人员在300人（含）以上1 000人以下的为中型企业，营业收入在300万元（含）以上2 000万元以下、从业人员在20人（含）以上300人以下的为小型企业，营业收入少于300万元、从业人员少于20人的为微型企业。另外，规模以上工业企业是指年主营业务收入在2 000万元以上的工业企业。2020年，全国各行业规模以上工业企业单位共计39 9375家，累计营业收入约为108.4万亿元，利润总额约为6.8万亿元。与此同时，工业利润结构不断优化，高技术制造业利润保持了较快增长。2020年，高技术制造业利润比上年增长16.4%，增速比前3季度加快3.5个百分点，是利润增长最快的工业行业板块。

这近40万家企业，不论规模的大小及所占比例的高低，它们在成长过程中都要不断提升自身的形象，以便更好地获取经营业绩。然而，从策划角度看，依据各个企业本身的文化沉淀和风格特色，企业形象一般会呈现出以下4种类型：

①强力型。强力型企业形象表现为企业上下目标一致，员工积极性高涨，企业的组织机构和管理机制充满活力。

②策略型。策略型企业形象即是富于创新性的，以其经营策略适应经营环境的变化为特色的企业形象。

③适应型。适应型企业形象是指那些具有风险意识、敢于冒险，乐于不断地发现商机、适应市场变化的企业形象。

④稳健型。稳健型企业形象则是一种安于现状、缺乏冒险精神和风险意识的企业形象。

具体到某一企业，其不同的发展阶段会形成不同的公共形象。所谓企业公共形象，是指各行各业的人，如顾客、供应商、员工、股东、金融机构的办事员、社区居民及各级政府组织公务员等对企业综合的看法。企业的公共形象的优劣程度如图12-1所示。

企业公共形象按其优劣程度可依次划分为积极形象、中等形象、消极形象三类。社会公众对这三类企业形象的看法分别具体表现为表12-1、表12-2、表12-3。

```
最坏 –              + 最好
      ┗━━━┳━━━┳━━━┛
      差    中等的   优良
           一般的
```

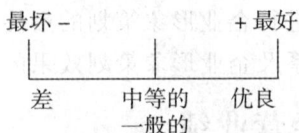

图12-1 企业公共形象的优劣程度

表12-1   **社会公众对积极形象的看法**

好朋友	经营效率高
工作好的单位	我信任它们
产品质量优秀	居行业领先地位
价格合理	服务诚实、可以信赖
心中想着顾客利益	它们关心人
友好	合作愉快的伙伴
饶有兴趣、令人鼓舞的广告	一个有趣的单位

表12-2   **社会公众对中等形象的看法**

很少听说过它们	谁
只是普普通通的另一家	简直无足轻重
让人生厌的平庸的广告	人云亦云者
它们还没有证实自己的存在	

表12-3   **社会公众对消极形象的看法**

污染源	我们不喜欢它们的经营态度
不友好	我们不信任它们
假货充斥的企业	经营没有活力
质量低劣	效率低下
服务无水准	会从本行业中消失
不能做伙伴	惯于兜售
墨守成规	办事拖拉
机构臃肿	二手货
做假广告	
脏乱	

　　企业形象策划的目标在于提升企业公共形象，即将消极形象转化为中等形象，或是在企业兴办之初便塑造积极的公众形象。

　　企业形象的优劣是可以控制的。实际上，企业公共形象可作为市场营销组合的另一个P看待。企业公共形象与市场营销组合4P的关系可以图12-2来表示。

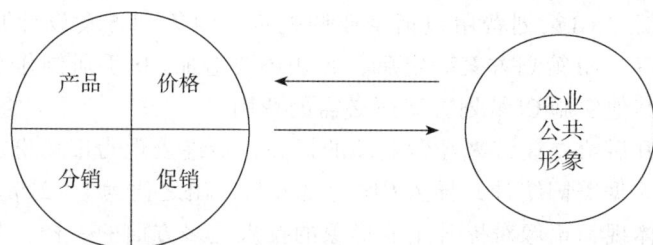

图12-2　市场营销组合与企业公共形象

图12-2表明企业公共形象与企业营销组合的4个要素是控制企业形象的内因，即提升企业形象，一要以强化企业公共形象作为企业发展战略，二要强化企业的市场营销组合的4个要素。只有将这两方面运作好了，企业形象的提升才有可能；反之，企业形象的下降也皆出于这两方面的因素未控制好。

良好的企业形象，除了吸引顾客、中间商和员工以外，还吸引各种其他外部公众，如金融机构、政府及新闻组织等，企业不仅能扩大知名度，而且能提高信任度和美誉度。凭借企业的优良形象，企业可以提高产品价格，能招募到一流水平的员工，能建立与债权人之间最有利的关系，并能以最低利率获得贷款，还能比同行中不具备这种形象的其他企业享有更高的股票溢价率，所有这些都有利于增强企业的竞争优势。

消极的企业形象则只能带来不良后果。企业形象差就会使它逐渐失去与之打交道的公众，甚至出现更糟糕的结果。

12.1.2　企业形象与提高经营业绩

提升企业形象有助于提高经营业绩，这是不争的事实。从IBM到麦当劳，从马自达到富士，从台塑到统一，从太阳神到海尔，世界各国和地区的实践都充分说明了提升企业形象给企业带来的是市场占有率的扩大和经营额度的上升。

提升企业形象依赖于理性的企业形象策划。企业形象策划是科学行为，是依据事物本身的发展规律进行总结、归纳、梳理并对其加以取舍的过程。人们在进行这项工作时，通过比较、分析、探求、研究，对事物的规律性认识得更为清楚，甚至获得认识上的升华，从而产生创意，形成新的商机，以推动经营业绩的提高。

企业形象策划的进行需要3项基本保障条件：

（1）认识保障。企业员工尤其是领导者、管理者要有导入CIS的意识，要有对提升企业形象的迫切要求和信心，要有对市场竞争态势和企业形象力在竞争中所起作用的明确认识。

（2）组织保障。在进行企业形象策划之前必须成立CI策划委员会，该委员会由5～11人组成为佳，由企业负责人和策划公司负责人及其他成员组成。在负责人组织领导下设立CI策划小组、执行小组和推广小组，以便从始至终起组织保障作用。

（3）经费保障。CIS导入过程是一项对企业进行整容、装修的系统工程，无疑需要一笔经费做保证。CI策划费用包括企业调查费、CI策划方案设计开发费、实施管理以及维持费用等。CI策划方案确定后，企业还要追加CIS手册制作费、培训费、对外推广宣传费及其他实施CI策划方案所必需的费用。

企业形象提升后给企业带来经营业绩的提高，最终表现为市场份额的扩大和营业额与利润的增长。据美国统计，导入CIS的投入与产出之比为1∶227。但经营业绩不单从这几个指标体现，正像对提升企业形象的投入是多方面的一样，其产出的经营业绩也是多方面的，具体如图12-3所示。

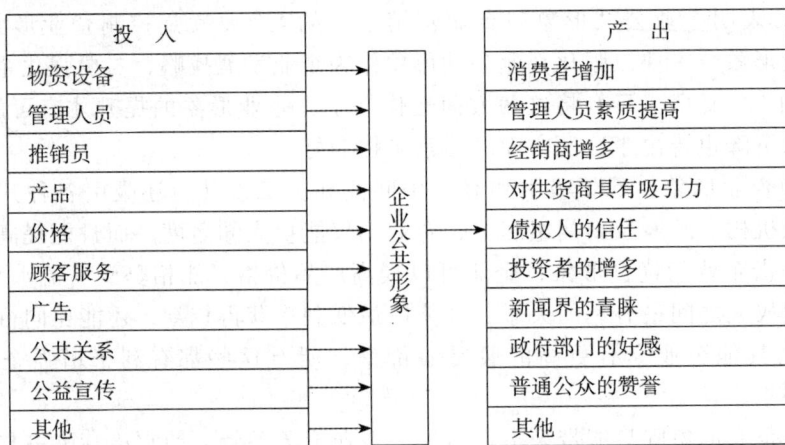

投　入	企业公共形象	产　出
物资设备		消费者增加
管理人员		管理人员素质提高
推销员		经销商增多
产品		对供货商具有吸引力
价格		债权人的信任
顾客服务		投资者的增多
广告		新闻界的青睐
公共关系		政府部门的好感
公益宣传		普通公众的赞誉
其他		其他

图12-3　企业形象的主要投入与产出

企业的经营业绩既要体现企业的经济效益，也要体现社会效益。一个以污染环境来获取高额利润的企业不能算作经营业绩好，这类企业的形象也不能在社会公众中获得好评。只有既能获取正常利润，又能维护社会公益的企业，才是形象与业绩俱佳的企业。

提高企业经营业绩不能走旁门左道，只有通过提升企业形象来提高企业经营业绩的道路才是正确的道路，也是行之有效的道路。

【小思考12-1】

1. 你所了解的优质企业形象有哪些？
2. 企业知名度与美誉度有何差别？

12.2　企业形象策划效果的评估

12.2.1　企业形象策划效果的评估程序

企业形象策划效果的评估是企业形象策划全程中不可或缺的最后一环。为了保证评估的客观性、公正性和权威性，需要建立一整套严密的组织系统和工作程序。具体分为以下6个步骤进行：

1）成立评估小组

评估小组由5～11名专家组成，在CI策划委员会的直接领导下开展工作。其职责是领导、组织、协调CI策划效果的评估工作，包括制订计划、设定指标体系、人员培训、搜集反馈信息、做出经费预算等。

2）设定评估指标体系

评估小组依据CI策划评估指标的通用性和本企业所在行业的特殊性，设定客观、科学而又易于操作的评估指标体系。

3）搜集有关资讯

资讯是客观评估的事实基础。搜集资讯必须全面、系统、准确，搜集方式可以不拘泥某一种方式。既要注重有形的已固化的资料，也不能忽略无形的流传于人们之间的资料，以使所搜集的资讯更为翔实。

4）资讯整理筛选

将所搜集的资讯进行分类和统计，应用科学的分类方法与统计方法，进行初步去伪存真、去粗取精的筛选，留下有用的资讯。

5）根据评估指标进行计算分析

对上述统计结果，按事前设定的评估指标进行计算、分析、比较，从而得出CI策划效果。效果级次可分为优秀、良好、一般、差。根据评估的效果进行分析并拟订鉴定意见。

6）结论公布

将评估的结论提交给CI策划委员会，并予以公布。对评估结果较差的企业，评估小组根据评估中的情况提出改进、调整建议。

12.2.2 企业形象策划效果评估指标体系

1）简约化的评估指标

为了方便起见，企业形象策划效果的评估常用以下简约化指标：

（1）企业经济效益增长率。

$$企业经济效益增长率 = \frac{CI策划后3年平均效益 - CI策划前3年平均效益}{CI策划前3年平均效益} \times 100\%$$

企业经济效益统一以企业利润作为指标或统一以销售收入作为指标。

（2）企业策划贡献率。

$$企业策划贡献率 = \frac{CI策划贡献总额}{平均资产总额} \times 100\%$$

（3）商标价值提升额。

$$商标价值 = A + B + C + D$$

其中：A为商标所附产品当年产值的5%+该产品从诞生之日起累计产值的5%+该产品今后10年潜在经济效益的5%。B为企业培育商标信誉所付出的广告宣传费。C为设计、注册商标所付出的费用。D为保护商标所付出的费用。

$$商标价值提升额 = CI策划后的商标价值 - CI策划前的商标价值$$

（4）市场份额扩大率。

市场份额扩大率=策划后的市场份额-策划前的市场份额

2）指标体系

为了更为科学、准确地评估 CI 策划效果，可以设定一套完整的指标体系。该体系由企业内部效果评估指标子体系和企业外部效果评估指标子体系构成，具体如图12-4所示。

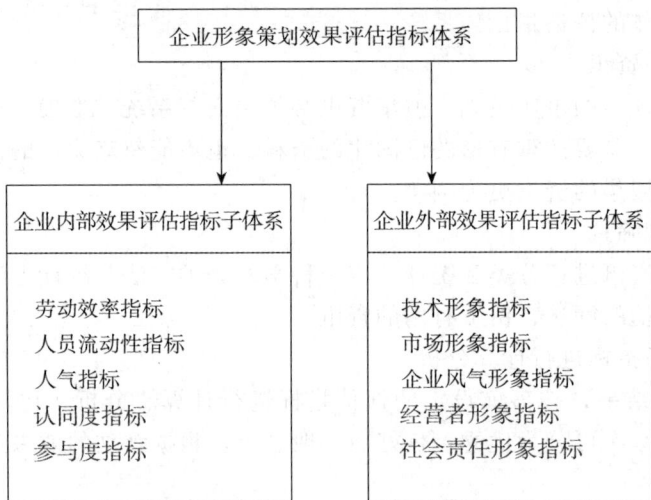

```
┌─────────────────────────────────┐
│      企业形象策划效果评估指标体系      │
└─────────────────────────────────┘
        │                    │
        ▼                    ▼
┌──────────────────┐  ┌──────────────────┐
│ 企业内部效果评估指标子体系 │  │ 企业外部效果评估指标子体系 │
│                  │  │                  │
│  劳动效率指标       │  │  技术形象指标       │
│  人员流动性指标     │  │  市场形象指标       │
│  人气指标          │  │  企业风气形象指标    │
│  认同度指标        │  │  经营者形象指标      │
│  参与度指标        │  │  社会责任形象指标    │
└──────────────────┘  └──────────────────┘
```

图12-4 企业形象策划评估指标体系

（1）企业内部效果评估指标子体系。企业内部效果评估指标子体系是用以衡量企业凝聚力强弱的指标体系。操作时可根据不同时期、不同行业、不同规模的企业，由评估小组决定各项内部评估指标的权重，并计算各指标的分值，然后累加获取总分值，具体公式如下：

企业内部效果总分值=劳动效率分值+人员流动性分值+人气分值+认同度分值+参与度分值

其中：劳动效率一般用人均产值、人均利润等指标衡量。人员流动性以企业人员净流出量与净流进量来衡量。人气以员工出勤率及员工关系融洽程度来衡量。认同度以员工对企业的历史与现状的认同程度来衡量。参与度一般用员工对企业的关心与活动参与状况来衡量。

（2）企业外部效果评估指标子体系。企业外部效果评估指标子体系是用以衡量企业导入 CIS 后，在社会公众中的形象状况的指标体系。操作时类似内部效果评估指标的计算方法，由评估小组确定各项指标的权重，逐一计算分值，然后累加获取总分值，具体公式如下：

企业外部效果总分值=技术形象分值+市场形象分值+企业风气形象分值+经营者形象分值+社会责任形象分值

其中：技术形象包括技术水平、研究开发能力、新产品开发力度等。市场形象包括广告宣传力、服务周到程度、顾客满意度、销售网点完善程度和国际竞争力强度等。企业风气形象包括企业的现代感、责任感、亲切感等。经营者形象包括经营者的素质、观念的新颖性和经营力的强弱等。社会责任形象包括对社会、对文化的贡献，对环保的重视，对公害的防治等。

【小思考12-2】

　　1.企业形象策划效果评估为什么是一套体系？

　　2.企业形象与社会责任有什么关系？

12.3 影响企业形象策划效果的因素分析

12.3.1　策划主体方对企业形象策划效果的影响

　　策划主体方即承担策划任务的专业策划组织，该组织是企业形象策划的创意者、设计者与制造者，企业形象策划方案即是其产品，产品质量如何取决于产品的创意者、设计者与制造者。

　　策划主体方从3个方面影响企业形象策划效果：

　　（1）策划人员的素质，包括其知识面、创意力、观念、价值观等一系列的因素。

　　策划人员必须知识面宽。CIS是一门新兴的边缘交叉学科，涉及经济学、管理学、社会行为学、工艺设计学、语言美学、传播学、市场营销学等学科领域，从事企业形象策划必须拥有这些相关学科的知识。

　　策划人员必须创意力强。CIS是一种企业差别化战略行为，CIS的真谛就是通过对企业个性化的设计与表达，来传达企业的别具一格的风格特征，以赢得社会公众的广泛注意，因而策划人员必须富于想象力、创造力。

　　策划人员必须观念新。观念是行为的导向，有什么样的观念就会产生什么样的行为。策划人员只有不断更新观念，才能站在时代和世界潮流的前列，才能创作出让世人瞩目的新的企业形象策划方案，才能塑造出超一流的企业形象来。

　　策划人员的价值观必须正确。世界是纷繁复杂的，对事物的对错、美丑、优劣，策划人员只有拥有正确的价值观才能做出正确合理的判断。

　　（2）策划人员对企业实态的了解程度。策划人员对企业实态的了解是进行策划的基础，策划人员必须做好以下调研工作：

　　①　与高级管理层的面谈；

　　②　与广大员工代表的面谈；

　　③　企业现场考察；

　　④　相关群体的调查（含客户、中间商、社区群体、竞争者等）；

　　⑤　企业主管部门的走访等。

　　策划人员只有深入到企业内部，了解企业的历史、现在和未来，了解企业的管理者和员工及相关群体，才能具体地认识企业，才能对企业有全面的认识。

　　（3）策划者的负责精神和是否具备精益求精的严谨作风。CI策划的成败或优劣事关企业的生存、发展，不可掉以轻心。策划公司也有树立形象、赢得客户信誉的问题。那些敬业精神强、声誉好的策划公司将赢得市场，同时自身才会得到发展；否则，就会失去市场而逐步萎缩。

12.3.2 策划客体方对企业形象策划效果的影响

策划客体方即接受策划的企业一方，它对企业形象策划效果的影响主要表现为策划前的诚意、策划过程中的配合和策划方案执行的态度。

（1）策划前的诚意大致存在4类态度：

① 非常积极，富有诚意且上下意见一致；

② 管理者积极，员工不一定关心、不一定配合；

③ 试试看；

④ 上级主管部门的要求，企业无积极性。

显而易见，第一种态度是最理想的；第二种态度稍有麻烦，需要做员工的工作；第三种态度具有不确定性；第四种态度完全是被动的，缺乏诚意和基础。

（2）对于策划过程中的配合状况，不同的企业会持有不同的态度。积极配合，这是上佳态度；虽认知不到位，但仍予以配合，这是较好的态度；被动、消极配合，这是欠佳态度；不予配合，这是极坏的态度。

（3）策划方案的执行态度也有多种不同状态：

① 创造性地积极实施策划方案，最为理想；

② 比较忠实地实施策划方案，效果较好；

③ 形式上执行策划方案，效果一般；

④ 束之高阁不予执行，则无效果。

严格地说，接受策划的企业所采取的不同态度是由各个企业领导者的素质、观念、认识能力、意志力等因素决定的。企业领导人的这些因素是决定策划效果的重要方面。

【小思考12-3】

1.策划主体方应具备哪些条件？

2.策划客体方应怎样配合？

延伸阅读　百度一下，生活更好

本章小结

企业公共形象有多种类型，若放在社会公众的天平上衡量，按其优劣程度可依次分为积极形象、中等形象和消极形象。企业形象策划旨在提升企业公共形象。企业形象的优劣与企业经营业绩相关。提升企业形象旨在提高企业经营业绩。企业经营业绩固然主要通过市场份额和营业额、利润来体现，但不只是由这几个指标体现。正如企业形象投入须考虑多种因素一样，企业形象的产出也有多个方面。通过提升企业形象来提高企业经营业绩是正确的途径。企业形象策划是提升企业形象的必要环节，对企业形象策划效果的评估要按一定程序有序进行，既可用简约的评估方法，也可用评估指标体系进行系统评估。评估中要准确地分析影响企业形象效果的各种因素。

主要概念和观念 📅

□ 主要概念

企业公共形象　企业经济效益增长率　企业策划贡献率　企业内部效果总分值
商标价值　企业外部效果总分值　策划主体方　策划客体方

□ 主要观念

经济效益观念

基本训练 👥

□ 知识题

12.1　从策划角度来看，企业形象呈现哪几种类型？

12.2　社会公众对不同优劣程度的企业公共形象有哪些看法？请分类进行说明。

12.3　企业形象策划的进行需要哪3项基本保障条件？

12.4　提升企业形象对提高经营业绩有何好处？

12.5　企业形象策划效果评估程序分为哪几个步骤？

12.6　策划主体方和策划客体方对企业形象策划效果分别有何影响？

□ 技能题

12.1　中国联通的公司标志是由中国古代吉祥图形"盘长"纹样演变而来的。回环贯通的线条，象征着中国联通作为现代电信企业的井然有序、迅达畅通以及联通事业的无以穷尽、日久天长。标志造型有两个明显的上下相连的"心"，形象地展示了中国联通的通信、通心的服务宗旨，将永远为用户着想，与用户心连着心。

请问：社会公众对中国联通会有哪些看法？

12.2　某地一大学拟为某国企导入CIS，但企业管理层反应冷淡，认为CIS空洞无物，纯属浪费钱财。企业领导急于向上级请求支援，对策划方案将信将疑。

请问：问题出在何处？

12.3　作为策划人员，要"精益求精，追求完善"，要有"丰富的学识"，要有"灵活的表达力"。

请问：这样的策划人员对企业形象策划的效果有何影响？

12.4　许多成功的企业纷纷赞助公益事业，这有助于提升企业的_____形象。

1）市场　　　　　　2）风气　　　　　　3）社会责任

□ 能力题

12.1 案例分析

海尔导入CIS后的成果

海尔创立于1984年，从开始单一生产冰箱起步，拓展到家电、通信、IT数码产品、家居、物流、金融、房地产、生物制药等领域，成为全球领先的美好生活解决方案服务商。2021年前3季度累计，公司实现收入1 699.64亿元、净利润100.64亿元、归母净利润99.35亿元、扣非归母净利润90.56亿元，分别较2020年同期增长10.1%、25.5%、57.7%、121.3%。2020年6月30日，全球最大的传播集团WPP与品牌资产研究专家凯度（Kantar）联合发布了"2020年BrandZ最具价值全球品牌100强"。海尔以全球唯一物联网生态品牌蝉联百强，全球排名较2019年提升21位，品牌价值显著提升，生态品牌持续引领。同时，海尔获得BrandZ授予的全球第一个"物联网生态品牌"奖。该奖项旨在表彰海尔在全球品牌进化方面的标杆引领。2021年6月22日，世界品牌实验室发布《中国500最具价值品牌》分析报告，海尔的品牌价值达到4 575.29亿元。

海尔的CIS战略

（1）企业理念识别（MI）

企业精神：诚信生态，共赢进化。

是非观：永远以用户为是，以自己为非。

发展观：人人创客，链群自驱。

利益观：人单合一双赢——海尔永续经营的保障。

企业作风：人单合一，链群合约。

人才理念：人人都是CEO。

（2）企业行为识别（BI）

① 海尔坚持全面实施国际化战略，已建立起一个具有国际竞争力的全球设计网络、制造网络、营销与服务网络。

② 海尔目前在全球拥有10+N开放式创新体系、29个工业园、122个制造中心、108个营销中心，全球销售网络遍布160多个国家和地区。海尔致力于携手全球一流生态合作方，持续建设高端品牌、场景品牌与生态品牌，构建衣食住行康养医教等物联网生态圈，为全球用户定制个性化的智慧生活。

③ 海尔的发展主题：创新、速度、SBU（战略业务单元）。

（3）企业视觉识别（VI）

海尔商标的演变是海尔从中国走向世界的见证。海尔的故事，就是一部中国企业商标创业史。

①第一代识别标志。

1985年，海尔创业刚起步时，从德国利勃海尔公司引进电冰箱生产的先进技术和设备，生产出亚洲第一代"四星级"电冰箱。当时双方签订的合同规定，为体现双方合作，海尔可在德国商标上加注厂址在青岛，于是海尔引进"琴岛－利勃海尔"作为公司的商标（琴岛是青岛的别称）。

当时从冰箱装饰考虑，海尔设计了象征中德儿童的"海尔兄弟图形"，寓意：中国的海尔和德国利勃海尔公司的合作如同这两个小孩一样充满朝气与拥有无限美好的未来。"琴岛-利勃海尔"和"海尔兄弟图形"成为企业第一代识别标志（如图12-5所示）。

卡通标志

QINDAO-LIEBHERR

琴岛-利勃海尔 英文标志

图12-5　海尔第一代识别标志

②第二代识别标志。

1991年企业名称确定改为"青岛琴岛海尔集团公司"，产品商标也改为"琴岛海尔"，实现企业名称与产品商标的统一，同时导入CIS理念，推出以"大海上冉冉升起的太阳"为设计理念的新标志，中英文组合标志"琴岛海尔"，"海尔蓝"为企业专用颜色，形成了集团CI的雏形。这是海尔的第二代识别标志（如图12-6所示）。

琴岛海尔中英文标志

琴岛海尔 太阳图形标志琴岛海尔债券

图12-6　海尔第二代识别标志

这些标志的推出强化了消费者对海尔企业和商标的认知，但是识别标志存在着不够凝练，工业感、科技感不强等弱点。伴随着海尔企业的迅速发展，多元化、国际化的趋势更加明显，原有的企业识别标志已不能适应企业发展的步伐，迫切需要更为超前的企业识别标志和品牌定位。

③第三代识别标志。

1993年5月，海尔将企业名称简化为"海尔集团"，把"Haier"作为主识别标志进行设计，集商标标志、企业简称于一身。新的标志更与国际接轨，设计上简洁、稳重、大气，广泛用于产品与企业形象宣传中，产生了第三代海尔企业识别标志（如图12-7所示）。

图12-7　海尔第三代识别标志

为推广"Haier"，集团以中文"海尔"、海尔吉祥物图和"Haier海尔"组合设计为辅助推广手段，力求建立长期稳定的视觉符号形象。这种抛开具体图形符号标志、追求高度简洁的超前做法，顺应了世界流行的设计趋势，为企业国际化奠定了形象基础。

④第四代识别标志。

2004年12月26日，集团启用新的海尔标志。新的标志由中英文组成，既延续了海尔20年发展形成的品牌文化，也强调了时代感（如图12-8所示）。

图12-8　海尔第四代识别标志

英文（汉语拼音）每笔的笔画比以前更简洁："a"减少了一个弯，表示海尔人认准目标不回头；

"r"减少了一个分支，表示海尔人向上、向前决心不动摇。

英文（汉语拼音）海尔新标志的设计核心是速度，风格是简约、活力、向上。英文（汉语拼音）新标志整体结构简约，显示海尔组织结构更加扁平化，每个人更加充满活力，对全球市场有更快的反应速度。

汉字"海尔"的新标志是中国传统的书法字体，它的设计核心是动态与平衡，风格是变中有稳。这两个书法字体，每一笔都蕴涵着勃勃生机，视觉上有强烈的飞翔动感，充满了活力，寓意海尔人为了实现创世界名牌的目标，不拘一格，勇于创新！

海尔在不断打破平衡的创新中，又要保持相对的稳定，所以在"海尔"这两个字中都有一个笔画在整个字体中起平衡作用，"海"字中的一横，"尔"字中的一竖，"横平竖直"，使整个字体在动感中又有平衡，寓意变中有稳，企业无论如何变化是为了稳步发展。

海尔新标志的灵魂就是：永远不断地为用户创造更大的价值。

⑤第五代识别标志。

2013年7月28日消息，海尔在创新全球论坛上，正式发布了步入网络化战略阶段之后品牌的新形象，公布了全新的企业标志和口号，其中新口号是"你的生活智慧，我的智慧生活"（如图12-9所示）。

图12-9　海尔第五代识别标志

新形象主要有三大变化。一是海尔主色彩从红色重新回归蓝色。在新的战略阶段，海尔向着提供专业服务及解决方案的科技形象转变，新的品牌主色彩随之转变为蓝色，以体现科技创新与智慧洞察的视觉感受。二是"I"上的点由方点变为圆点，以及字体整体优化。圆点象征着地球，体现海尔创互联网时代的全球化品牌理想，也表现了海尔对网络平台中每一个个体的关注，也正是个体的智慧汇聚成海尔的网状平台。字体整体优化，以获得更好的视觉平衡。三是辅助图形为网格状，以象征海尔节点闭环的动态网状组织，网格没有边框，无限延伸，喻义网络化的海尔无边界，共同直面用户需求的节点。

海尔通过导入CIS后，企业持续发展，以"云"体验、全链路服务、个性化智慧终端，实现交互、体验、销售、服务于一体的全流程生态平台。

资料来源　根据媒体相关报道、海尔集团官网信息及海尔集团财务报告等资料综合而成．

问题：

1）海尔的巨大变化说明了什么？

2）导入CIS对海尔起到了哪些推动作用？

12.2　网上调查

请在网上搜集3~5个企业导入CIS后业绩提升的案例。

12.3　单元实践

为某企业拟订一份企业行为策划的策划书。

综合案例

综合案例一

上汽红岩：品效合一，引领重卡行业新发展

2020年8月末，以"信心与活力"为主题的第九届中国财经峰会在上海圆满落幕。此次峰会汇聚国内外颇具远见的商业领袖、经济学界翘楚、创业家及新青年代表等，围绕"5G、人工智能、物联网、区块链"等热点话题和领域，共同探寻新时代背景下的高质量增长路径。大会依据"创新、责任、影响力、推动力、成长性、前瞻性"6个评选指标，不以"企业规模"为准则，更看重企业或行业在未来经济中的引领作用，并由知名研究机构、咨询公司、专家学者、媒体领袖组成的评审委员会最终评定完成，评出了"2020杰出品牌形象奖"。上汽依维柯红岩商用车有限公司（以下简称上汽红岩）作为我国知名民族重卡企业代表应邀出席，并且在产品和技术创新、社会责任担当等方面的成果再次受到行业认可，荣膺峰会"2020杰出品牌形象奖"。上汽红岩已经连续三届荣膺中国财经峰会行业大奖，社会各界已经非常认可上汽红岩品牌价值。

1.公司简介

公司位于重庆市两江新区，注册资金为41亿元人民币，现有员工5 000余人，是具有年产12万辆整车的重卡制造基地。上汽红岩拥有一流的重卡经销商300余家、服务商1 000余家，零部件从全球化供应链采购，系列重卡出口到中东、非洲、中美洲、东南亚等40多个国家和地区，覆盖中国、布局全球。

上汽红岩加速推进商用车"新四化"，向新能源化、智能化、网联化、定制化不断探索实践：开创由软件定义重卡，启动全球首次5G+L4级智能驾驶重卡示范运营；实现互联网3.0全系配置，持续拓展新业态合作平台朋友圈；产品覆盖纯电动、燃料电池、混合动力三大技术领域，掌握电堆、氢系统、电驱、电控、电池系统核心技术；投资20亿元在鄂尔多斯市打造氢能重卡产业基地。

上汽红岩在上汽集团赋能下以客户驱动、软件定义、自主创新为产品设计理念，打造全面满足市场及客户需求的第六代重卡，推出杰狮H6、杰虎H6、杰豹H6三大产品平台，全面布局柴油、天然气、氢燃料电池、纯电、混动等能源组合，率先实现纯电重卡全系布局、氢能重卡行业引领、重卡主流180~660马力的全功率段配置，产品满足公路物流、工程建设、专用特种等多领域、多用途、定制化运输场景。

上汽红岩坚持客户为上、产品为本、服务为要、合作为基、说到做到，立志成为有温度、可信赖、有实力的合作伙伴，力争通过"十四五"创新驱动、差异引领的发展战略，以"红岩速度"实现跨越发展，进入全球重卡第一阵营。

2.上汽红岩企业形象塑造与展示

2.1　上汽红岩理念识别系统（MIS）

1）愿景

铸就商用车领域成功企业的典范。

2）价值观

（1）坚韧：执着追求、刚毅坚强、百折不挠、自强不息。

（2）人本：倡导激励、和谐沟通、体现价值、团队合作，向社会提供人本的产品和服务。

（3）卓越：纵比最好、横比领先，实现员工、股东、伙伴事业共辉煌。

（4）奉献：奉献社会，成为企业、员工与社会和谐共赢的商用车典范企业。

2.2　上汽红岩视觉识别系统（VIS）

1）品牌logo升级，新标延续字母元素

2020年11月17日，上汽红岩在上海发布第六代重卡产品，同时升级了品牌logo。新logo延续"HY"字母元素，由圆角设计创新演变为直角（如图1所示），彰显了坚韧、刚毅的产品特质和品牌性格，诠释出蓬勃向上的中国力量内涵。新logo是对品牌的全新思考，新设计刚柔并济的风格，既体现拼搏到底、不断突破的"红岩精神"，也蕴含开放、包容、合作、共赢的理念。

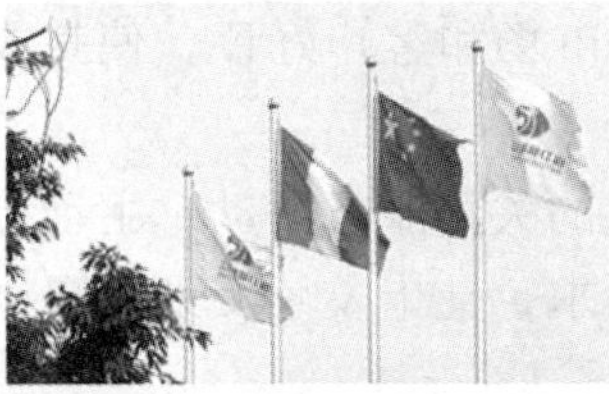

图1　上汽红岩新logo

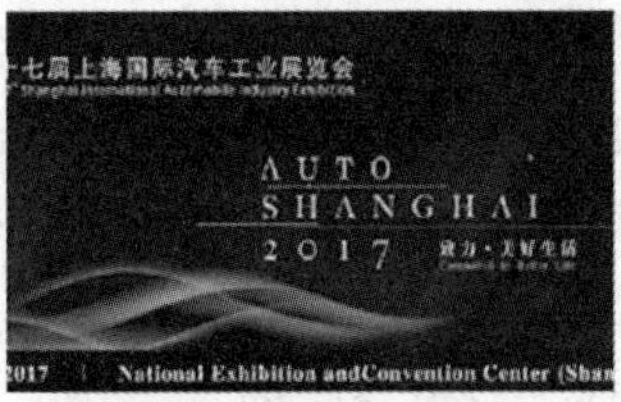

2）品牌精神（如图2所示）

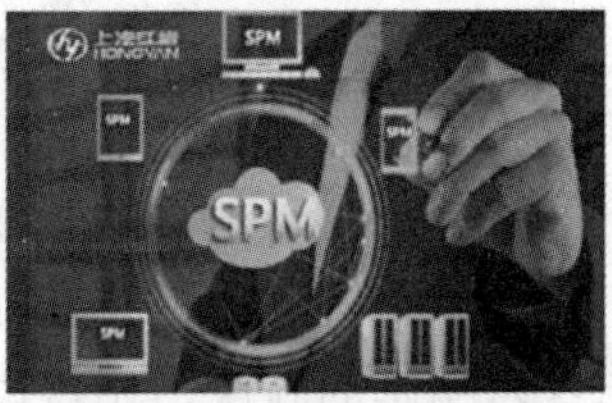

图2　品牌精神

3）企业品牌形象

（1）紧跟时代前沿创新产品层出不穷。

随着互联网、大数据、人工智能、5G、北斗导航系统等技术的发展，这些前沿技术将逐步与汽车制造过程深度融合，因此智能化必将成为重卡行业的发展趋势。上汽红岩始终紧跟时代发展前沿，紧抓行业风口机遇，在几年前推出互联网梦想卡车后，已将其搭载的智能化、网联化技术延伸到了整个产品谱系中，走在了行业前列。但上汽红岩远不满足于此，自2019年以来，融合了AI人工智能、北斗导航系统、5G、V2X车联通信等先进技术的上汽红岩5G智能重卡成功示范运营后，现已在上海洋山港启动准商业化运营。此外，上汽红岩将启动第二工厂建设，它将实现全智能化、无人工厂"智造"生产。从"纵行天下"到"智行天下"，是"创新"让上汽红岩有了底气和信心。

上汽红岩紧跟国家"蓝天保卫战"环保风向和市场发展新趋势，以绿色制造、智能制造为引领，创新研发为理念，集成全球资源，重点研发智能化产品，实现快速迭代。

（2）"平台化"发展助推上汽红岩转型升级。

如果说产品研发上的创新是企业发展的基础，那么上汽红岩创新推出的"平台化"发展模式，成为其面对瞬息万变的新业态、积极转型升级的新发展理念。

2019年3月，在上汽红岩的牵头下"国内首个新业态下商用车合作平台"正式成立，上汽红岩被推选为平台主席单位。平台执委会在"第二届中国重卡博鳌论坛"上成立，本次发布会发布了如重卡汇、虚拟驾驶教练、氢动力电池的应用等一系列合作成果。

不仅如此，卡车行业首创的C2B个性化智能定制平台"蜘蛛智选"在本次论坛上发布，这标志着在2019年，上汽红岩将重点发力卡车定制化服务。"蜘蛛智选"平台是上汽红岩基于互联网和客户喜好，通过C2B的模式，为客户提供的高安全性、高可靠性、经济性、轻量化、智能化的一体化解决方案平台。

（3）服务全面升级，诠释"服务零距离"。

有了接连不断的创新产品和发展模式，全面升级的服务体系也是上汽红岩在2018年的一大蜕变。

2018年年初，上汽红岩全新服务模式正式启动，针对不同客户群体的需求，有针对性地提出3种服务模式，即公路车的"畅行服务"、工程车的"贴近服务"以及行业专用车的"管家服务"。新服务模式自推出以来，备受市场和客户好评，使其成为上汽红岩征战市场的坚强后盾。

除此之外，上汽红岩在全国各地还开展了走进客户身边的关怀服务活动，主动上门走访卡友，将关爱和好礼送至卡友家里，同时收集客户诉求，让卡友感受到来自上汽红岩品牌的温度，用行动诠释"服务零距离"。

上汽红岩"以客户为本"的服务方式，让"服务零距离"的品牌理念更加深入人心，荣获来自行业媒体颁发的"用户关爱服务贴心奖"，肯定了上汽红岩在服务方面所做的努力。

2.3 上汽红岩行为识别系统（BIS）

1）强化责任担当

上汽红岩是我国的民族重卡品牌，矢志不忘"红岩精神"，主动承担社会责任，积极推出"红岩村""红岩小学""红岩驿站""红岩大车队"等社会公益项目。比如建设"红岩小学",为其设立专项助学基金、红岩结对子帮扶计划等关爱项目;为关怀卡友,目前已建成30家"红岩驿站",卡友可享受到"免费停车、洗漱沐浴、洗衣烘干、舒适休息"等贴心服务。另外,2018年7月,四川绵阳发生特大洪灾,上汽红岩第一时间组建车队赶赴灾区全力救援;2020年年初,新冠肺炎疫情发生后,上汽红岩第一时间出动200多支"红岩战疫保障队",全力保障疫情物资运输,并派驻车辆驰援火神山、雷神山医院建设……无论是扶贫和关怀服务,还是抗震和抗洪救灾,上汽红岩总是坚定不移地履行品牌社会责任。

2)升级公益模式传递品牌温度

在市场一路高歌猛进的同时,上汽红岩始终积极响应国家战略要求,振兴乡村经济,回馈客户,关爱卡友,弘扬"红岩精神",传递社会公益正能量。迄今为止,上汽红岩已经先后在全国多地授牌设立8所"红岩小学"、近70家红岩驿站,并且为村民提供子女大学帮扶、重大疾病帮扶、学校帮扶等各类专项基金,切实解决了村民的实际经济困难。

除此之外,上汽红岩举行了诸如"红岩夏令营""新春送卡友回家"等公益活动,传递品牌温度,有力助推国家公益事业的发展。

上汽红岩开展的众多公益项目不仅收获了来自消费者的赞许,提升了品牌形象,更获得了国家权威机构的认可。"红岩村、红岩学校项目"荣获"重庆年度十大影响力公益项目"。

创新是企业发展的灵魂,服务是企业发展的基石。目前全球处于百年未有之大变局,随着新一轮科技革命和产业变革,人工智能、机器人、大数据等新技术的应用不断增加,要淘汰一个企业或一个行业甚至连招呼都不会打。因此,上汽红岩将继续紧跟时代发展前沿,以创新驱动发展,不断强化责任担当,更加注重品牌形象的建设与提升,以品牌标杆效应带动民族品牌向上突破,以品效合一营销路径引领重卡行业高质量发展。

资料来源 作者根据上汽红岩官网资料以及媒体相关报道资料编写.

问题:

1)请归纳一下本案例内容包括哪几个主要的部分。

2)本案例中的设计与策划有哪些特色?

3)上汽红岩的企业形象识别系统还需要怎样提升?

综合案例二

宇通客车CIS改进方案

1.宇通客车CI战略现状分析

1.1 公司简介

郑州宇通客车股份有限公司(以下简称宇通客车)集客车产品研发、制造与销售为一体,产品主要服务于公交、客运、旅游、团体、校车及专用出行等细分市场。截至2020年年底,宇通客车累计出口客车超70 000辆,累计销售新能源客车140 000辆,大中型客车连续多年畅销全球。宇通客车专用车全面应用数字开发技术,实现产品从设计、三维造型、研发到生产的一体化订制，覆盖房车、高端商务车、医疗车、救护车、冷藏车、检测车、展宣车、客改商务车、教练车、观光车、工程车等11个产品种类。宇通客车已实现全球布局，产品批量远销至全球40多个国家与地区，覆盖欧洲、美洲、非洲、亚太、中东、独联体等六大区域，成为世界主流客车供应商。

1.2 宇通客车CI体系构成

1.2.1 企业理念识别（MI）系统

（1）企业理念——以客户为中心，以员工为中心。以客户为中心，敏锐洞察和深入挖掘客户本质的、潜在的需求，实现对客户需求的主动适应和有效引导；以员工为中心，笃行人性化管理，最大化地调动员工积极性、主动性和创造性。

（2）企业愿景——巩固中国客车第一品牌，成为国际客车主流供应商。宇通客车能从小公司发展到行业内第一，其成功的关键是紧紧抓住"市场"和深化改革两个重心。宇通客车对内不断进行供应链整合和流程再造，提高自己的实力和竞争力，对外实施稳健的国际化战略，代表中国客车走向世界。

（3）企业使命——与合作伙伴共赢、为客户创造价值、造福社会、富裕员工、回馈股东。宇通客车作为亚洲最大客车制造基地，其自身发展牵涉到上下游企业、客户、员工、投资者，因此宇通客车时刻铭记自己所肩负的责任和道义。

1.2.2 企业行为识别（BI）系统

宇通客车以经营理念为基本出发点，对内建立完善的组织制度、管理规范、职员教育、行为规范和福利制度等，对外开拓市场调查、进行产品开发等，通过社会公益文化活动、公共关系、营销活动等方式来传达企业理念，以获得社会公众对企业形象的识别、认同。宇通客车遵循的组织建设原则有以下4点：

（1）规范化管理：不断提升制度化、流程化和精细化水平。

（2）规范与创新结合：以规范完善创新机制，以创新提升规范水平。

（3）责、权、利统一：依法落实并履行责任，依法授予并行使职权，依法创造并分配利益，实现人尽其才、才尽其用。

（4）法、理、情相谐："法"为本，以完备的制度规范行为；"理"为核，以公平、公正、廉洁的管理净化环境；"情"为魂，以人性化的关爱凝聚人心。

1.2.3 企业视觉识别（VI）系统

图3为宇通客车CI系统中的VI部分。标志的造型由3个半圆弧组成，有着3层含义：

图3 宇通客车标志

（1）象征着宇通客车如冉冉升起的太阳，充满了生机活力；

（2）好似一个滚滚向前的车轮，宇通客车行驶在天地之间；

（3）圆具有扩散性，象征着宇通客车不安于现状、追求卓越、勇于开拓进取的精神。

2.对宇通客车CI战略的调查研究

为了调查宇通客车CI战略的实际效果以及品牌影响力，我们特地进行了现场调查。客车行业是一个受到地方政府保护的行业，因此我们把取样地区设定在河南省内，这样获得的数据更有代表性。现场调查的形式是问卷调查，具体内容见表1。此次调查共发放问卷500份，回收468份，其中有效问卷为439份，有效率为87.8%。

表1 宇通客车市场调查问卷表

问题	典型回答1	所占比例	典型回答2	所占比例
1.受教育程度	本科	71.43%	硕士研究生	26.19%
2.职业	学生	61.9%	国企员工	26.19%
3.您知道宇通客车股份有限公司吗	听说过	83.33%	不知道、很了解	各占7.14%
4.您熟悉宇通客车的最重要的原因是什么	市场占有率	45.24%	家乡的品牌	19.05%
5.您知道宇通客车的企业标志吗	不知道	45.24%	知道，但概念模糊	38.1%
6.您知道宇通客车企业标志的含义吗	不知道	100%	知道	0
7.您最熟悉的客车品牌有哪些	宇通客车	88.1%	金龙客车	57.14%
8.您知道宇通的英文名字吗	知道	9.52%	不知道	90.48%
9.您是否觉得宇通的英文名字不适合其国际化战略	是，不合适	4.57%	否，很好、不用变更	13.04%
10.您平时注意观察宇通客车吗？比如车身设计、颜色、标志、型号	一般，偶尔会留意	59.52%	没注意过	35.71%
11.您是否知道宇通客车产品型号的含义？如"ZK6120H"	不知道	85.71%	知道一部分	11.90%
12.您是否觉得宇通客车车身标志的尺寸偏小	说不清楚	45.24%	是的，一直是这种感觉	21.43%
13.您是否觉得宇通客车产品名称过长、复杂？如"ZK7117HA"	是，复杂、看不懂	45.24%	说不清楚	35.71%
14.您觉得是否有必要简化产品名称	是，有必要	42.86%	说不清楚	23.81%
15.如果举办宇通客车品牌推广活动，您愿意参与吗？	愿意	52.5%	看情况	23%

从表1中，我们可以得出几个关键信息：

（1）社会公众是通过客车产品来认识、熟悉宇通客车的；

（2）社会公众在一般情况下都是被动地接受信息；

（3）宇通客车的品牌营销战略不够完善，存在盲区；

（4）公众愿意参与企业举办的推广活动。

因此，如何完善CI战略对于宇通客车未来的品牌建设和市场开拓有着重要的作用。

3.措施和建议

我们结合上述关键信息以及市场信息，可以对宇通客车的CI战略提出以下改进措施和建议：

（1）推广宇通客车品牌。表1显示，大部分公众有参与品牌推广活动的意愿。此处的品牌推广活动的目标人群是非专业领域的社会公众，正是因为他们对客车产品的认识仅停留在表面，所以公司必须将自己的优势，如设计、生产、研发、维护等环节以及经营理念等深层次的精神文化展现给社会公众，使得他们全面、客观地认识宇通客车，从而赢得这些非专业领域人群的认同，树立起良好的企业形象。

（2）更改宇通现有的英文名称（YUTONG）。在此次调查中发现，居然有90%以上（见表1）的社会公众（高学历人士）不知道宇通的英文名字，由此可见，"YUTONG"的传播力远不及"宇通"二字，这显然是宇通客车品牌传播的盲区。而且从整体看，"YUTONG"音节长、不易读写，难以与本国、外国的文化、风俗形成共鸣，因此在文化层面，"YUTONG"不易深入人心、传达企业形象。所以，宇通客车在遴选新的英文名字时，应采用组合字母，首选英文+拉丁字母。原因有二：

其一，英语是国际通用语言，选择具有预示和启发性的单词作为企业名称无疑会增强企业的传播能力；

其二，宇通客车目前的海外市场分布于南美、西亚等地，拉丁语在这些地区曾经较为普遍使用，而且拉丁语的内涵和历史不逊于英语，在外国主流文化中有一定的底蕴和沉淀。

在这方面，可以参考一个典型的成功案例：联想集团2003年在进军国际化的道路上，曾经更改过集团英文名字，把原有的"Legend"改为"Lenovo"，"le"取自"legend"继承"传奇"之意，"novo"取自拉丁词汇，代表创新，从而很好地迎合了欧美文化，为其进军海外市场奠定了文化基础。

（3）对客车车身的logo尺寸进行放大。表1中的数据显示：约21%的受访者也认为车身logo尺寸过小，与车的整体不协调，约45%的受访者表示无法表达对现有logo的看法，笔者认为这说明宇通客车产品VI的设计不够完善，不能很好地传达自己的品牌。对宇通客车车身的logo尺寸进行放大设计，具有两个好处：

第一，在行驶中或静止状态下，能够扩大识别距离，可以由原来的3米延伸至10米，甚至更远，企业身份识别的效果可以提升。

第二，有利于更明显地树立宇通客车——中国客车行业龙头的企业形象。宇通客车规模大、销量大、品牌价值高，如果其产品logo尺寸也进行放大，这样就能与其在客户心目中的形象相吻合。

（4）简化产品命名原则。宇通客车现行的命名原则是"ZK+6+车身长度+序列号+发动机配置参数+随机参数"，其中"ZK"是"郑州客车厂"（宇通客车前身）的拼音简称，6是国家规定，代表客车。以现在公司最畅销的一款车型为例："ZK6799H"表示该款车长7.9米，9是该产品序列号，H代表发动机后置。车型名称往往出现在客车尾部。显然，这种产品命名原则过于复杂（由表1中的数据可知，超过45%的受访者也有着相同的看法），导致车型名称太长，不易识别。所以，应考虑对名称做简化处理，对每一客车产品系列用统一的名称，这里可以参考德国汽车厂商奥迪、宝马的产品命名规则，比如奥迪A系列，包括A1、A3、A4、A5、A6、A8等；宝马X系列包括X1、X3、X5、X6等几种主要车型。

资料来源　范奇伟，曾春媛，糜一，等．浅谈企业身份识别战略——以宇通客车公司为例[J]．中国商贸，2013（10）．有改动．

问题：

1）请归纳一下本案例内容包括哪几个主要的部分。

2）本案例中的设计与策划有哪些特色？

综合实践

1.深入企业实际,为企业进行 CIS 导入的全程策划并完成类似于综合案例的系统策划书。

2.以下述资料为素材,草拟一份企业危机公关的策划书。

新闻媒体报道"瘦肉精"事件

央视新闻频道播出"3·15"特别行动——《"健美猪"真相》,节目曝光了河南生猪产区养猪户利用国家明令禁止使用的"瘦肉精"喂出"健美猪",并且这些服用禁药的猪肉竟然有许多进入了著名肉食品加工企业双汇集团。央视节目播出后,在 A 股上市的双汇发展股价大跌 7.53%。

"瘦肉精"喂出"健美猪"

河南省孟州市是有名的生猪产区,记者走访了谷旦镇和槐树乡的几家养猪场。

养猪户告诉记者,要想喂成"健美猪",就必须在饲料里添加一种特殊的白粉末,当地人把这种神秘的添加物叫作"药"。用加"药"的饲料喂出来的猪不但体型好,而且价格高。这些所谓的"药"就是"瘦肉精"。一些养猪户也承认,他们自己从来不吃这种喂"药"的猪。

记者调查得知,在河南省孟州市、沁阳市、温县和获嘉县,这种"健美猪"每头花两元钱左右就能买到号称"通行证"的检疫合格等三大证明,再花上 100 元打点河南省省界的检查站,便可以一路绿灯送到南京一些定点屠宰场,无须检测"瘦肉精",每头猪交 10 元钱就能得到一张"动物产品检疫合格证明"。有了这张证明,用"瘦肉精"喂出来的所谓"健美猪"就能堂而皇之地进入南京市场销售。

"瘦肉精"猪肉流入双汇

济源双汇食品有限公司位于河南省济源市,是河南双汇集团下属的分公司,主要以生猪屠宰加工为主,有自己的连锁店和加盟店,宣传双汇冷鲜肉"十八道检验、十八个放心"的字样在店里随处可见。然而,按照双汇公司的规定,十八道检验并不包括"瘦肉精"检测。一位养猪户称,2010 年以来,他往济源双汇公司卖过不少这种喂过"瘦肉精"的猪,都是由关系熟悉的业务主管负责接收,所以一般都不会被检测出来。

政府部门对"瘦肉精"事件采取的行动

2011 年 3 月 15 日,中央电视台新闻频道对饲喂有"瘦肉精"的生猪流入济源双汇食品有限公司进行了报道,事件随即引起广泛关注。商务部高度重视,当天即责成河南、江苏省商务主管部门调查屠宰企业收购、屠宰含"瘦肉精"生猪问题,严肃查处相关责任人,并于 16 日派出督导组赴河南督导查处工作。目前,南京市商务局已责令相关屠宰场停止屠宰,并部署开展全市定点屠宰企业专项检查。河南省商务厅已责令济源双汇食品有限公司停业,并派出工作组赴济源调查。

16日中午，双汇集团在其网站表示："济源双汇食品有限公司是双汇集团下属的子公司，对此事给消费者带来的困扰，双汇集团深表歉意。"同时表示，双汇集团对媒体的报道高度重视，责令济源工厂停产自查。

针对"瘦肉精"猪肉事件，河南省相关部门迅速采取行动，已控制涉案人员14人，对6名涉及此事的违纪人员进行停职或开除公职处理。其中：沁阳市柏香镇动检站站长王二团、开票员王明利被开除公职；孟州市涉案的防疫员田伟斌和检疫员李正付也被开除公职；商丘芒山动物防疫监督检查站检疫员江光辉、谢学燕停职检查。

双汇集团是以肉类加工为主的大型食品集团，总部位于河南省漯河市，年肉类总产量300万吨，是中国最大的肉类加工基地。2010年11月，双汇集团成功推进整体上市，股票市值超千亿元。16日下午，双汇集团旗下上市公司双汇发展跌停。16日傍晚，双汇发展发布停牌公告。

双汇的危机应对行动

行动之一：生猪逐头检验，确保食品安全

从3月16日起，双汇集团实施生猪屠宰"瘦肉精"在线逐头检验，旨在从源头上确保食品安全。

近日，笔者应邀在双汇集团股份屠宰厂生产车间参观中看到，生产流水线多道工序前双汇员工各司其职，生产线运转井然有序，一切如常。笔者在一个"瘦肉精在线逐头检验"的标志牌前停了下来，只见工作案上摆放着试剂条，检验检疫和品管人员在忙碌地进行"瘦肉精"的逐头检验。检验检疫人员告诉笔者，为适应生猪屠宰"瘦肉精"在线逐头检验的需要，3月16日以来，厂里又新增加了不少技术人员和设备。双汇集团一位高管告诉笔者，改生猪屠宰"瘦肉精""抽检"为"在线逐头检验"，全年预计增加"瘦肉精"检测费用3亿多元。

为安全不惜成本，不计代价，双汇集团是这样说的，也是这样做的，毫无疑问，实施"瘦肉精"在线逐头检验后，双汇的产品将更加安全、放心。

行动之二：引入第三方检测机构，公开透明接受监督

双汇集团引入独立监督机构，建立产品安全第三方检测机制。目前，双汇集团与产品安全第三方检测机构——中国检验认证集团签订了食品安全长期战略合作协议。

据介绍，中国检验认证集团作为当今国内同行业最大的跨国公司，曾是北京奥运会、上海世博会唯一的商品检测机构。作为独立的第三方监督机构，中国检验认证集团将对双汇集团产品质量、食品安全和内控体系进行全方位的第三方监督审核和检测检验，并定期向企业和社会反馈结果，以期建立一套全新的食品安全监督模式，确保消费者的安全与健康。

有关专业人士认为，双汇集团引入独立监督机构，建立产品安全第三方检测机制，不仅是对本企业产品质量安全内控体系的一个完善，同时，对国内食品安全生产管理机制的完善与创新都具有很好的借鉴意义。

行动之三：建立索赔机制，把好上游关

近日，双汇集团向广大供应商重申了旨在强化源头控制的索赔制度。制度规定，双汇集团生猪收购头头检验，原辅料进厂批批检查。供应商供应的生猪和原辅料要确保安全，供应前要签订质量安全承诺书，保证不采购有"瘦肉精"的生猪，不销售有"瘦肉精"的生猪，凡提供有毒、有害等非食品原料的供应商，除按照国家规定进行处理外，还要按"问题生猪"或"问题商品"价值的两倍进行索赔；供应商供应的各类物资，必须证件齐全、真实、有效，如弄虚作假，无论是供应商还是企业职工，都要承担相应的法律责任和经济赔偿，绝不让一头"问题猪"和"问题原料"流入双汇。

行动之四：警钟长鸣，设立企业安全日

牢记教训，警钟长鸣。双汇集团将今后每年3月15日设为"双汇食品安全日"，同时成立"双汇集团食品安全监督委员会"，邀请肉类行业、食品行业、公共媒体、政府监管部门等外部专家监督企业的生产经营；建立企业食品安全奖励基金，并于每年3月15日"双汇食品安全日"期间，对坚守食品安全的供应商、销售商进行公开表彰、奖励；设立举报制度，彻查、严惩危害食品安全的事件和责任者。以此让"产品质量无小事，食品安全大如天"的企业理念，深深植根于双汇集团广大职工的脑海中，落实到行动中，确保食品安全长治久安。

行动之五：发展养殖业，上下游联动保安全

双汇集团将加快发展养殖业，进一步完善双汇产业链。屠宰加工厂建到哪里，养殖场就跟到哪里。围绕工厂配套建设年出栏50万头的养殖基地，并配套建设年产20万吨的饲料加工厂，以此来保证对上游生猪资源的安全控制。

在大力发展自有养殖业的同时，双汇集团宣布将进一步调整采购渠道。采购重点要向规模化养殖场转移，与其签订长期战略合作协议，同时签订生猪交售承诺书，保证食品安全的可追溯性；在原辅料采购方面，与实力强、质量好、讲信誉的大企业进行战略合作，签订质量安全保证书，并由集团公司的技术、品管、采购、生产、管理等部门组成认证小组，到供应工厂进行供方评审，保证质量控制体系等符合双汇的产品质量要求，确保进厂原辅料安全可靠。

毫无疑问，上述措施的实施，必将进一步提高双汇集团对上游产业链安全的控制力，把食品安全的生产能力提高到一个新高度，推动双汇集团实现更健康的发展。

据不完全统计，截至2011年4月18日8：00，全国各地执法部门对双汇产品进行普查和抽检。河南省、浙江省、山东省、湖北省、四川省、广西壮族自治区、辽宁省、河北省、甘肃省、海南省、广东省、青海省、北京、上海、天津、广州、武汉、深圳、石家庄、哈尔滨、沈阳、长沙、昆明、西安、成都、长春、青岛、宁波、清远、阜新、鞍山、漯河、金华、宜昌、绵阳、日照、遂宁、望奎、本溪、怀化、汕头、衡阳、盐城、黑河、潍坊、淮安、葫芦岛、鹤壁、咸宁、佛山、克拉玛依、上饶、皋城、靖州、江门、滁州、梧州、淮南、明光、遵义、东营、吉林、兰州、福州、晋城、安庆、西宁、台州、莱芜、合肥、东莞、鹤岗、来宾、德兴、惠州、万州、泾县、池州、苏州、济南、徐州、运城、济宁、莱阳、黄冈、许昌、常德、绥化、朝阳、芦山、威海、德州、滨州、阳泉、乌兰察布、十堰、呼和浩特、高安、沧州、景德镇等100多个省、地、县市的质检、动检、畜牧、工商等部门相继公布抽检结果，双汇产品全部合格。其中北京市食品办、工商局采用2008年奥运会时的食品安全检测标准，抽检了"双汇"33个熟肉制品样本，检验结果全部合格。

资料来源　[1] 佚名. 央视记者暗访曝光："瘦肉精"猪肉流入双汇 [EB/OL]. [2021-08-02]. http://news.cntv.cn/20110315/116010.shtml. [2] 龙滢. 武汉部分超市急撤双汇产品　双汇向消费者致歉 [N]. 楚天都市报，2011-03-17（01）. [3] 佚名. 双汇：履行企业责任　确保食品安全 [EB/OL]. [2022-04-02]. http://vic.sina.com.cn/news/27/2011/0418/33291.html.

主要参考文献

[1] 汪秀英. 企业形象策划 [M]. 上海：上海财经大学出版社，2021.

[2] 侯鹏飞. 李宁品牌年轻化策略研究 [D]. 哈尔滨：黑龙江大学，2021.

[3] 康健. 家居企业形象策划研究——以宜家家居为例 [J]. 商展经济，2021（13）.

[4] 钟蓉蓉. 阿里主动性公关案例应用分析研究——以"钉钉""蚂蚁金服"为例 [J]. 公关世界，2021（8）.

[5] 陈春花，梅亮. 组织管理整体论：组织系统演化的过程启示 [J]. 科学学与科学技术管理，2021（10）.

[6] 杨杜. 华为公司"22个不"[J]. 企业管理，2021（9）.

[7] 龙亮海，彭锦函. 聚焦祈福文化，蒙牛再玩高考押题奶 [J]. 新视界，2021（5）.

[8] 吕加斌. 十大重点领域典型虚假宣传、虚假违法广告案例 [J]. 现代广告，2021（1）.

[9] 陈劲，国容毓. 方太：幸福常青的企业 [J]. 清华管理评论，2020（9）.

[10] 关靖. 雏鹰农牧多元化经营失败案例研究 [D]. 开封：河南大学，2020.

[11] 张歆雨，张然，唐洪娟，等."拼多多，和国货一起拼"——拼多多"新品牌计划"双年度策划方案 [J]. 公关世界，2020（5）.

[12] 周朝霞. 企业形象策划实务 [M]. 2版. 北京：机械工业出版社，2019.

[13] 王富祥. 企业形象策划 [M]. 3版. 武汉：武汉理工大学出版社，2019.

[14] 郝值. 海底捞员工激励机制研究 [J]. 品牌研究，2019（19）.

[15] 江旋. 抖音国际化放大招 [J]. 中国中小企业，2018（4）.

[16] 张景云，宋佳. 如何借助新闻发布会传播中国品牌——兼评中车株洲所全球首列"智能轨道快运列车"发布传播案例 [J]. 公关世界，2018（3）.

[17] 刘岩妍. 中医药文化视阈下的"广誉远"品牌视觉形象设计研究 [J]. 包装工程，2017（22）.

[18] 蔡嘉清. 广告学教程 [M]. 5版. 北京：北京大学出版社，2017.

[19] 王涵，宋羽飞. 旅游企业形象策划设计 [J]. 旅游纵览：行业版，2016（1）.

[20] 胡雅静. 企业横向拓展战略行为的研究：中国青岛啤酒行业的案例研究 [D]. 广州：华南理工大学，2016.

[21] 叶万春，王红，叶敏，等. 服务营销学 [M]. 3版. 北京：高等教育出版社，2015.

[22] 裴朝军，周玉基，景怀宇. 论中国传统图形语境下的颐和园品牌形象设计

［J］. 包装工程，2015（12）.

　　［23］李颖. 同仁堂：小心翼翼铸得百年金字招牌［J］. 中国质量万里行，2015（6）.

　　［24］范奇伟，曾春媛，糜一，等. 浅谈企业身份识别战略——以宇通客车公司为例［J］. 中国商贸，2013（10）.

　　［25］张正宪. 让品牌闪耀大众生活——海澜之家采访侧记［J］. 半月谈，2013（18）.

　　［26］吕焰. 学习型组织理念创新与员工管理问题研究——以联想集团为例［J］. 吉林省教育学院学报，2013（8）.

　　［27］万后芬，汤定娜，杨智. 市场营销教程［M］. 3版. 北京：高等教育出版社，2013.

　　［28］叶万春，叶敏. 营销策划［M］. 3版. 北京：清华大学出版社，2013.

　　［29］叶万春. 企业营销策划［M］. 3版. 北京：中国人民大学出版社，2012.

　　［30］万后芬. 市场营销学［M］. 武汉：华中科技大学出版社，2011.

　　［31］魏杰. 中国企业战略创新［M］. 北京：中国发展出版社，2006.

　　［32］万后芬，周建设. 品牌管理［M］. 北京：清华大学出版社，2006.

　　［33］罗长海. 企业文化学［M］. 3版. 北京：中国人民大学出版社，2006.

　　［34］科特，等. 企业文化与经营业绩［M］. 李晓涛，译. 北京：中国人民大学出版社，2004.

　　［35］李品媛. 企业核心竞争力研究［M］. 北京：经济科学出版社，2003.

　　［36］解日红，宗刚. 企业成长分析［J］. 北京工业大学学报，2003（3）.

　　［37］佩恩. 关系营销［M］. 梁卿，译. 北京：中信出版社，2002.

　　［38］魏杰. 企业战略选择——企业发展航标图［M］. 北京：中国发展出版社，2002.

　　［39］韩太祥. 企业成长理论综述［J］. 经济学动态，2002（5）.

　　［40］郑明身. 多元化与专业化动态结合［J］. 经济管理，2001（9）.

　　［41］胡大立. 企业竞争力论［M］. 北京：经济管理出版社，2001.

　　［42］陈明森. 市场进入退出与企业竞争战略［M］. 北京：中国经济出版社，2001.